全国中等职业技术学校汽车类专业教材

汽车修理技能训练

（第三版）

人力资源社会保障部教材办公室组织编写

中国劳动社会保障出版社

简介

本书的主要内容包括：汽车修理主要工量具及仪器、发动机机体组检修、曲柄连杆机构检修、配气机构检修、润滑系和冷却系检修、汽油机燃油供给系检修、柴油机燃料系检修、汽油机电控燃油喷射系统检修、发动机总装和调试、离合器检修、液力自动变速器的检修、万向传动装置检修、驱动桥及主减速器、差速器检修、转向系检修、行驶系检修、制动系检修等。

本书由施保连主编，祝金辉、刘锋副主编，张弛、吕五申、刘亮、杭晓林、陈晓林、陈华、倪飞、王慧、董城、高凯、王力、曹新华、吴曦、董志明、韦利参编，唐监怀主审。

图书在版编目（CIP）数据

汽车修理技能训练/人力资源社会保障部教材办公室组织编写. —3版. —北京：中国劳动社会保障出版社，2017

全国中等职业技术学校汽车类专业教材

ISBN 978-7-5167-3032-4

Ⅰ.①汽…　Ⅱ.①人…　Ⅲ.①汽车－车辆修理－中等专业学校－教材　Ⅳ.①U472.4

中国版本图书馆CIP数据核字(2017)第141396号

中国劳动社会保障出版社出版发行

（北京市惠新东街1号　邮政编码：100029）

*

北京市白帆印务有限公司印刷装订　　新华书店经销

787毫米×1092毫米　16开本　15.5印张　309千字

2017年7月第3版　　2021年7月第4次印刷

定价：29.00元

读者服务部电话：（010）64929211/84209101/64921644

营销中心电话：（010）64962347

出版社网址：http://www.class.com.cn

http://jg.class.com.cn

前 言

为了更好地适应中等职业技术学校汽车类专业教学要求，全面提升教学质量，人力资源社会保障部教材办公室组织有关学校的骨干教师和行业、企业专家，在充分调研企业生产和学校教学情况、广泛听取教材用户反馈意见的基础上，对全国中等职业技术学校汽车类专业教材进行了修订和补充开发。

本次教材修订和补充开发工作的重点主要体现在以下几个方面：

第一，完善教材体系，更好地满足教学需求。

结合职业院校汽车类专业设置和办学特点，调整并完善了教材体系，与专业通用基础教材相衔接，开发了汽车维修、汽车电器维修、汽车钣金与美容、汽车检测、汽车营销等专业方向教材，构建了“通用基础平台+不同专业方向平台”的教材体系。此外，还针对学校对电控技术、车载网络技术、新能源汽车等高新技术的教学需求，开发了相应的教材。

第二，反映技术发展，适应岗位职业能力需求变化。

随着汽车制造水平的不断提高，汽车维修的内容和工艺发生了相应变化；伴随着私家车保有量的不断增长，汽车营销、汽车美容等相关从业人员的职业能力要求也在发生相应变化。因此，本次修订工作注重在教材中增加新知识、新技术、新材料、新工艺等方面的内容，体现教材的先进性。同时，根据中级工从事相关岗位工作的实际需要，合理确定学习目标，对教材内容的深度、难度做了适当调整，同时注重综合职业能力的培养。

第三，融入先进教学理念，创新教材表现形式。

专业通用基础教材的编写以汽车及其零部件为载体，充分体现专业特色；专业方向教材的编写根据学校教学实际，充分体现一体化教学思路，增加了实训内容在教材中的比重。为了增强教材的表现效果，提高学生的学习兴趣，教材中使用了大量高质量的实物图片，部分教材采用双色或彩色印刷。

第四，开发辅助产品，提供教学服务。

为了方便教学，配套开发了习题册、教学参考书和电子课件。电子课件可通过职业教育教学资源和数字学习中心（http://zyjy.class.com.cn）免费下载。

本次教材修订工作得到了河北、江苏、浙江、山东、山西、广东、广西、陕西等省、自治区人力资源社会保障厅及有关学校的大力支持，在此表示诚挚的谢意。

人力资源社会保障部教材办公室

2017 年 1 月

目　录

第一单元　汽车修理主要工量具及仪器

课题一　常用工量具介绍

教学目标：

1．掌握汽车修理常用工量具的使用方法和使用范围。

2．能正确选用工量具。

训练器材：

扳手、旋具、钳子、活塞环拆装钳、锤子、火花塞套筒、气门弹簧拆装钳、支顶、润滑脂枪、游标卡尺、千分尺、百分表、量缸表等。

操作步骤和技术要求及图示

一、常用工具

1．扳手

扳手主要用于拆装螺纹连接件。在维修作业中，应注意扳手公英制的选择。

(1) 常用扳手

1）套筒扳手（图1—1—1)。由套筒和手柄两部分组成。套筒的一端与梅花扳手的内孔形状相同；另一端为四方形孔，与手柄的四方形头相配合。套筒扳手使用迅速方便，可实现在较狭窄空间或较深处螺纹连接件的拆装。

2）梅花扳手（图1—1—2)。用来拆装扭矩较大的螺纹连接件。使用时可将螺母或螺栓头套住，使螺母或螺栓头在旋动时不容易受到损伤；同时扳手不容易滑脱，并适用于扳转空间狭小的螺母或螺栓。梅花扳手的优点是防滑性较好，在选用扳手时为首选；缺点是套上、取下不方便。

3）呆扳手（图1—1—3)。用来拆装扭矩较小

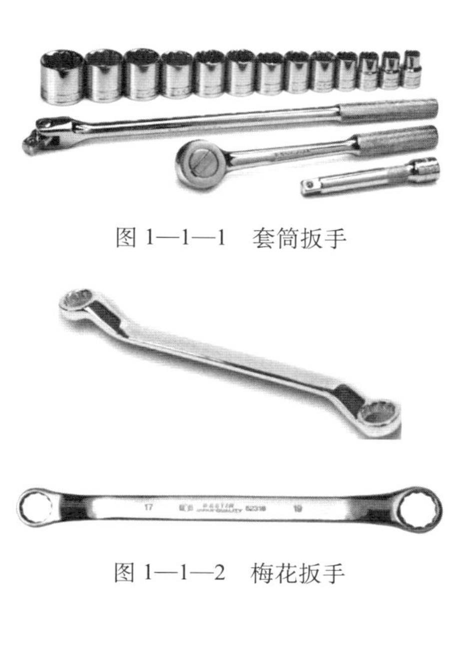

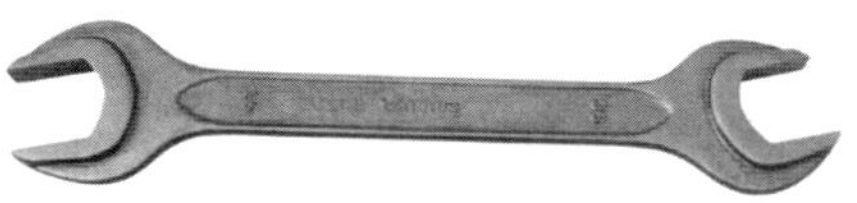

图1—1—1　套筒扳手

图1—1—2　梅花扳手

图1—1—3　呆扳手

的螺纹连接件。为了在受限制的部位扳动方便，扳手的开口方向与其中间柄部错开一个角度，通常有 15°、45°、90°等。

4）扭力扳手（图 1—1—4）。是一种能显示扭矩大小的专用工具，必须与套筒配合使用。其规格以最大可测扭矩表示。在使用时应该使用拉力，推转扳手易发生危险。

图 1—1—4 扭力扳手

5）活扳手（图 1—1—5）。活动钳口可在一定范围内调节，使用方便，多用于四方头或六方头顶螺纹管件的紧固、拆卸。使用时，应使其固定钳口面受压力，同时将活动钳口调整到贴紧螺母的对边。

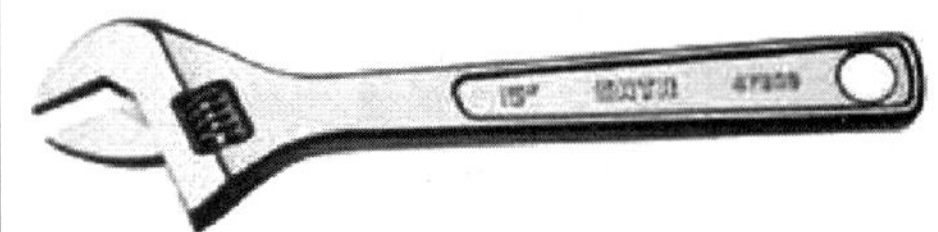

图 1—1—5 活扳手

6）管子扳手（图 1—1—6）。一般用于拆装无方棱的螺纹连接件（主要是管类零件）。

图 1—1—6 管子扳手

7）内六角扳手（图 1—1—7）。用来拆装内六角螺钉。

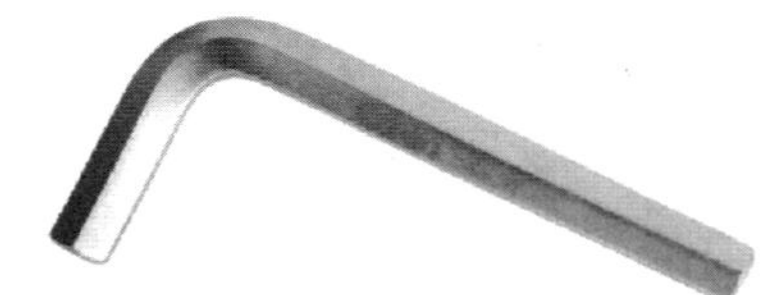

图 1—1—7 内六角扳手

（2）扳手使用技巧

1）扳手选择原则。一般先选用套筒扳手，然后选用梅花扳手，再选用呆扳手，最后选用活扳手。

2）扳手规格选择方法。扳手规格主要指开口大小。扳手上的数字是螺母对边的距离，单位是 mm，如“扳手 10、扳手 12”。扳手规格与螺栓规格的换算公式：扳手规格 = 螺栓直径 ×1.5+1。例如，M12 螺栓为 12×1.5+1=19，应选用 19 mm 的扳手。

2．旋具（图 1—1—8）

旋具是利用旋转压力紧固或拆卸带有槽口的螺钉，常用的有一字形旋具和十字形旋具两种。使用时应与螺钉槽配合适当，压紧后再旋扭。不可将旋具当撬棒或錾子使用，也不能在旋具口与柄处用扳手或钳子来增加扭力，以免损坏旋具。

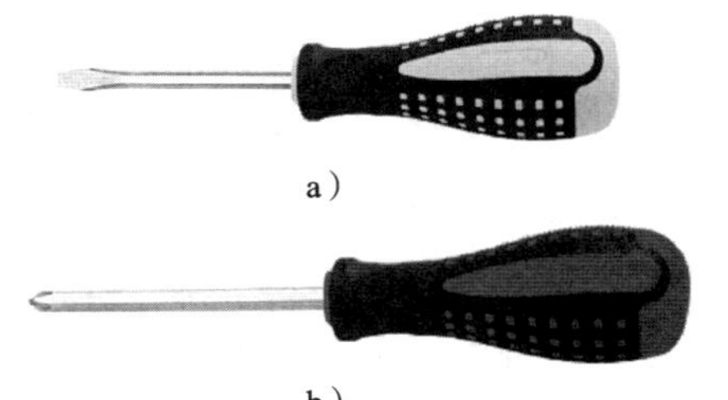

a）

b）

图 1—1—8 旋具

a）一字形旋具 b）十字形旋具

3．钳子

钳子用于切断坚硬的金属丝，夹持或扭转较小的金属零件。常用的有鲤鱼钳（图 1—1—9）、钢丝钳（图 1—1—10）和尖嘴钳（图 1—1—11）。使用时应注意，如要将工件扭曲折断，应先将工件夹牢。使用时，不可把钳子当锤子用于敲击，或把钳柄当撬棒使用；也不可用钳子代替扳手拧紧或拧松螺栓、螺母等带棱角的工件，以免损坏棱角。

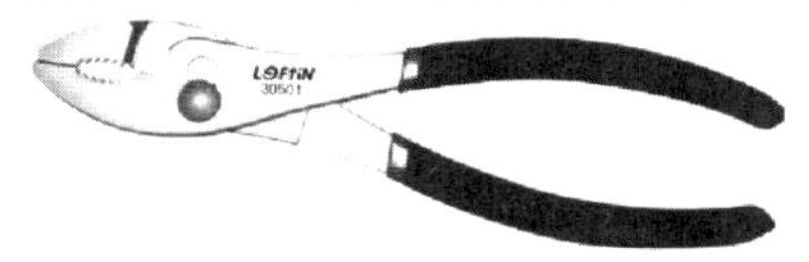

图 1—1—9　鲤鱼钳

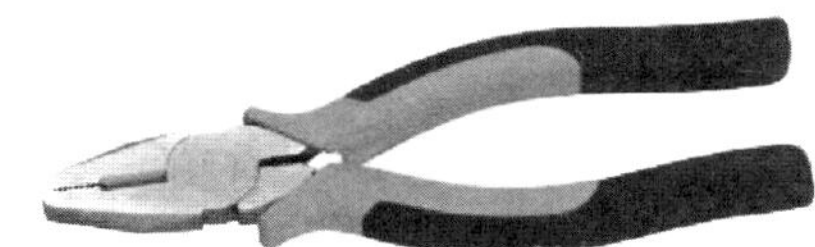

图 1—1—10　钢丝钳

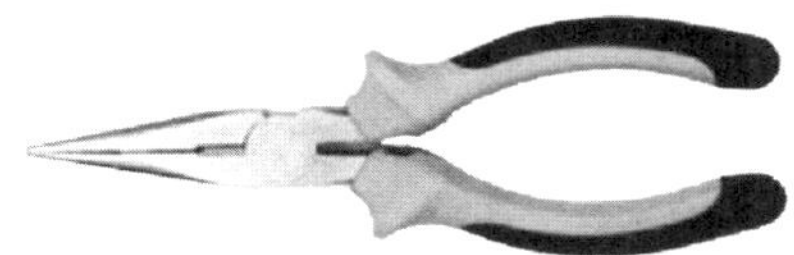

图 1—1—11　尖嘴钳

4．锤子（图 1—1—12）

锤子又称榔头，是一种敲击工具，由锤头和锤柄两部分组成。使用前应检查锤柄是否松动，并擦去木柄和锤头上的油污，以免滑脱伤人。使用时，手要握紧锤柄后端，锤击面应与工作面平行，靠手腕的运动进行锤击。

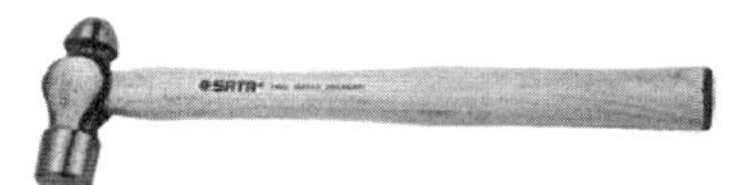

图 1—1—12　锤子

5．活塞环拆装钳（图 1—1—13）

活塞环拆装钳是拆装活塞环的专用工具。使用时，应先将活塞环钳的卡环卡入活塞环的开口处，使其与活塞环贴紧，然后慢慢收缩钳柄，将活塞环张开，从槽中取出或装入。

图 1—1—13　活塞环拆装钳

6．火花塞套筒（图 1—1—14）

火花塞套筒是拆装发动机火花塞的专用工具。套筒内有橡胶套，方便拆卸时将火花塞带出。使用时套筒应对正火花塞六角头，不可歪斜，然后扳动手柄，以免滑脱。

图 1—1—14　火花塞套筒

7．气门弹簧拆装钳（图 1—1—15）

气门弹簧拆装钳是拆装气门弹簧的专用工具。使用时，将气门弹簧拆装钳托架抵住气门，压环对正气门弹簧座，然后压下手柄，使气门弹簧压缩，取出气门弹簧锁销或锁块，慢慢松开手柄，取出气门弹簧座、气门弹簧、气门等。

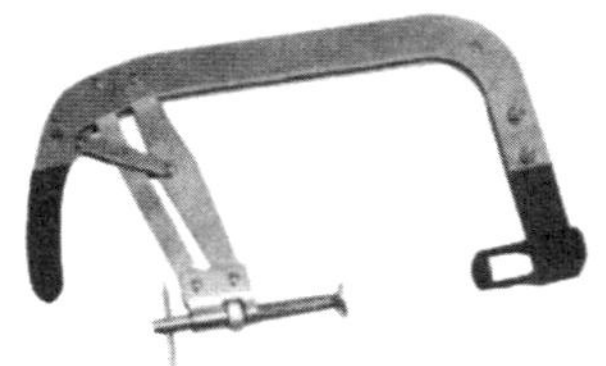

图 1—1—15　气门弹簧拆装钳

8．支顶（图1—1—16）

支顶是用来举升汽车或重物的工具，分为机械式（图1—1—16a）和液压式（图1—1—16b）两种。机械式支顶主要用于轿车。液压式支顶的规格按举升重量有3 t、5 t、8 t等几种。

使用机械式支顶时，先将支顶的顶面对正要顶起的部位，然后用手柄转动螺杆，顺时针方向转动使工作物上升，逆时针方向转动使工作物下降。

使用液压式支顶时，先将油压开关拧紧，然后将支顶的顶面对正要顶起的部位，压动手柄，支顶工作物。旋开油压开关，工作物缓慢下降。

使用支顶时应注意：落地车轮用三角木塞好；在松软的路面上使用时，支顶座下应垫木板；支顶应放正，不得歪斜；在汽车升起后未稳定前或旋开油压开关汽车下降时，禁止车下有人工作。

a）

b）

图1—1—16　支顶

a）机械式支顶　b）液压式支顶

9．黄油枪（润滑脂枪）

润滑脂枪是用来加注润滑脂的专用工具，如图1—1—17所示。

（1）使用前先填装黄油。拧下润滑脂枪压力缸筒后盖，把干净黄油分成小团，慢慢装入缸筒内，应使黄油团之间尽量相互贴紧，便于缸筒内的空气排出。

（2）加油时，把润滑脂枪接头对准黄油嘴，不能偏斜，然后压动杠杆，使黄油加入。

图1—1—17　润滑脂枪

二、常用量具

1．钢直尺

钢直尺是一种最简单的测量长度直接读数的量具，用薄钢板制成，如图1—1—18所示。常用于粗测工件两点间距离、平面距离、高度、深度、长度等，常见的规格有150 mm、300 mm、500 mm、1 000 mm等。

图1—1—18　钢直尺

2．卡钳

卡钳分为内卡钳和外卡钳两种，如图1—1—19

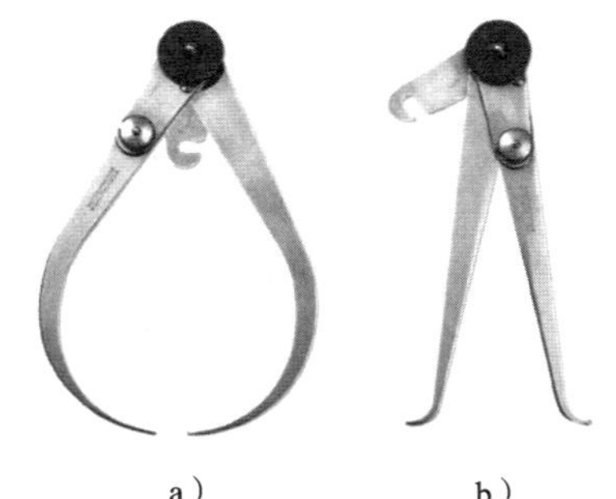

a）　　b）

图1—1—19　卡钳

a）外卡钳　b）内卡钳

所示。外卡钳用来测量外径和平面尺寸，内卡钳用来测量内径和凹槽尺寸。卡钳本身通常没有刻度，测量时不能直接读数，常与钢直尺、千分尺等量具配合使用。

3．游标卡尺

游标卡尺可用于测量工件的外径、内径、长度、宽度、厚度、深度等，主要由尺身、游标、紧固螺钉和内测量爪等组成。按照测量功能可以分为普通游标卡尺（图 1—1—20）、游标深度尺（图 1—1—21）、带表游标卡尺等。常见的车用游标卡尺测量精度为 0.02 mm。

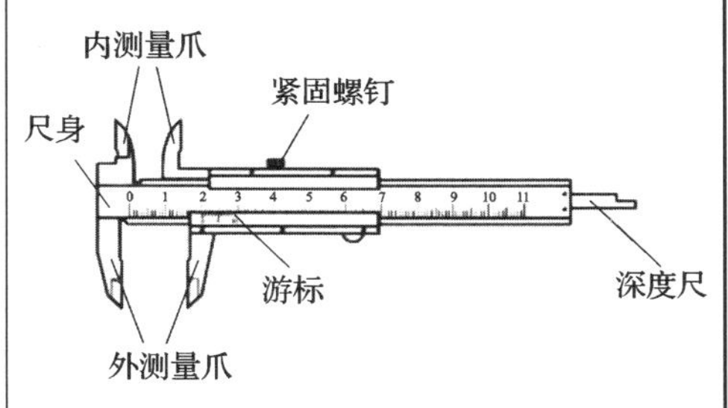

图 1—1—20　游标卡尺

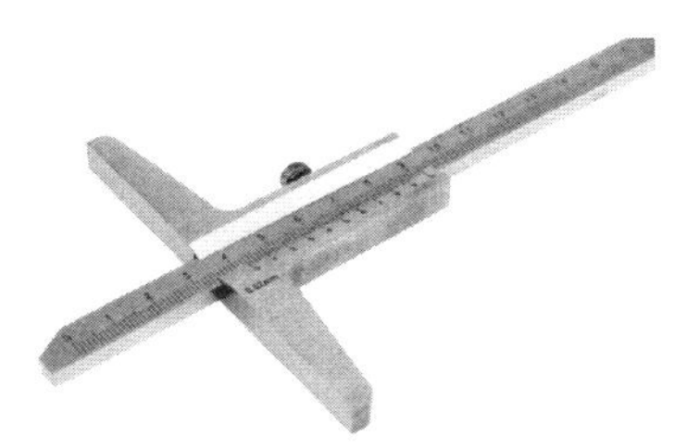
图 1—1—21　游标深度尺

游标卡尺读数方法如图 1—1—22 所示：

第一步，读出游标上零线左面尺身的整数值，31 mm。

第二步，读出游标上刻线与尺身刻线对齐处的小数值，0.46 mm。

第三步，把上述两个数值相加，即为该尺寸的读数值，31+0.46=31.46 mm。

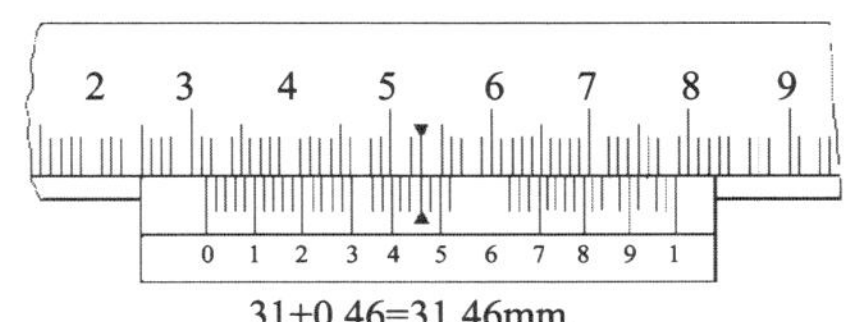

图 1—1—22　游标卡尺读数方法

4．外径千分尺（图 1—2—23）

外径千分尺主要用于测量零件的外部尺寸，如测量曲轴轴颈、活塞尺寸等，其精度一般为 0.01 mm。千分尺的量程为 25 mm。汽车维修中常用的千分尺规格有 0 ～ 25 mm、25 ～ 50 mm、50 ～ 75 mm、75 ～ 100 mm、100 ～ 125 mm、125 ～ 150 mm 六种。

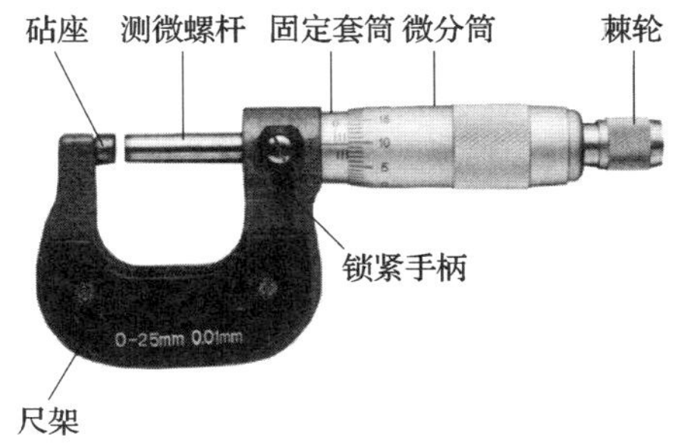

图 1—1—23　外径千分尺

使用时先根据被测尺寸选择合适量程的千分尺，然后一手持弓形尺架，另一手旋转千分尺尾部的棘轮，使两侧测头与被测表面接触进行测量。当棘轮发出“哒哒”的声音时，扳动锁紧手柄，然后进行读数。

千分尺读数方法如图 1—1—24 所示：

第一步，读出固定套筒上露出刻线的整毫米及半毫米数，22 mm。

第二步，看微分筒哪一刻线与固定套筒的基准线对齐，读出不足半毫米的小数部分，0.24 mm。

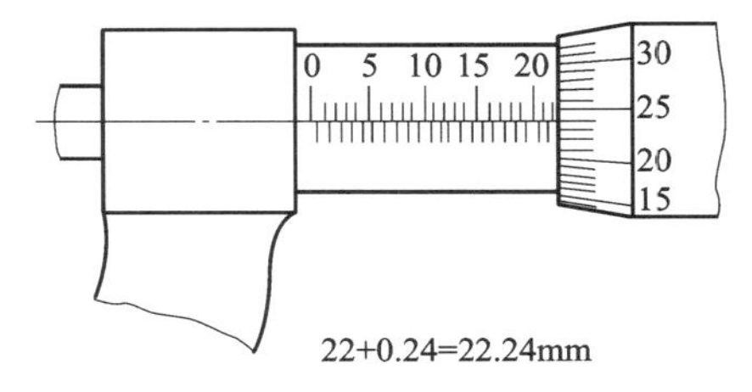

图 1—1—24　千分尺的刻度和读数示例

第三步，将两次读数相加，即为工件的测量尺寸，22+0.24=22.24 mm。

5．百分表（图 1—1—25）

百分表是一种比较测量工具，主要用于测量零件的尺寸误差和几何误差，精度为 0.01 mm。其大指针每转动 1 格测杆移动 0.01 mm，小指针每转动 1 格测杆移动 1 mm。使用时必须将百分表固定到支架上，使其测杆触头与被测表面垂直接触，并有一定的预压量，转动表盘使大指针指零，然后根据情况进行测量。百分表的刻度盘圆周为 100 等分，其分度值为 0.01 mm，当大指针转动 1 圈，则测杆的位移量为 1 mm。表盘和表圈是一体的，可任意转动，以便使指针对零位。小指针用以指示大指针的回转圈数。常见百分表的测量范围为 0 ～ 3 mm、0 ～ 5 mm 和 0 ～ 10 mm 等。

图 1—1—25　百分表

6．量缸表（图 1—1—26）

量缸表主要用于测量气缸内孔的尺寸和形状误差，也可以用来测量轴孔。量缸表由百分表、表杆支持架和一套测量联动装置组成。为适应不同直径气缸的测量，量缸表配有若干不同长度的接杆。

图 1—1—26　量缸表

7．塞尺（图 1—1—27）

塞尺又称厚薄规或测隙片，用来检验两个结合面之间的间隙大小。塞尺由 0.03 ～ 1 mm 厚度不等的钢片组成；按钢片的长度，有 50 mm、100 mm 或 200 mm 等几种。

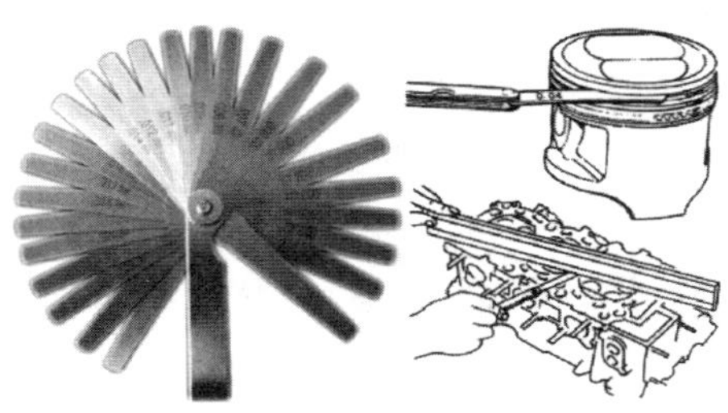

图 1—1—27　塞尺及使用

8．轮胎花纹深度尺（图 1—1—28）

用轮胎花纹深度尺可以便捷地测出轮胎是否超出安全的花纹深度。一般来说，当轮胎磨耗到胎面花纹沟深仅剩 1.6 mm 时，就必须更换。使用时将它的尖端伸入轮胎胎面同一横截面的几个主花纹沟中，测量沟的深度，得出一组数值，从中得出平均数。

图 1—1—28　轮胎花纹深度尺

课题二　常用仪表的使用

教学目标：

1．认识汽车修理常用仪表。

2．会正确选用汽车修理常用仪表。

训练器材：

气缸压力表、真空压力表、轮胎气压表、万用表、点火正时灯、测试灯等。

操作步骤和技术要求	图示
一、气缸压力表 气缸压力表如图 1—2—1 所示，是一种专门用于检查气缸内气体压力的仪表，通过测量气缸内压缩终了时的气体压力判断气缸密封性。气缸压力表分为汽油机用压力表和柴油机用压力表。常用的气缸压力表量程有 0.98 MPa、1.96 MPa、5.88 MPa 等几种，测量汽油机气缸压力可用前两种。 气缸压力表（以汽油机气缸压力表为例）的使用方法如下： 1．发动机升温至正常工作温度后拆去全部火花塞。 2．选用适当的连接管将气缸压力表安装在火花塞孔上，不要用力过猛以免损坏橡胶套。 3．节气门全开的位置上，用起动机带动曲轴旋转 3 ～ 4 圈。 4．记下表针读数。间隔 15 s 后再次测量，取平均值。 柴油机的气缸压力测量与汽油机基本相同，但由于柴油机压缩比大，测量时徒手无法控制压力表，必须用螺纹接头旋入喷油器孔中。	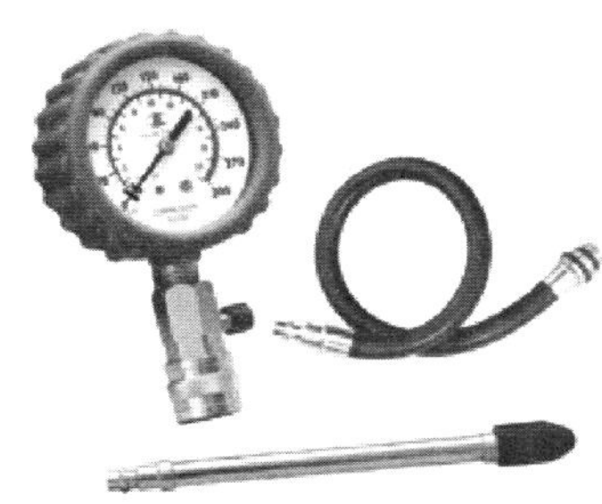 图 1—2—1　气缸压力表

二、真空压力表

真空压力表（图 1—2—2）是一种常用的测量管路真空度的仪表。在汽车维修作业中，真空压力表被用来检查发动机进气歧管内真空度和制动真空助力装置。汽车用真空表的压力范围一般为 0 ～ 0.1 MPa。

真空压力表的使用方法如下：

1．发动机升温至正常工作温度后，按原设计标准调整好发动机怠速后熄火。

2．将真空表接在进气歧管的真空管接头上。

3．使发动机怠速运转，根据表的读数即可了解发动机的技术状况。

一台性能良好的发动机怠速运转时，真空表数值应稳定在 60 ～ 70 kPa。

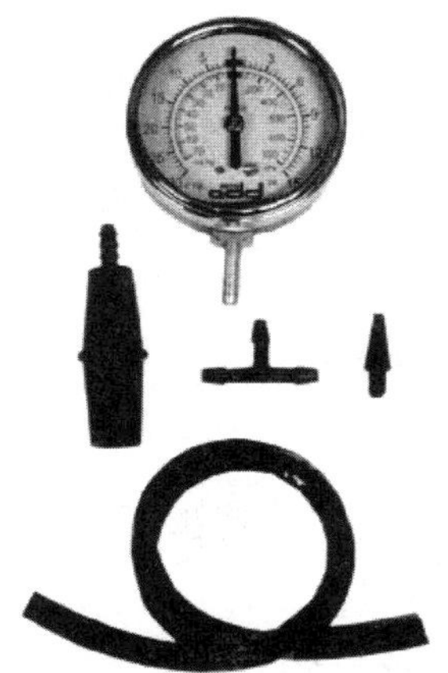

图 1—2—2　真空压力表

三、轮胎气压表

轮胎气压表是用来测量轮胎气压的专用仪表，如图 1—2—3 所示。轮胎的标准气压在驾驶员侧的门上或门边上有标注。气压表上有 3 ～ 4 种标示单位，如 kg/cm^2、bar、psi 和 kPa，它们之间的换算关系如下：1 bar=1.02 kg/cm^2=102 kPa=14.5 psi。

轮胎气压表的使用方法如下：

1．将轮胎气压表测量端槽口与轮胎气门嘴对正压紧。

2．在轮胎气体的作用下，轮胎气压表指针发生偏转，其指示值即为该轮胎的充气压力；或轮胎气压表标杆被推出，标杆上所显示的数值即为该轮胎的充气压力。

普通汽车轮胎标准气压：冬季前轮为 250 kPa，后轮为 270 kPa；夏季前轮为 230 kPa，后轮为 250 kPa。

图 1—2—3　轮胎气压表

四、万用表

万用表是现代汽车修理用的必备仪表，如图1—2—4所示。常用的有普通数字万用表和汽车专用万用表。使用时，通过测量电路或元器件的电压、电阻和电流等参数判断电路故障。

图1—2—4　万用表

1．万用表的使用方法

（1）校表，即调整零点。

（2）选择所要测量数据的相应挡位。

（3）根据注意事项，正确实施测量。

（4）根据所选挡位，正确进行读数并记录。

2．汽车专用万用表

（1）汽车专用万用表的特点。功能强大；精确度高；内阻大，对电子元件无威胁。

（2）汽车专用万用表的功能。汽车专用万用表一般有如下功能：交、直流电压，电阻和电流的检测；断、短路检测，声响指示；线路中的电压降与阻抗的检测；线路中接点压降的检测；汽车交流发电机的检测；测试二极管；发动机转速检测；温度检测；故障码的读取；电控系统传感器的测试；频率、时间（ms）的测试；占空比的检测；闭合角的检测；数据保持功能检测；最大值、最小值的检测。

五、点火正时灯

点火正时灯（图1—2—5）是用来检查发动机点火提前角的专用仪器，目的是查证点火时间的准确性。

点火正时灯的使用方法如下：

1．使发动机达到正常工作温度。

2．拆下分电器真空管，并堵住该管。

3．把点火正时灯高压感应线夹在第一缸高压线上，将红、黑电源线分别夹在蓄电池的正、负极上。

图1—2—5　点火正时灯

4．将正时灯光照射到飞轮壳上正时孔处（有些发动机正时记号在曲轴带轮及正时齿轮盖间），随着灯光闪烁，观察正时标记。在规定转速下，点火提前角应符合原厂标准。

六、测试灯

测试灯（图 1—2—6）是判断电路通断的简易仪器，由一个发光二极管和一个电阻组成，使用时，将 12 V 测试灯一端搭铁，另一端接电气部件电源接头。如灯亮，说明电气部件的电源电路无故障；如灯不亮，再接去向电源方向的第二个接线点，如灯亮则故障在第一接线点与第二接线点之间，电路出现断路故障。

图 1—2—6　测试灯

课题三　汽车检测诊断仪器的使用

教学目标：

1．认识汽车故障电脑诊断仪。

2．会正确操作汽车故障电脑诊断仪。

训练器材：

整车，汽车故障电脑诊断仪，常用工量具等。

操作步骤和技术要求及图示

一、汽车故障电脑诊断仪

汽车故障电脑诊断仪又称解码器，是用于检测汽车故障的便携式智能汽车故障自检仪，用户可以利用它迅速地读取汽车电控系统中的故障码，并通过液晶显示屏显示故障信息，迅速查明发生故障的部位及原因。图 1—3—1 所示为金德 KT600 诊断仪。

汽车故障电脑诊断仪是汽车维修中非常重要的工具，一般具有如下几项或全部功能：读取故障码；清除故障码；读取发动机动态数据流；示波；

图 1—3—1　金德 KT600 诊断仪

元件动作测试；匹配、设定和编码；英汉词典、计算器及其他辅助功能。

二、汽车故障电脑诊断仪工作原理

汽车电脑 ECU 内部故障诊断电路能在汽车运行过程中监控电控系统各个元件工作，当发现电子元件有故障时能自动启动故障运行程序，将故障以代码的形式储存在电脑的 RAM 中，同时通过仪表故障指示灯发出故障警告信号。故障诊断仪通过汽车电脑的自诊断座在一定协议支持下与汽车电脑进行通信交流各种信息，从而获取电脑工作的重要参数。

三、自诊断座与故障诊断仪诊断接口

自诊断座是现代电控汽车上用来诊断故障的接口。自诊断座的端子直接与汽车电脑相连，如图 1—3—2 所示。

故障诊断仪利用诊断接口与汽车自诊断座匹配相连，进行数据交换，如图 1—3—3 所示。一般车型诊断接口都采用 16 针标准 OBD−Ⅱ 接口，安装于转向盘下方。也有部分车型由于自诊断座接口形状、安装位置不相同，使得故障诊断仪的诊断接口也不相同。

图 1—3—2　汽车电脑自诊断座

图 1—3—3　故障诊断仪接口

四、汽车故障电脑诊断仪的使用

一般来说，汽车故障电脑诊断仪的使用有以下几步（以 KT600 诊断仪为例）：

1．在车上找到自诊断座，连接好诊断仪，如图 1—3—4 所示；打开点火开关，开启诊断仪电源进入开机界面，如图 1—3—5 所示。

图 1—3—4　连接诊断仪

图 1—3—5　诊断仪开机界面

2．选择汽车诊断功能，选择相应车型，进入诊断系统，如图 1—3—6 所示。

3．读取故障码，查看数据流，进行故障分析诊断，如图 1—3—7 所示。

图 1—3—6　车型选择界面

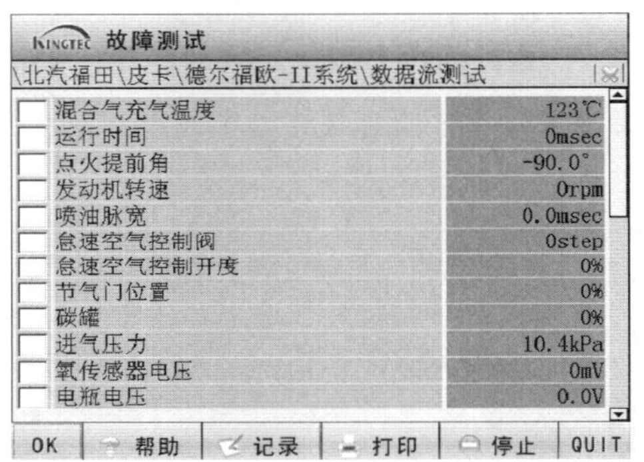

图 1—3—7　数据流界面

4．根据故障诊断需要，还可以利用诊断仪和示波器检测部分传感器、执行器的性能，如图 1—3—8 所示。

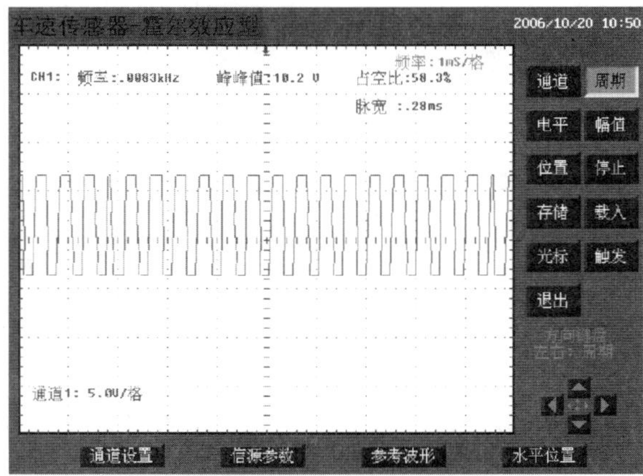

图 1—3—8　示波器

课题四　发动机综合性能分析仪的使用

教学目标：

1．认识发动机综合性能分析仪。

2．能利用发动机综合性能分析仪进行检测。

训练器材：

整车、发动机综合性能分析仪、常用工量具等。

操作步骤和技术要求及图示

一、发动机综合性能分析仪概述

发动机综合性能分析仪（图 1—4—1）也称发动机综合性能检测仪或发动机综合参数测试仪，是在发动机不解体的情况下，通过多种参数检测，对发动机进行性能分析和故障诊断的一种仪器。汽车发动机综合分析仪一般由硬件和软件组成，硬件包括发动机综合性能分析模块、测试电缆以及各种测试接头等。发动机综合性能分析模块主要由各种传感器、信号采集处理系统和显示打印装置等部分构成。

图 1—4—1　FSA740 发动机综合性能分析仪

二、主要功能介绍

1．起动系测试

先将电流传感器夹在电瓶线上，“↑”符号与电流流向保持一致，红鱼形夹夹在电瓶正极上，黑鱼形夹夹在负极上（图 1—4—2）。将缸压传感器代替火花塞拧在任一缸上，真空传感器接到进气歧管上，起动发动机约 4 s，直到屏幕出现数据或听到发动机即将起动，松开点火开关。

图 1—4—2　电流传感器装夹

结果：4 s 测试出起动电流、电瓶电压、起动电压、电瓶电压降、电瓶内阻、各缸压缩压力与真空压力值。测试结果能反映电瓶状态、发动机各缸压缩压力（图 1—4—3）、真空压力和配气机构状态。

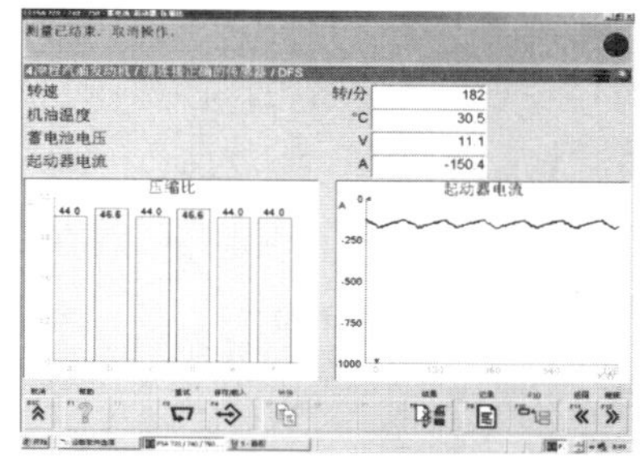

图 1—4—3　主要测试结果

2．功率测试

将发动机由怠速瞬间加速，当转速超过下限转速时开始计时，超过上限转速时停止计时，这个时间真实地反映发动机的加速时间（时间越短，功率越大），通过输入转动惯量常数后换算出发动机功率。该检测仪采用双时测功，通过下降时间计算出摩擦因数，修正新、旧车的差别，使其值更接近真实功率。检测过程中，动态显示转速曲线和功率曲线，根据曲线可分析各转速下的即时功率。

3．充电系测试

接初级传感器，接电流、电压传感器。开始缓慢提高转速（约 20 s 从怠速提高至高速）后，松开加速踏板使转速回到怠速。

结果分析：

通过充电电压、充电电流、机油压力随转速变化而变化的全程波形曲线，可观察分析出是电压调节器故障还是供油系故障。还可根据充电电压、充电电流随转速变化波形曲线，观察分析出是不是充电整流二极管故障。

4．真空压力

通过分析真空压力曲线，可判断出进、排气冲程的各种故障，在此不一一举例（此时发动机处于点火状态，排气门故障很好判别）。

5．温度

对水温、油温、气温进行测量。

6．异响测试

（1）曲轴轴承响。将传感器触在油底壳上，使发动机在 1 200 ～ 1 600 r/min 或更高的转速范围内做变速运转，观察抖动节气门时各缸波形的最后部分有无明显频率较低的正弦波出现。必要时可进行逐缸断火试验。断火时，曲轴轴承响异响波形可能消失。

（2）连杆轴承响。将传感器垂直顶在发动机壳体侧壁正对各缸连杆轴承，从怠速开始逐步提高转速直到 2 000 r/min 左右，观察各缸波形的中后部分，异响波形幅度有无随着转速的提高而明显增加。必要时可用抖动节气门的方法观测，并可进行逐缸断火测得不同转速时的波形。

（3）活塞敲缸响。传感器放置在垂直于发动机壳体左侧上部正对各缸处，将发动机转速从怠速逐渐提高到 1 000 r/min 左右，观察各缸波形的中前部分有无异响波形出现。必要时可在低、中速范围内用抖动节气门的方法观测，并进行断火试验（断火时波形消失）。注意：敲缸响一般在冷车时才有。

（4）活塞销响。传感器放置在垂直于缸盖正对各缸活塞处，将发动机转速由 800 r/min 逐渐提高到 2 400 r/min 左右，观察各缸上止点附近有无异响波形。必要时可在中、高速范围内用抖动节气门的方法观察和进行断火试验。

以上四种异响波形均出现在“做功行程”上，即波形出现在并列波的哪一缸上，就是该缸有异响，而且断火时波形均有变化（减小、消失或变形）。

7．废气分析

废气分析仪可通过 232 通信口联网，同时对比发动机相应项目，观察分析各种故障（图 1—4—4）。

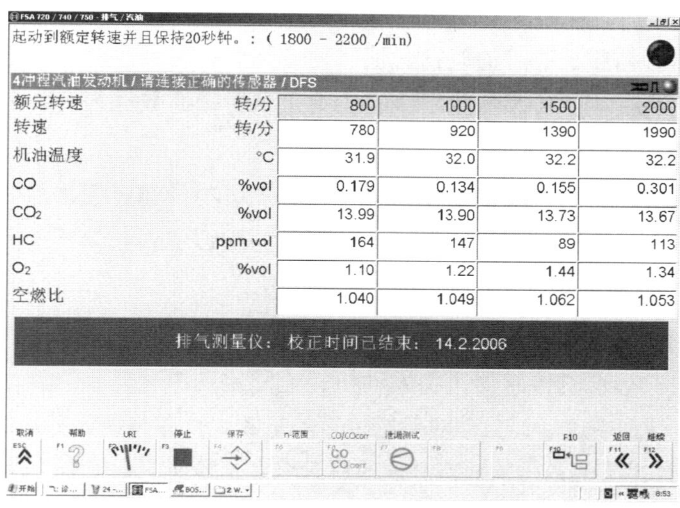

起动到额定转速并且保持20秒钟。：（ 1800 - 2200 /min）

4冲程汽油发动机 / 请连接正确的传感器 / DFS

额定转速	转/分	800	1000	1500	2000
转速	转/分	780	920	1390	1990
机油温度	°C	31.9	32.0	32.2	32.2
CO	%vol	0.179	0.134	0.155	0.301
CO_2	%vol	13.99	13.90	13.73	13.67
HC	ppm vol	164	147	89	113
O_2	%vol	1.10	1.22	1.44	1.34
空燃比		1.040	1.049	1.062	1.053

排气测量仪：校正时间已结束：14.2.2006

图 1—4—4　废气检测

8．汽油车点火次级波检测

接初级传感器，接标准缸传感器（图 1—4—5）；将次级传感器夹在高压线上；将发动机转速稳定在中速，开始测量（图 1—4—6）。

图 1—4—5　标准缸传感器

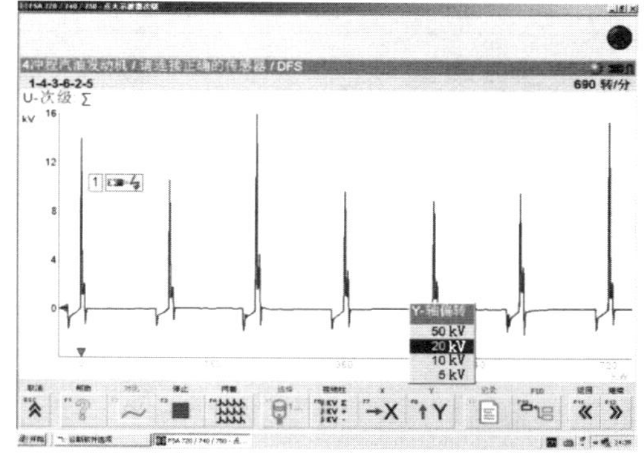

图 1—4—6　测得的点火次级波形

结果分析：

（1）火花塞断火。怠速时，某一缸点火高压过高时，应更换火花塞。

（2）点火高压。各缸火花塞的击穿电压与火花塞间隙、电极温度、积炭、电容等因素有关，正常应在 10 ~ 20 kV 之间。

(3) 火花持续时间。电火花持续点火时间和点火线圈点火能量有关。

(4) 火花塞加速特性。将发动机从怠速状态下通过抖动节气门方法加速，观察各缸点火高压，是否在加速时出现大于 20 kV 的状态。若经反复观察均出现在某缸上，则说明该缸火花塞在加速、踩加速踏板时暂时不点火，应更换火花塞。

9. 点火与喷油提前角测试（闪光 / 缸压法）

(1) 闪光法。可调整正时灯的旋钮，使飞轮上止点标配对齐，取得数据。

(2) 缸压法。通过缸压传感器找出该缸的上止点，得到数据。

10. 配气相位测试（闪光 / 缸压法）

闪光法与缸压法测试均同提前角测试，但是增加了将异响传感器顶在缸盖上，用鼠标双击测出进、排气门关闭处波形，可自动计算所得的相位值。如偏差过大，说明气门调整不好。如角度相差 6° ~ 8°，说明配合齿轮错一个齿。

11. 各缸工作均匀性测试

接初级传感器、标准缸传感器，将发动机转速固定在中速开始测量。

将发动机转速调到中速后，自动对每缸进行单缸断火，并将断火前后的转速变化分成转速下降值和下降转速占下降前转速的百分比值显示出来，转速下降越少，说明该缸工作越差。

12. 气缸效率

主要是针对电喷发动机分析不同转速下各缸对输出功率的贡献。

课题五　汽车尾气分析仪的使用

教学目标：

1. 认识汽车尾气分析仪。
2. 能利用汽车尾气分析仪进行检测。

训练器材：

整车、汽车尾气分析仪、常用工量具等。

操作步骤和技术要求及图示	
汽车排气的污染物主要是一氧化碳（CO）、碳氢化合物（HC）、氮氧化合物（NO_x）、硫化物（主要是 SO_2）、碳烟及其他一些有害物质。如果燃用含铅汽油，排气中的污染物还包含铅化合物。随着汽车工业的发展和汽车保有量急剧增加，汽车排放的污染物是一	

致公认的城市大气主要污染公害之一，已成为严重的社会问题。因此，检测并控制汽车排气污染物的浓度，已成为汽车检测中重要的项目。图 1—5—1 所示为 BEA060 汽车尾气分析仪。

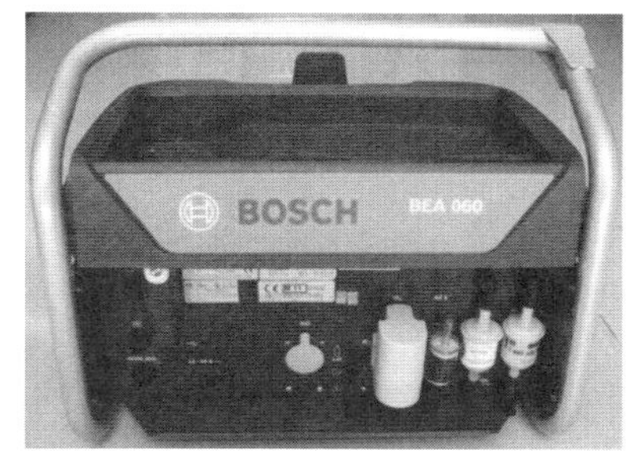

图 1—5—1　BEA060 汽车尾气分析仪

一、工作原理与仪器结构

1．汽车排气污染物检测原理

汽车排气中的 CO、HC、NO_x 和 CO_2 等气体，对红外线分别具有吸收一定波长的性质，而且红外线被吸收的程度与废气浓度之间有一定的关系。不分光红外线分析法就是根据这一原理，即废气吸收一定波长红外线能量的变化，来检测废气中各种污染物的含量。在各种气体混在一起的情况下，这种检测方法具有测量值不受影响的特点。

2．汽车尾气分析仪的结构与工作原理

不分光红外线气体分析仪是一种能够从汽车排气管中采集气样，并对其中所含 CO 和 HC 的浓度进行连续测量的仪器。汽车尾气分析仪由废气取样装置、废气分析装置、废气浓度指示装置和校准装置等组成，如图 1—5—2 所示。

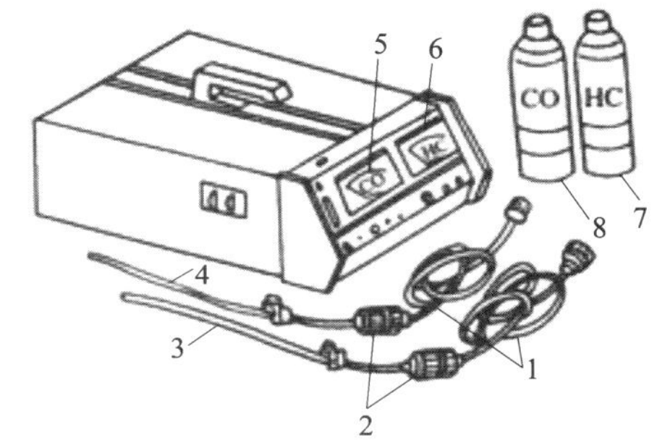

图 1—5—2　汽车尾气分析仪的组成

1—导管　2—滤清器　3—低浓度取样探头　4—高浓度取样探头　5—CO 指示仪表　6—HC 指示仪表　7—标准 HC 气样瓶　8—标准 CO 气样瓶

二、仪器的使用方法

（一）汽油车尾气检测前的准备工作

1．仪器准备和校准

接通电源，将尾气分析仪预热 10 min 以上，进行简易校准，检查取样探头和导管内是否有残留 HC。

2．车辆或发动机的准备

进气系统装有空气滤清器，排气系统装有排气消声器，不得有泄漏。汽油应符合 GB 17930—2016《车用汽油》的规定。发动机冷却液和机油温度达到所规定的热状态。

（二）汽油车尾气检测怠速试验法

怠速试验法是汽车检测站比较常用的方法，其测量结果作为车辆年检是否合格的依据。

1．在发动机上安装转速计、点火定时仪、冷却液和机油测温计等测试仪器。

2．发动机由怠速工况加速至 70%额定转速，维持 60 s 后降至怠速。

3．发动机降至怠速状态后，将取样探头插入排气管中，深度 400 mm，并固定在排气管上。

4．发动机在怠速状态维持 15 s 后开始读数，读取 30 s 内的最高值和最低值，其平均值即为测量结果（图 1—5—3）。

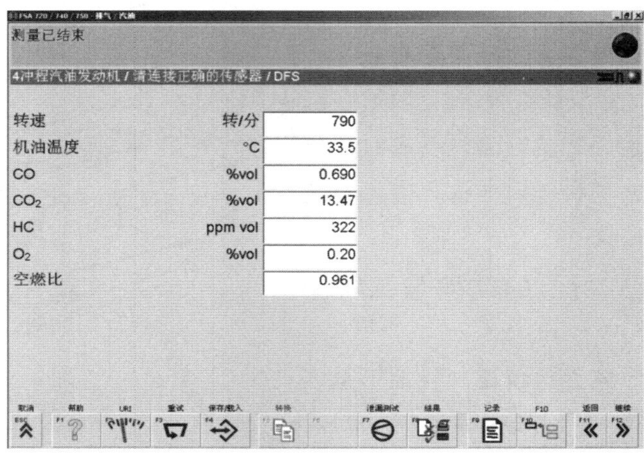

图 1—5—3 怠速尾气测量值

5．测量工作结束后，把取样探头从排气管里抽出来，使其吸入新鲜空气 5 min，待仪器指针回到零点后再关闭电源。

6．对比表 1—5—1 车辆怠速试验排气污染物限值，判断发动机排放是否合格。

表 1—5—1　　车辆怠速试验排气污染物限值

车辆类型	轻型车		重型车	
	CO（%）	HC（$\times10^{-6}$）①	CO（%）	HC（$\times10^{-6}$）①
1995 年 7 月 1 日以前生产的在用汽车	4.5	1 200	5.0	2 000
1995 年 7 月 1 日起生产的在用汽车	4.5	900	4.5	1 200

注：① HC 容积浓度按正己烷当量。

（三）汽油车尾气检测双怠速试验法

双怠速试验法检测的数据比怠速法更准确，目前在一些排放标准较严格的城市已开始应用。双怠速试验法检测在汽车故障诊断与维修过程中应用较多。

1．发动机由怠速工况加速至70%额定转速，维持60 s后降至高怠速（即50%额定转速）。

2．发动机降至高怠速状态后，将取样探头插入排气管中，深度400 mm，并固定在排气管上。

3．发动机在高怠速状态维持15 s后开始读数，读取30 s内的最高值和最低值，其平均值即为高怠速排放测量结果。

4．发动机从高怠速状态降至怠速状态，在怠速状态维持15 s后开始读数，读取30 s内的最高值和最低值，其平均值即为怠速排放测量结果（图1—5—4）。

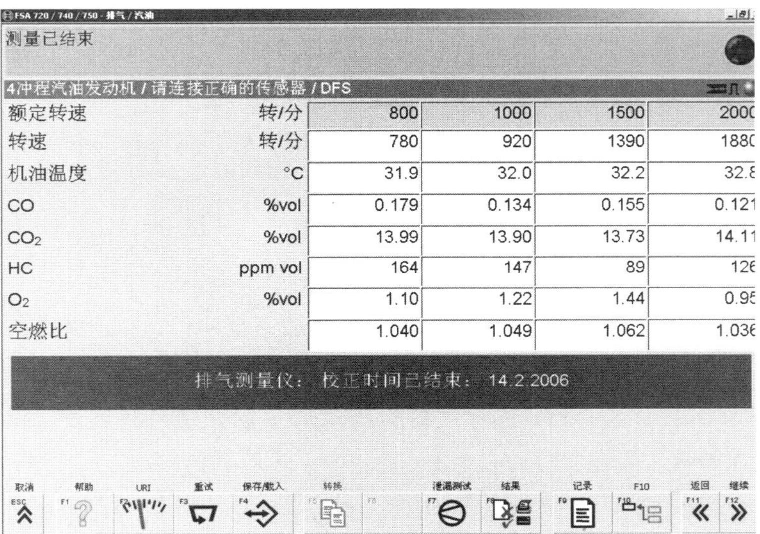

图1—5—4　双怠速尾气测量值

5．测量工作结束后，把取样探头从排气管里抽出来，使其吸入新鲜空气5 min，待仪器指针回到零点后再关闭电源。

6．对比表1—5—2车辆双怠速试验排气污染物限值，判断发动机排放是否合格。

表1—5—2　车辆双怠速试验排气污染物限值

车辆类型	怠速		高怠速	
	CO（%）	HC（$\times10^{-6}$）①	CO（%）	HC（$\times10^{-6}$）①
2001年1月1日以后上牌照的M1②类汽车	0.8	150	0.3	100
2001年1月1日以后上牌照的N1③类汽车	1.0	200	0.5	150

注：① HC容积浓度按正己烷当量。

② M1指车辆设计乘员数（含驾驶员）不超过6人，且车辆的最大总质量不超过2 500 kg。

③ N1还包括设计乘员数（含驾驶员）超过6人，或车辆的最大总质量超过2 500 kg但不超过3 500 kg。

（四）汽油车尾气检测加速模拟工况试验法

所谓加速模拟工况，是指车辆预热到规定的热状态后，加速至规定车速，根据车辆规定车速时的加载负荷，通过底盘测功机对车辆加载，使车辆保持等速运转的运行状态，在这样的工况下测试汽车尾气的排放情况。加速模拟工况试验法是模拟车辆运行中各种状态下的尾气排放情况，属于有负荷检测，测试结果更接近实际排放，主要用于汽车设计制造企业对车辆尾气的检测。

1．ASM5025 工况

ASM5025 工况测试程序如下：

（1）车辆驱动轮位于测功机滚筒上，将分析仪取样探头插入排气管中，深度为 400 mm，并固定在排气管上。对独立工作的多排气管应同时取样。

（2）车辆经预热后，加速至 25 km/h。测功机以车辆速度为 25 km/h、加速度为 1.475 m/s^2 时输出功率的 50% 作为设定功率对车辆加载。

（3）车辆以（25±1.5）km/h 的速度持续运转 10 s 后开始计时测试，持续运转测试时间为 90 s，ASM5025 工况结束。

2．ASM2540 工况

ASM2540 工况测试程序如下：

（1）在 ASM5025 工况试验结束后，车辆立即加速至 40 km/h。测功机以车辆速度为 40 km/h、加速度为 1.475 m/s^2 时输出功率的 25% 作为设定功率对车辆加载。

（2）车辆以（40±1.5）km/h 的速度持续运转 10 s 后开始计时测试，持续运转测试时间为 90 s，ASM2540 工况结束。

3．检测结果判定

对比表 1—5—3 车辆双怠速试验排气污染物限值，判断发动机排放是否合格。

表 1—5—3　　轻型汽油车简易瞬态工况污染物排放限值

车辆类型		基准质量 R_m（kg）	限值（g/km）	
			一氧化碳（CO）质量	HC+NO_x 总质量
第一类车		全部	6.3	2.0
第二类车	Ⅰ类	$R_m \leqslant 1\,250$	6.3	2.0
	Ⅱ类	$1\,250<R_m \leqslant 1\,700$	12.0	2.9
	Ⅲ类	$R_m>1\,700$	16.0	3.6

注：①第一类车指车辆设计乘员数不超过 6 人（含驾驶员），且最大总质量不超过 2 500 kg 的 M1 类车。

②第二类车指本标准范围内除第一类车以外的其他所有轻型车辆。

课题六　四轮定位仪的使用

教学目标：

1. 了解四轮定位仪的原理和车轮定位的技术参数。
2. 能利用四轮定位仪进行检测。

训练器材：

四轮定位仪、举升机、轿车等。

操作步骤和技术要求及图示

汽车四轮定位仪是用于检测汽车车轮定位参数并与原厂设计参数进行对比，指导使用者对车轮定位参数进行相应的调整，使其符合原设计要求，以达到理想汽车的行驶性能，即操纵轻便、行驶稳定可靠、减少轮胎偏磨损的精密测量仪器，如图 1—6—1 所示。

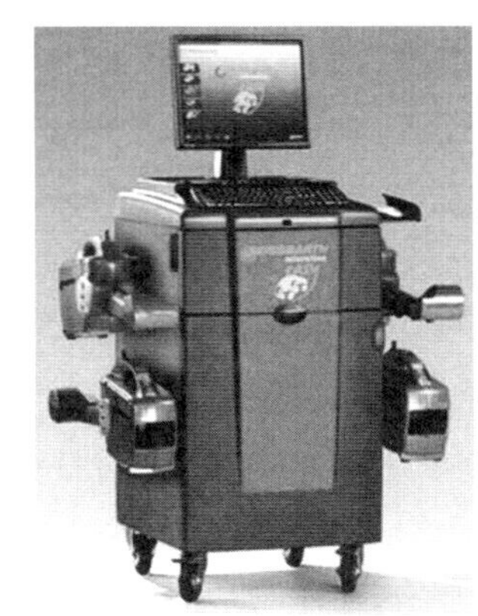

图 1—6—1　四轮定位仪

一、四轮定位仪的工作原理

四轮定位仪有前束尺和光学水准定位仪、拉线定位仪、CCD 定位仪、激光定位仪和 3D 影像定位仪等几种。其中 3D、CCD 和激光产品是目前市场上的三大主流产品。

CCD 汽车四轮定位仪的数据采集部分为四个测量探头。测量探头中的传感器（CCD）分别感应与其相对的测量探头上红外发射管的光线坐标，经无线发射器传输到机柜中的无线接收器中，再传输到电脑主机进行运算与处理。由于 CCD 传感器反映了其自身与相对应的测量探头上红外发射管的相互关系，而测量探头通过四个轮夹与汽车轮辋相连，所以通过八个 CCD 传感器可以测量出四个轮辋的相互关系，从而确定车轮的定位参数。

二、车轮定位技术参数

车轮定位分为前轮定位和后轮定位，前轮定位包括主销后倾角、主销内倾角、前轮外倾角和前轮前束，后轮定位包括车轮外倾角和每个后轮前束。

三、四轮定位仪的操作方法

以百斯巴特四轮定位仪操作为例，操作步骤如下：

（一）准备工作

1．定位前车辆检查

（1）检查车辆悬挂装置、车轮轴承、转向系统等不允许存在间隙和损坏。

（2）一个车轿上的轮胎胎纹深度允差为2 mm。轮胎充气压力合乎规定。

（3）车辆装备为全装置重量。

2．将车辆置于四轮定位举升机上，前轮放在转盘正中，后轮置于滑板上。拉紧驻车制动器，在后轮前、后放置防滑器（图1—6—2）。

图1—6—2　前轮放在转盘正中

（二）安装传感器

1．把车辆举升到定位高度。

2．把四个传感器安装到夹具上（图1—6—3）。前轴车轮上的传感器小端指向车头前进方向，后轴车轮上的传感器小端指向车尾前进的反方向。传感器上粘贴的图标指示出传感器的安装位置。

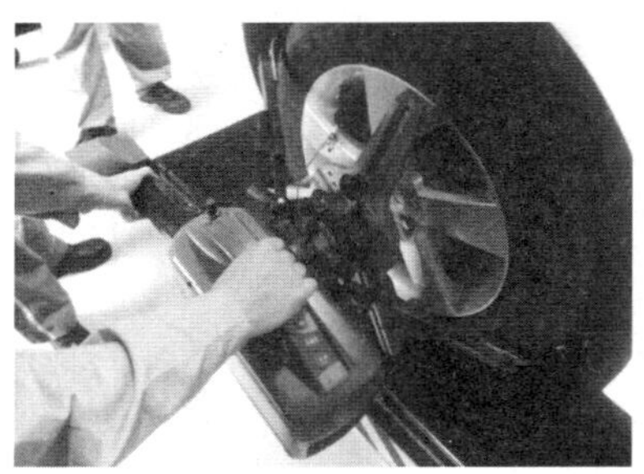

图1—6—3　安装传感器

3．依照水平气泡指示调整传感器水平，并拧紧夹具上的固定螺钉。

4．连接通信电缆

（1）两根长通信电缆（6.5 m）用来连接两个前部传感器（1、2号传感器）到定位仪主机。

（2）稍短些的两根通信电缆（4.5 m）用来连接前后传感器。

5．分别按下四个传感器上的“R”键以激活传感器（图1—6—4）。

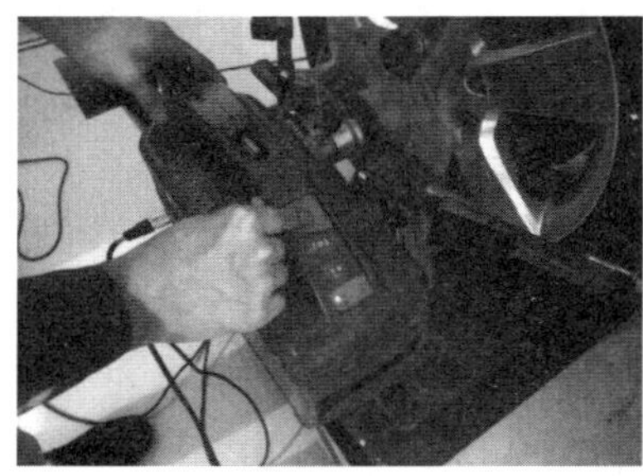

图1—6—4　激活传感器

（三）登录计算机

1．进入检测程序后，有三种不同的检测流程可供选择。

（1）常规检测。由程序自动引导进行，包括调整前检测、定位调整、调整后检测。

（2）快速检测。不进行后倾角测量，直接进入前束和外倾角的调整。

(3) 选择性检测。可自由选择希望进行的检测和调整项目。

2. 选择常规检测，按提示输入用户信息，选择车型数据，填写车辆检查记录、定位准备说明等。

3. 点击“偏位补偿”图标可进入钢圈偏位补偿的操作。

(四) 偏位补偿 (右前轮为例)

1. 按下右前轮传感器面板上的偏位补偿键，偏位补偿指示灯闪亮（图 1—6—5)。

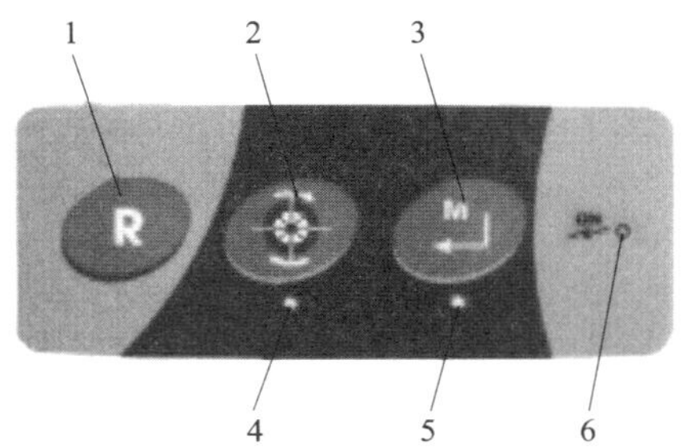

图 1—6—5 传感器控制按钮

1—R 键 2—补偿键 3—补偿计算键 4—补偿指示灯 5—补偿计算指示灯 6—电源指示灯

2. 偏位补偿指示灯熄灭之后，按照行驶方向把车轮转动 90°（图 1—6—6)，将传感器调成水平状态，按下偏位补偿键，偏位补偿指示灯闪亮。

3. 偏位补偿指示灯熄灭之后，把车轮再转动 90°，将传感器调成水平状态，按下偏位补偿键，等待偏位补偿指示灯闪亮。

4. 同以上步骤，轮胎转过 360° 后回到起始位置。将右前传感器调成水平状态，拧紧夹具上紧固传感器销的螺栓。按下传感器上的偏位补偿计算键，相应的偏位补偿计算指示灯会闪亮。

5. 屏幕上右前轮图标上会出现偏位补偿的最大数值，并用红色指针指示出最大偏位补偿量出现的位置（图 1—6—7)。

6. 重复以上步骤，完成其他轮胎的补偿。

图 1—6—6 车轮转动 90°

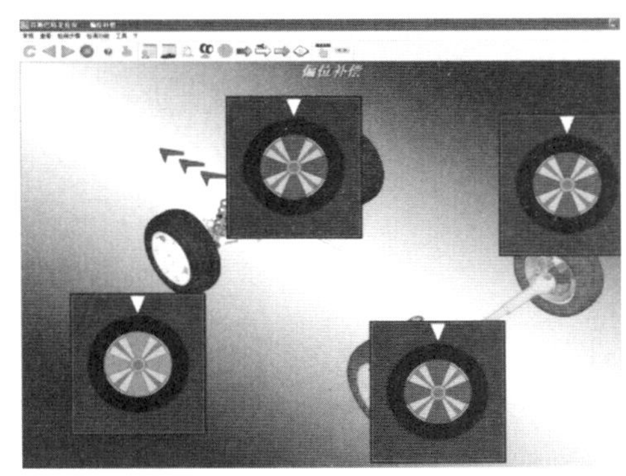

图 1—6—7 偏位补偿完成界面

（五）调整前检测

1．安装好驻车锁，以保证后倾角和主销内倾角的准确测量。

2．正前打直。转动转向盘，使白色箭头对到红区中线处（图 1—6—8）。

3．20°转向操作。依照屏幕图标提示，向左侧转动转向盘，直到方向对中中线位置。然后再依照屏幕白色箭头所示，向右侧转动转向盘，直到方向对中中线位置。接着由程序引导进入正前打直操作，方向对中之后，屏幕上就会显示出调整前检测所测量出的前轮前束值（图 1—6—9）。

图 1—6—8　正前打直

图 1—6—9　前轮前束值

（六）定位调整

进入“前轴检测数据”界面，在此界面下调整前轮的外倾角和前束。调整顺序是先调整外倾角，再调整前束，因为外倾角的调整会影响前束的数值。车轮外倾角的调整方式一般有两种。

（七）调整后检测

选择“调整后检测”图标可进入调整后检测操作步骤。调整后检测的操作流程与调整前检测完全相同，可依照屏幕操作引导完成（图 1—6—10）。

图 1—6—10　调整后检测

课题七　汽车空调诊断仪的使用

教学目标：

1. 了解汽车空调诊断仪。
2. 能利用汽车空调诊断仪进行检测。

训练器材：

罗宾奈尔 RA007PLUS 汽车空调诊断仪、轿车等。

操作步骤和技术要求及图示

汽车空调诊断仪是现代汽车空调故障诊断、性能检测的重要工具。图 1—7—1 所示为罗宾奈尔 RA007PLUS 汽车空调诊断仪，它具有测量、监控、诊断整个空调系统工作状态，检测某个零件或系统等诸多功能，并可进行储存及打印诊断报告。

一、汽车空调诊断仪功能

1．诊断功能。自动分析和解释列在“可能故障原因”表上的测量结果；高、低压制冷剂温度，初始状况，效率（出风口），过热和低温显示。

2．监控功能。空调系统效率，制冷剂容量，压缩机监控，膨胀阀、孔型管和蒸发器监控，线性压力传感器监控，变频压缩机监控。

3．测量功能。高、低压制冷剂温度，环境温度，通风口空气温度和湿度等。同步显示图形或详细数据。

二、操作方法和步骤

1．打开空调诊断仪，选择空调诊断菜单（图 1—7—2），选择自诊断模式，按“确认”键。

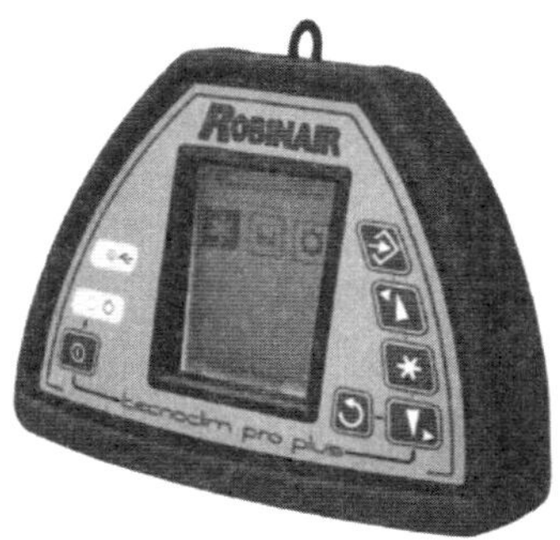

图 1—7—1　RA007PLUS 汽车空调诊断仪

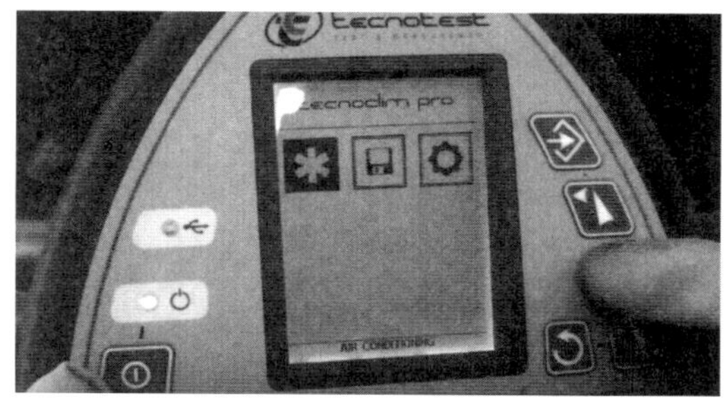

图 1—7—2　选择空调诊断菜单

2．配置空调系统参数。

(1) 选择维修接口阀门：两阀、低压阀或高压阀。

(2) 选择压缩机类型：可变或定排量。

(3) 选择压力传感器类型：线性或机械。

(4) 选择膨胀阀类型：膨胀阀或节流管。

3．连接诊断仪压力传感器（图 1—7—3）。

图 1—7—3 连接诊断仪压力传感器

(1) 将高压传感器（红）接在空调高压加注口（HP）阀上。

(2) 将低压传感器（蓝）接在空调低压加注口（LP）阀上。

(3) 按诊断仪“确认”键后继续。

4．连接诊断仪温度测量传感器。

(1) 将 TK1 传感器接在冷凝器入口金属管上。

(2) 将 TK2 传感器接在冷凝器出口金属管上。

(3) 将 TK3 传感器接在膨胀阀入口金属管上。

(4) 将 TK4 传感器接在蒸发器出口金属管上。

(5) 按诊断仪“确认”键后继续。

5．取出 THR 传感器，在距车辆 2 m 处测量环境温度和湿度，确认后开始测试。

6．将 THR 传感器放置在中央出风口处。

测试条件设置如下：

(1) 将鼓风机风速调到最大。

(2) 将温度调到最冷。

(3) 将出风模式调到正面出风。

(4) 将内、外循环模式调到外循环。

(5) 打开车辆四扇车门。

(6) 保持发动机转速为 1 500 ～ 2 000 r/min。

7．起动发动机，打开空调系统。

8．运行空调系统 3 ～ 5 min，记录高、低压力值及车内温度和湿度。

9．诊断结果在 60 s 后得出，如图 1—7—4 所示。

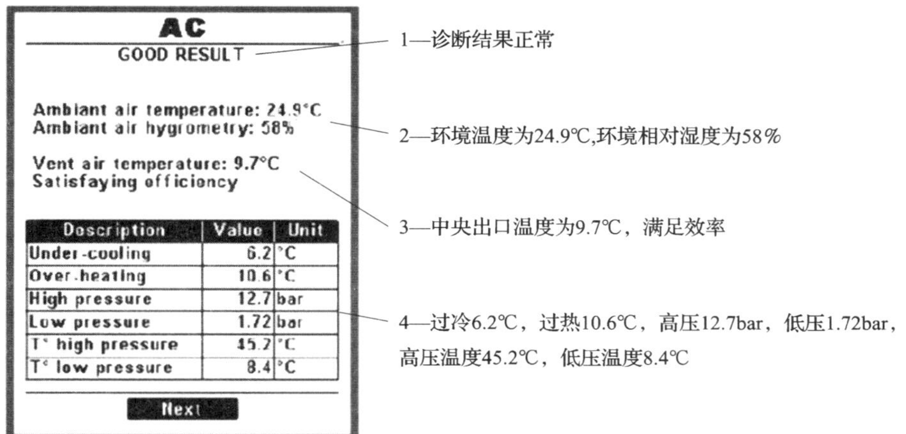

图 1—7—4　诊断结果

第二单元　发动机机体组检修

课题一　气缸体与气缸盖平面度及裂纹的检修

教学目标：

1．掌握气缸体与气缸盖平面翘曲的原因和修复方法。

2．能进行气缸体与气缸盖平面的检修。

3．掌握气缸体与气缸盖裂纹的原因和修复方法。

训练器材：

气缸体、气缸盖、刀口形直尺、平板、塞尺、水压机等。

操作步骤和技术要求及图示

一、气缸体与气缸盖平面检修

气缸体与气缸盖的平面翘曲，多是由于气缸盖螺栓拧紧不当或在高温下拆卸等造成的。另外，由于接合面漏水、漏气使平面形成腐蚀斑点，以及螺纹孔周围因螺栓的拉力作用而变形。

（一）气缸盖下平面的检测

1．检测方法

（1）清洁气缸盖下平面，确保测量精度（图 2—1—1）。

（2）清洁刀口形直尺、塞尺等工量具。

（3）按图 2—1—2 所示的六个位置依次测量。

（4）如图 2—1—3 所示，将刀口形直尺平稳放置在气缸盖下平面，用塞尺在刀口形直尺与缸盖接触面间进行塞检。

（5）分别记录六个位置的最大值。所有测量方向和测量位置中的最大间隙值，即可作为该平面的平面度误差。

图 2—1—1　清洁气缸盖平面

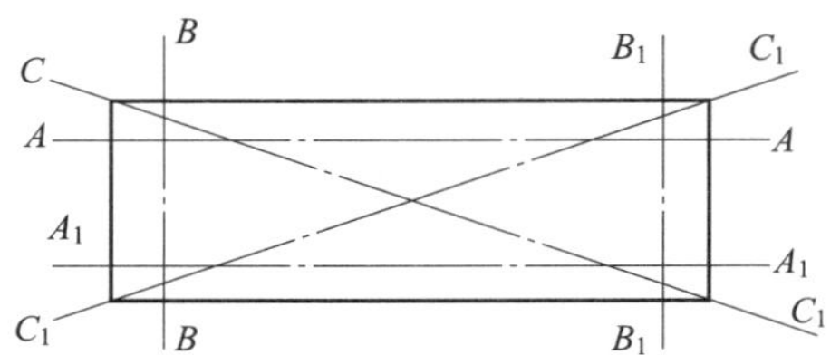

图 2—1—2　测量位置示意图

图 2—1—3　气缸盖平面测量位置

注意：气缸体上、下平面的检测方法同气缸盖下平面的检测。

2．技术要求

（1）气缸体上、下平面和气缸盖下平面的平面度误差，每 50 mm × 50 mm 范围内不大于 0.05 mm，在整个平面内的平面度误差应不大于 0.2 mm。

（2）加工气缸体时必须检查下平面（以下平面为基准）。气缸体下平面与曲轴轴承孔轴线的平行度误差应不大于 0.1 mm，气缸体上平面与曲轴轴承孔轴线的距离差应不大于 0.4 mm。

（二）气缸体和气缸盖平面的修整

如果气缸体或气缸盖的平面度误差超过规定范围，应进行修整。修整方法有如下几种：

1．气缸体平面螺纹孔附件凸起，可以用油石推磨或用细锉刀修平。

2．气缸体和铸铁气缸盖平面，可以用铣磨的加工方法修复，也可用刮刀刮平或涂上研磨膏把气缸盖放在气缸体上扣合研磨。

3．气缸盖翘曲可加温后在压床上校正。

二、气缸体和气缸盖裂纹的检修

气缸体和气缸盖容易发生裂纹的原因往往与它们的结构有关。如气缸体结构复杂，各处壁厚不均匀，在一些薄弱部位，由于刚度低，易出现裂纹；水道被堵塞，使局部工作温度升高，热应力过大，易出现裂纹；冬季冷热急剧变化易出现裂纹；受外力碰撞等，也易出现裂纹。

气缸体和气缸盖严重破裂比较容易发现，但细小的裂纹难以观察到，通常需用水压试验进行检验，如图 2—1—4 所示。

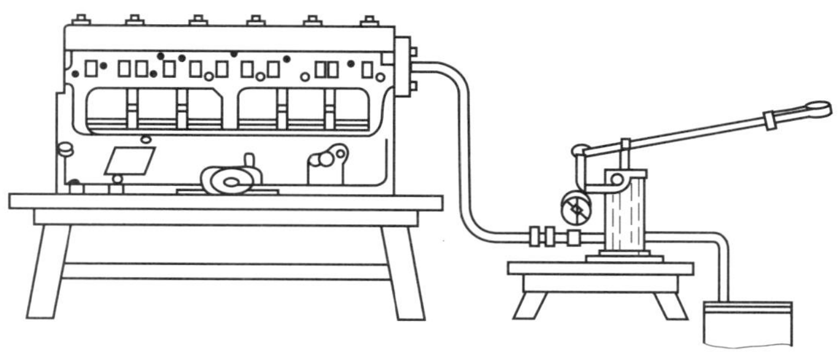

图 2—1—4　水压试验

1．水压试验方法

将气缸盖和气缸垫装在气缸体上，将一盖板装在发动机的前壁上，将水管与水压机相连，其他出水口一律封闭，然后将水压入水套内，压力在 0.2 ～ 0.4 MPa 时保持 5 min，应没有任何渗漏现象。若气缸盖表面、燃烧室等部位无水珠出现，则表示无裂纹。

提示：镶完气缸套、气门座圈及气门导管后应再进行一次水压试验。

2．裂纹修理方法

气缸体、气缸盖裂纹与破裂的修理方法有粘接、焊接和螺钉填补等。具体采用哪种方法，应根据裂纹大小和部位确定。

（1）粘接法。大部分裂纹可采用粘结法修复。常采用环氧树脂粘接；对破洞和裂纹集中部位，可采用螺钉填补，其间涂以环氧树脂，以确保密封。

（2）焊接。焊接可分为冷焊和热焊两种。冷焊一般不预热，在气缸体、气缸盖裂纹的修理中应用广泛。

（3）堵漏剂堵漏。堵漏剂是修补气缸漏水的一种新材料。

课题二　气缸磨损的检修

教学目标：

1．了解气缸的磨损规律。

2．能正确测量气缸并对结果进行分析。

训练器材：

气缸体、游标卡尺、百分表、千分尺、量缸表等。

操作步骤和技术要求及图示

气缸磨损使其与活塞、活塞环的配合间隙增大，使气缸压缩时的压力降低，导致发动机动力性能下降，油耗增加。造成气缸磨损的原因有很多，主要有润滑不良、机械磨损、酸性腐蚀和磨料磨损等。

一、气缸的磨损规律

气缸在使用中的磨损程度（指活塞环运动的区域内）是不均匀的，正常使用情况下有以下规律：

1．气缸轴呈上大下小锥形。

2．气缸径向呈不规则的椭圆形。最大径向磨损区域一般在接近进气门的对面。

3．气缸上口活塞环接触不到的部位几乎没有磨损，于是形成了“台阶”。

二、气缸磨损的检测

1．圆度误差

圆度误差是指同一截面上磨损的不均匀性，用同一横截面上不同方向测得的最大直径与最小直径差值的一半作为圆度误差。

2．圆柱度误差

圆柱度误差是指沿气缸轴线的轴向截面上磨损的不均匀性，用被测气缸任意径向截面所测得的最大直径与最小直径差值的一半作为圆柱度误差。

三、气缸磨损检测步骤及要求

气缸磨损的检测通常用量缸表来进行，具体操作步骤如下：

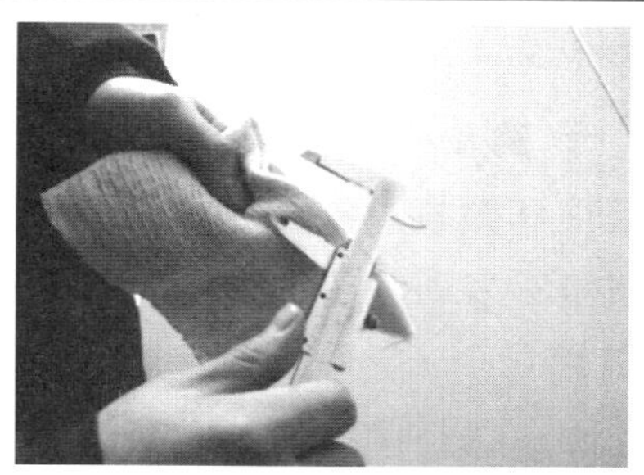

图 2—2—1　清洁量具

1．清洁、校零。为确保测量精度，应对气缸筒、游标卡尺、千分尺、量缸表等进行清洁（图 2—2—1），同时对游标卡尺、量缸表等量具进行使用前校零（图 2—2—2）。

图 2—2—2　校准百分表

2．量缸表量程设定。用游标卡尺测量气缸的实际缸径（图 2—2—3），根据缸径选择合适的量缸表接杆。

3．将千分尺调至气缸标准直径（提示：根据不同车型确定标准直径）。

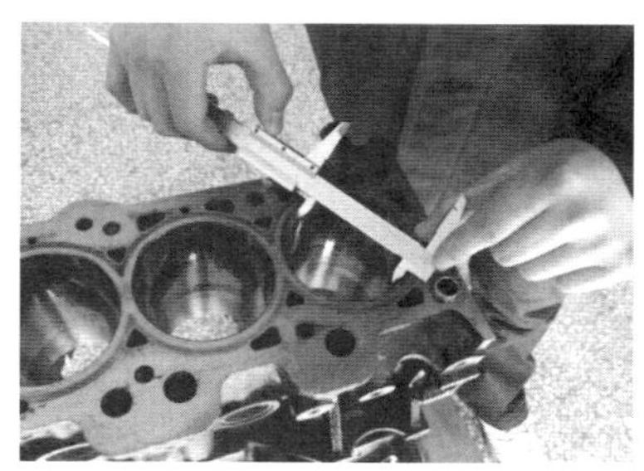

图 2—2—3　用游标卡尺测量气缸实际缸径

4．确定内径百分表的测量基数。将百分表底座测杆置于千分尺开口内，移动测杆，找到顺时针最大值，记住表针所指刻度，旋转刻度盘，使“0”刻度线对准表针所指刻度（图 2—2—4）。

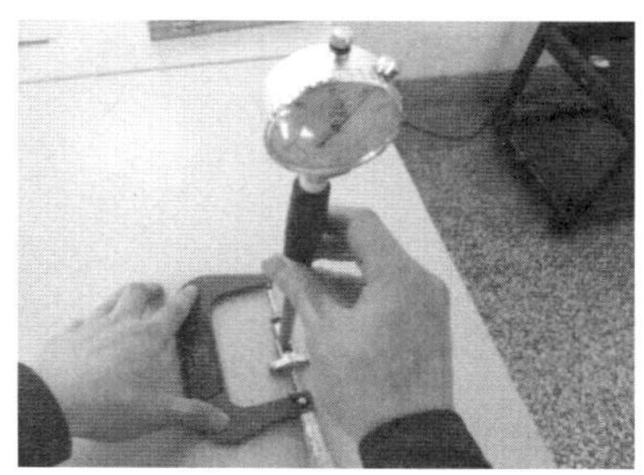

图 2—2—4　校正百分表

5．按照图 2—2—5 所示六个位置测量气缸直径。

注意：为确保数值准确，测量时必须使测杆与气缸中心线垂直，因此，测量时应摆动表杆，如图 2—2—6 所示。

6．得出气缸直径测量结果后，计算出气缸的圆度和圆柱度误差，并按下述规定处理：汽油机气缸圆度误差超过 0.1 mm、柴油机气缸圆度误差超过 0.125 mm，汽油机气缸圆柱度误差超过 0.35 mm、柴油机气缸圆柱度误差超过 0.5 mm，应进行镗磨修理。

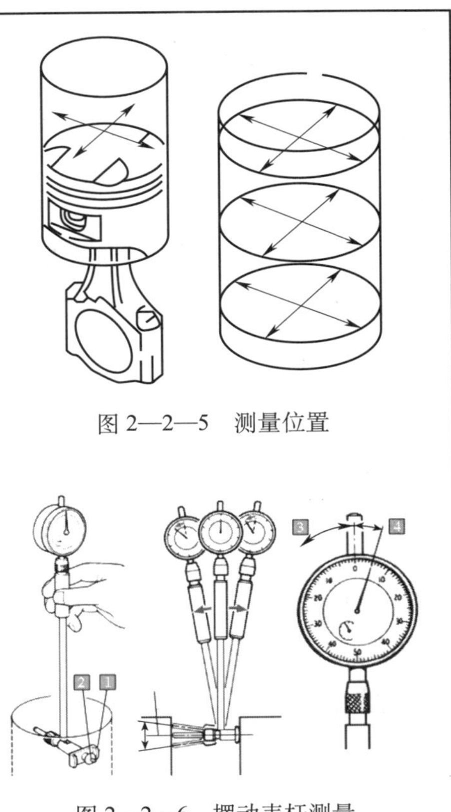

图 2—2—5　测量位置

图 2—2—6　摆动表杆测量

第三单元　曲柄连杆机构检修

课题一　活塞连杆组检修

<table>
<tr><td colspan="2">

教学目标：

1．了解活塞连杆组的主要损伤形式。

2．掌握活塞连杆组的选配要求。

3．能对活塞连杆组进行检修。

训练器材：

活塞、活塞环、活塞销、连杆、千分尺、游标卡尺、塞尺、内径规等。

</td></tr>
<tr><td>操作步骤和技术要求</td><td>图示</td></tr>
<tr><td>

一、活塞的检修

活塞的损伤主要是磨损，包括活塞环槽的磨损、活塞裙部的磨损以及活塞销座孔的磨损。活塞刮伤、顶部烧蚀和脱顶等属于非正常的损伤形式。

（一）活塞的选配

选配活塞时应按气缸的修理尺寸来确定活塞尺寸，通常加大尺寸数值标注在活塞顶上。活塞的选配要求具体如下：

1．要根据车型、发动机型号、零件编号、生产年份等，选用对应类型的活塞。

2．应选用同一厂牌、同一组或同一产品代号的活塞。

3．同一机型必须使用同一产品代号的活塞，保证活塞直径和质量不超过原厂规定范围。

（二）检查活塞直径

1．用塑料刮刀去除活塞顶部的积炭（图 3—1—1）。

2．用环槽工具或折断的活塞环去除活塞环槽内的积炭（图 3—1—2）。

</td><td>

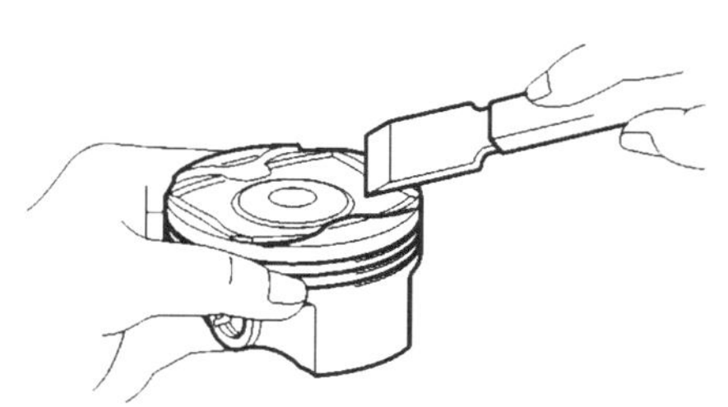

图 3—1—1　去除活塞顶部积炭

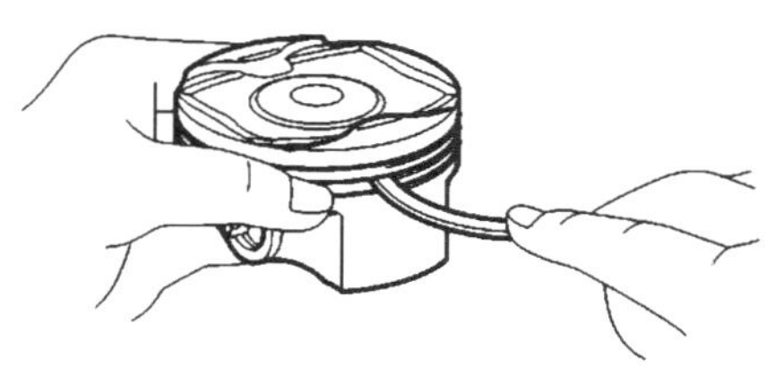

图 3—1—2　去除活塞环槽积炭

</td></tr>
</table>

3．用刷子和溶解液清洗活塞（图 3—1—3），并用压缩空气吹干。

注意：不要用钢丝刷。

4．测量活塞裙部直径（图 3—1—4）

（1）根据活塞直径选择合适的千分尺。

（2）在距活塞裙部底 12 ～ 15 mm（根据维修手册确定）位置，测量与活塞销孔轴线成直角处的活塞直径。

提示：测量值以与活塞标准直径相符则为合格。

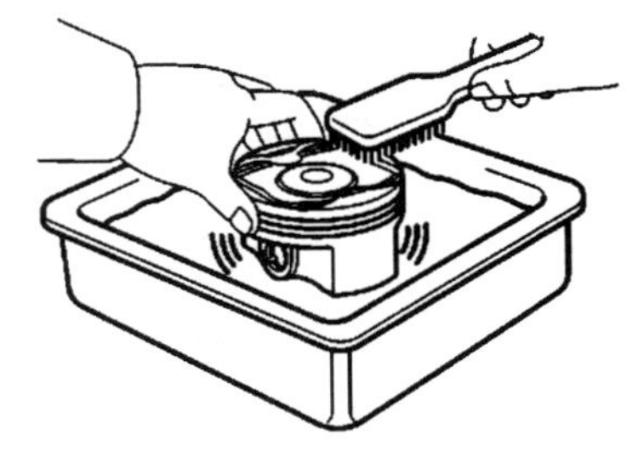

图 3—1—3　用刷子和溶解液清洗活塞

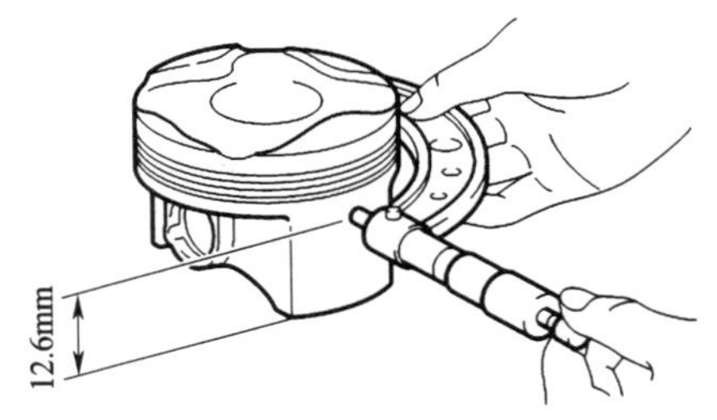

图 3—1—4　测量活塞裙部直径

（三）检查活塞油膜间隙

活塞油膜间隙又称配缸间隙，是指活塞与气缸壁之间的间隙。确定活塞油膜间隙有以下两种方法：

1．用气缸直径测量值减去活塞直径测量值。

2．将活塞（不装活塞环）放入气缸中，用塞尺测量其间隙。

二、活塞环的检修

活塞环的损伤主要是磨损，随着磨损的加剧，活塞环的弹力逐渐减弱，端隙、侧隙、背隙增大。此外，活塞环还可能折断。

（一）活塞环的选配

1．应根据气缸的修理尺寸和相应活塞的尺寸选配活塞环。

2．活塞环翘曲度应不大于 0.05 mm。

3．活塞环弹力要求：气环为 42 ～ 58 N，油环为 35 ～ 57 N。

4．漏光度。活塞环开口两侧对应圆心角 30°内不准漏光，其余部位漏光不大于 25°，漏光部位总和不大于 45°；漏光缝隙应不大于 0.03 mm；漏光部位不应超过两处。

（二）检查活塞环槽间隙

如图 3—1—5 所示，用塞尺测量新活塞环与活塞槽壁的间隙。

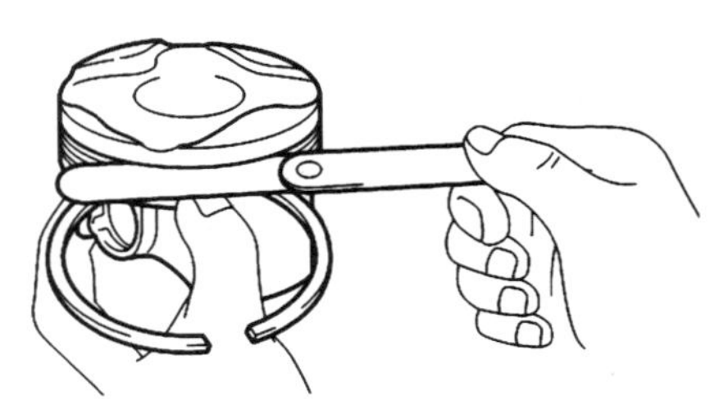

图 3—1—5　测量活塞环槽间隙

提示：三道环都应符合标准间隙要求，否则应更换活塞。

（三）检查活塞环端间隙

1．用活塞从气缸体的顶部将活塞环推至底部，其行程超过 50 mm（图 3—1—6）。

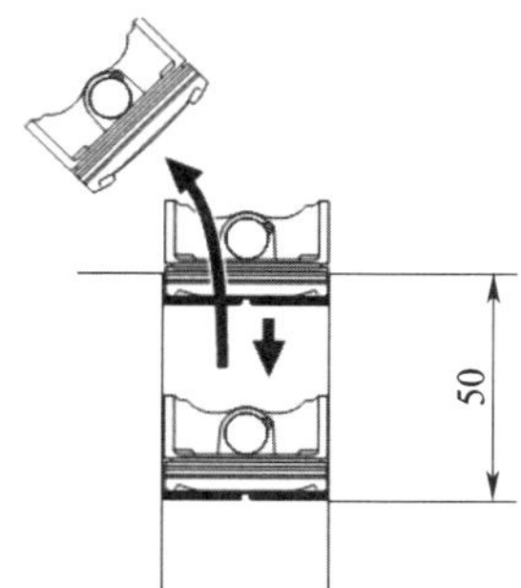

图 3—1—6　放置活塞环

2．取出活塞，用塞尺测量活塞环开口处间隙（图 3—1—7）。

提示：

◆ 标准端隙：第 1 道环为 0.2 ～ 0.3 mm，第 2 道环为 0.3 ～ 0.5 mm，油环为 0.1 ～ 0.4 mm。

◆ 如不符合标准值应更换。

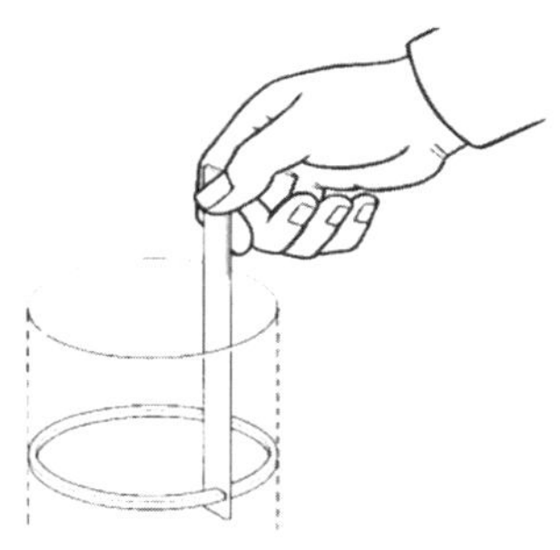

图 3—1—7　测量活塞环端隙

三、活塞销的检修

活塞销与活塞销座的配合精度很高，在常温下有微量过盈，发动机正常工作时有微小间隙。当间隙超过一定值时，由于松旷会发生异响。

（一）活塞销的选配

活塞销的选配原则如下：

1．应选用同一厂牌、同一尺寸的成组活塞销。

2．活塞销表面应无任何锈蚀和斑点，表面粗糙度值不大于 0.20 μm，圆柱度误差不大于 0.002 5 mm，质量误差在 10 g 范围内。

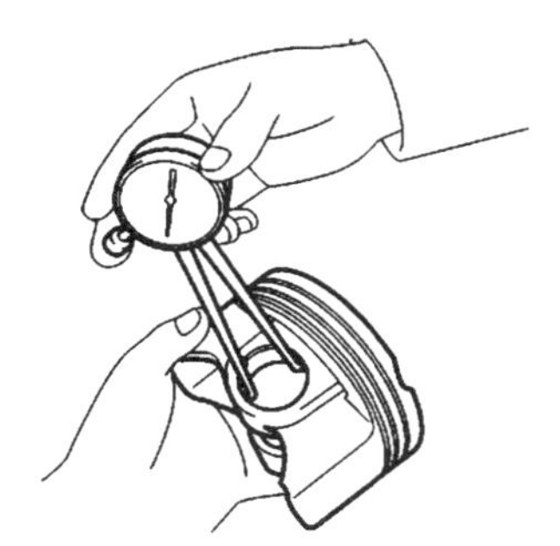

图 3—1—8　测量活塞销孔内径

（二）检查活塞销油膜间隙

1．用内径规测量活塞销孔内径（图 3—1—8）。

提示：如不符合标准值应更换。

2．用千分尺测量活塞销直径（图 3—1—9a）。

提示：应分别在上、中、下 3 个部位（图 3—1—9b）相互垂直两个方向测量，得到 6 个值，如不符合标准值应更换。

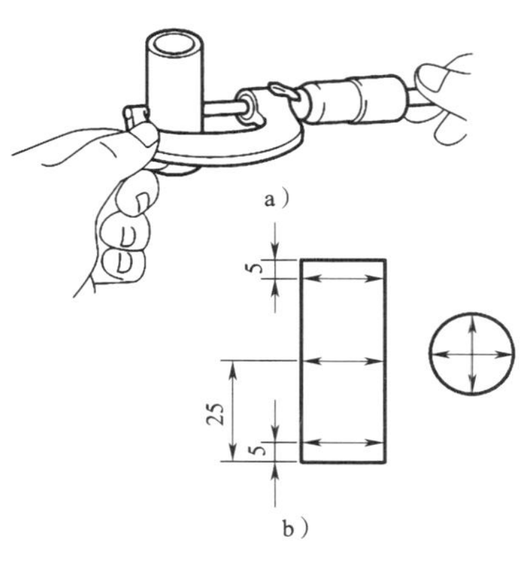

图 3—1—9　测量活塞销直径

3．用内径规测量连杆小端活塞销孔内径（图3—1—10）。

提示：如不符合标准值应更换。

四、连杆的检修

连杆的损伤有杆身弯曲、扭转变形，小头和大头侧面磨损等，其中杆身变形最为常见。

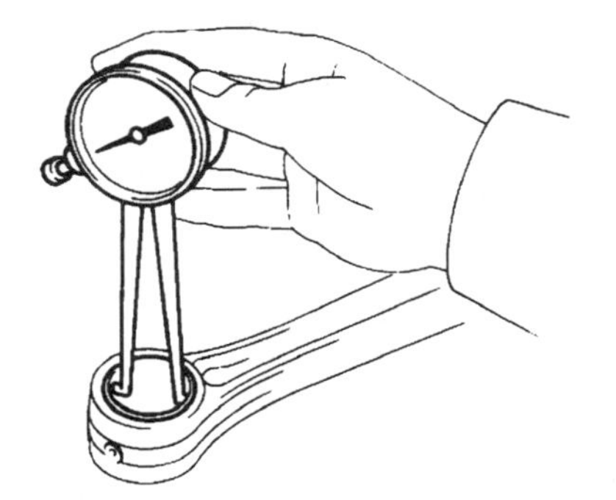

图3—1—10　测量连杆小端活塞销孔内径

1．用连杆校正器和塞尺测量连杆弯曲度（图3—1—11）。

提示：

◆ 连杆弯曲度极限值为0.05 mm/100 mm。

◆ 如果测量值大于极限值，应更换连杆。

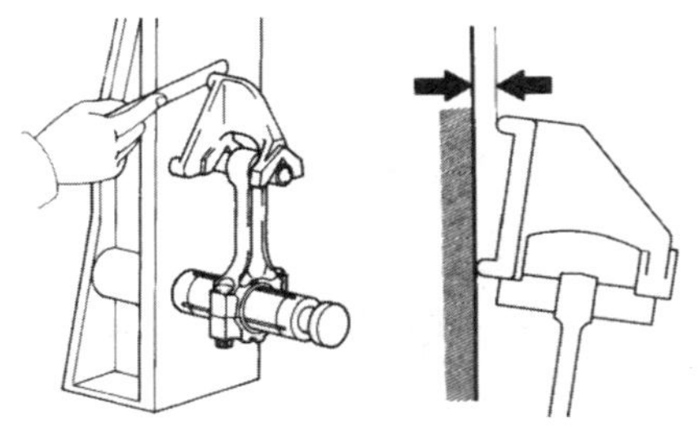

图3—1—11　测量连杆弯曲度

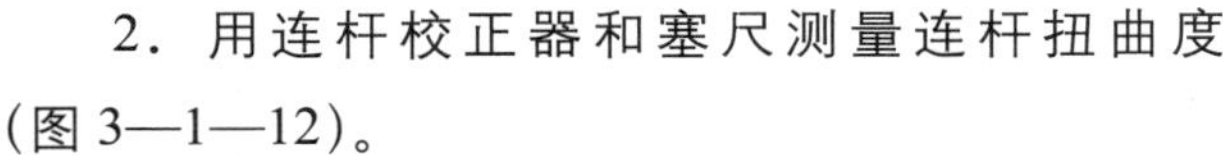

2．用连杆校正器和塞尺测量连杆扭曲度（图3—1—12）。

提示：

◆ 连杆扭曲度极限值为0.05 mm/100 mm。

◆ 如果测量值大于极限值，应更换连杆。

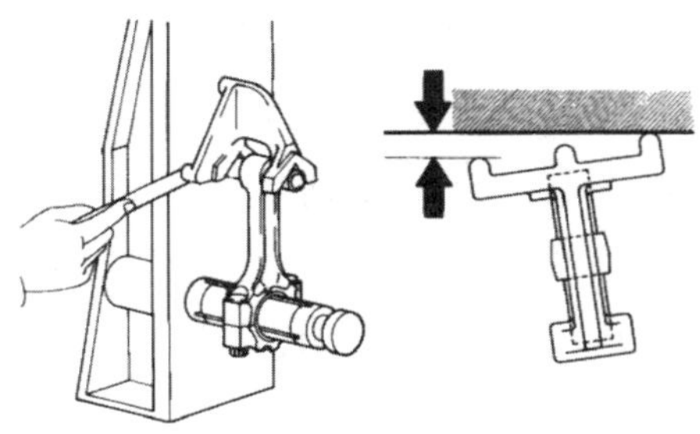

图3—1—12　测量连杆扭曲度

3．检查连杆螺栓

用游标卡尺测量连杆螺栓受力部分的直径（图3—1—13）

提示：如果测量值大于极限值，应更换螺栓。

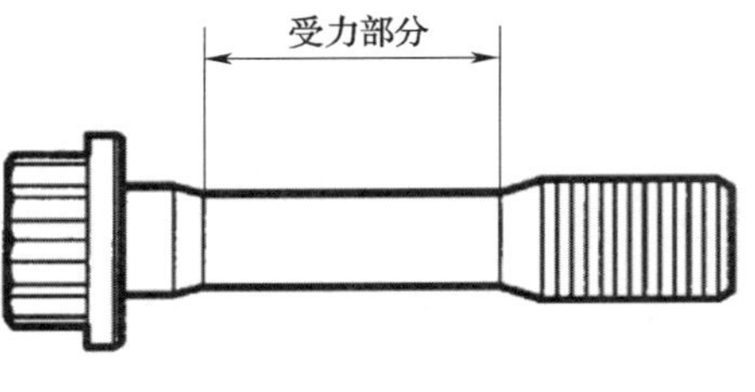

图3—1—13　连杆螺栓

课题二　曲轴飞轮组检修

教学目标：

1．了解曲轴、飞轮的主要损伤形式。

2．能对曲轴、飞轮的损伤进行检修。

训练器材：

气缸体、游标卡尺、百分表、千分尺、量缸表等。

操作步骤和技术要求	图示
曲轴的损伤形式主要有磨损、变形、裂纹和断裂。磨损主要发生在曲轴主轴颈和连杆轴颈部位，且磨损是不均匀的，有一定的规律性。变形的方式主要有弯曲和扭曲，是由于使用和修理不当造成的。裂纹多发生在曲柄与轴颈之间的过渡圆角处以及油孔处，多由应力集中引起。 **一、曲轴磨损的检修** **1．轴颈磨损的检查** （1）清洗并检查曲轴轴颈表面有无裂纹和异常损伤（图 3—2—1）。 （2）用游标卡尺测量主轴颈的尺寸（图 3—2—2）。 （3）用千分尺依次测量各主轴颈直径。 **提示：** ◆ 测量点应偏离油孔。 ◆ 测量如图 3—2—3 所示轴颈的四个位置。 ◆ 如直径不符合规定值，应检查曲轴油膜间隙。	 图 3—2—1　清洗及检查曲轴  图 3—2—2　测量主轴颈尺寸 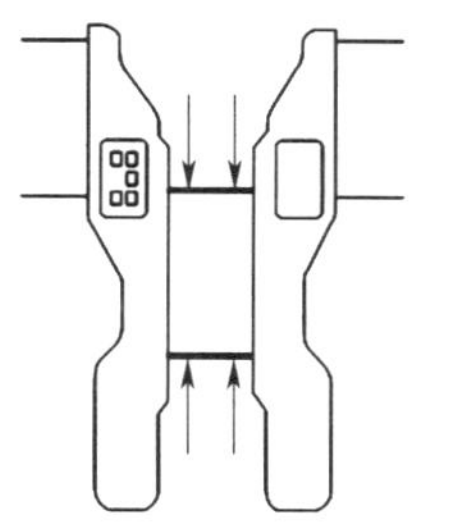 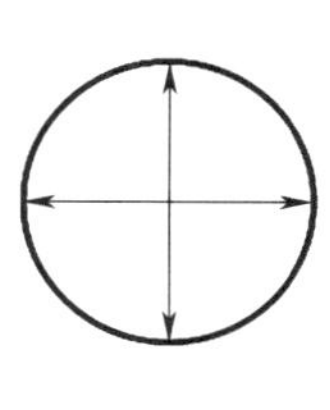 图 3—2—3　主轴颈的四个测量位置

(4) 用千分尺依次测量各连杆轴颈直径（图 3—2—4）。

提示：

◆ 测量点应偏离油孔。

◆ 测量如图 3—2—5 所示轴颈的四个位置。

◆ 如直径不符合规定值，应检查连杆油膜间隙。

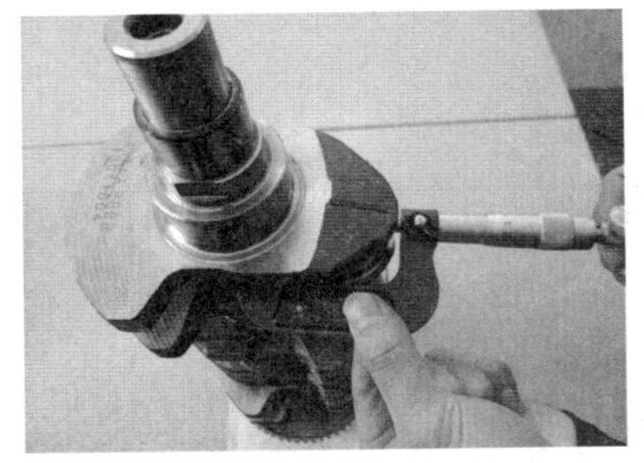

图 3—2—4 测量连杆轴颈直径

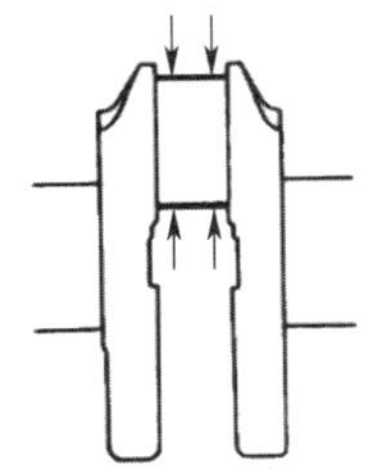

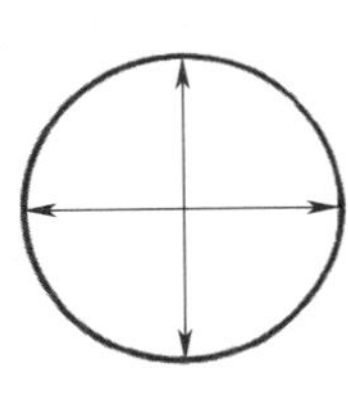

图 3—2—5 连杆轴颈的四个测量位置

2．轴颈的修磨

(1) 发动机小修时，轴颈某些较轻微的表面损伤，可用油石、细锉刀或砂布修磨。

(2) 发动机大修时，对轴颈磨损量已超过规定值的曲轴，一般直接更换，也可用修理尺寸法对轴颈进行光磨。

二、曲轴弯曲变形的检修

1．曲轴弯曲变形的检查

(1) 在缸体第 1、5 道轴承座上装入轴瓦（图 3—2—6）。

图 3—2—6 在缸体第 1、5 道轴承座上装入轴瓦

(2) 装入曲轴。

(3) 装磁性表座及百分表（图 3—2—7）。

提示：

◆ 装磁性表座并调整好百分表位置，百分表测杆抵住第 3 道主轴颈，偏离油孔。

◆ 磁性表座旋钮顺时针为紧固，逆时针为松开。

◆ 注意防止百分表掉落。

图 3—2—7 装磁性表座及百分表

(4) 测量曲轴的弯曲量。

提示：

◆ 用手旋转曲轴。

◆ 百分表大指针的摆差即为曲轴的弯曲量，该值一般不得大于 0.15 mm。

2．曲轴弯曲变形的校正

曲轴弯曲变形的校正，一般采用冷压校正或敲击校正法。

三、曲轴裂纹的检查

1．磁力探伤法

磁力探伤的原理是当磁力线通过被检验的零件时，零件被磁化。如果零件表面有裂纹，在裂纹部位的磁力线就会因裂纹不导磁而中断，使磁力线偏散而形成磁极。此时，在零件表面撒上磁性铁粉，铁粉便被磁化而吸附在裂纹处，从而显现出裂纹的部位和大小（图 3—2—8）。

图 3—2—8　磁力探伤

2．浸油敲击法

浸油敲击法是将曲轴置于煤油中浸一会儿，取出后擦净表面煤油并撒上白粉，然后分段用小锤轻轻敲击，如有明显的油迹出现，即该处有裂纹。

曲轴出现裂纹，一般应更换。

图 3—2—9　装磁性表座及百分表

四、曲轴轴向间隙和径向间隙的检查与调整

1．曲轴轴向间隙的检查与调整

（1）按规定力矩装配曲轴轴承盖。

（2）装好磁性表座，将百分表测杆触头抵住曲轴前端（图 3—2—9）。

（3）分别用撬棒将曲轴撬向前端和后端，表针的摆差即为曲轴的轴向间隙（图 3—2—10）。

提示：轴向间隙标准值为 0.04 ～ 0.14 mm。如果轴向间隙大于规定值，则应成套更换止推垫片。

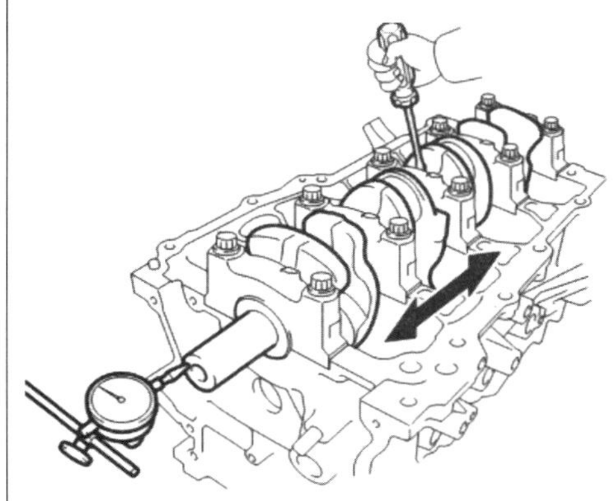

图 3—2—10　测量轴向间隙

2．曲轴径向间隙的检查与调整

曲轴径向间隙也称曲轴油膜间隙。

（1）检查曲轴轴颈和轴承是否有点蚀和划痕。

（2）安装曲轴轴承。

（3）将曲轴放到气缸体上。

（4）将塑料间隙规摆放在各轴颈上（图 3—2—11）。

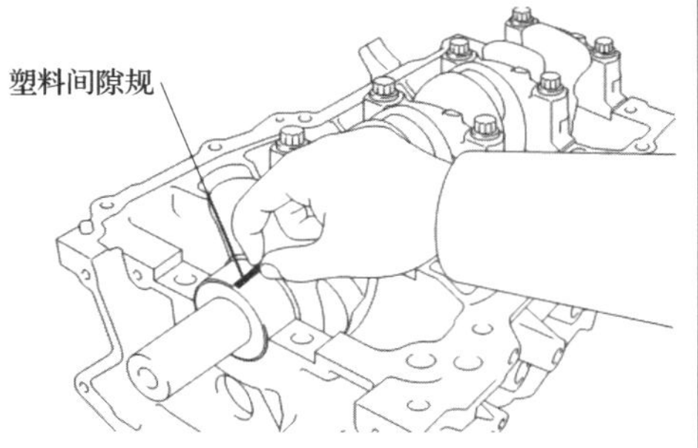

图 3—2—11　放置塑料间隙规

(5) 检查朝前标记和数字，并将轴承盖安装到气缸体上。

提示：各主轴承盖上都标有一个数字以指明安装位置。

(6) 安装主轴承盖并按规定要求拧紧螺栓。注意：不要转动曲轴。

(7) 按规范拆下主轴承盖。

(8) 测量塑料间隙规最宽处（图 3—2—12）。

提示：

◆ 径向间隙标准值为 0.016 ~ 0.039 mm。

◆ 如果径向间隙大于最大值，则应更换曲轴轴承。

(9) 测量后拆下塑料间隙规并清理干净。

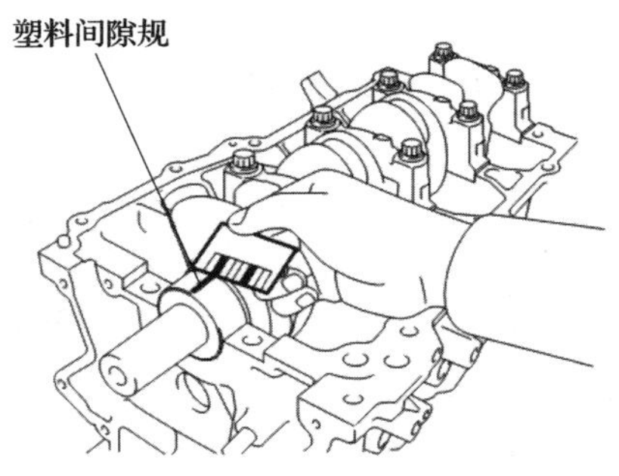

图 3—2—12 测量塑料间隙规最宽处

五、飞轮的检修

飞轮常见的损伤形式是齿圈磨损、打滑、松动、端面打毛，飞轮与离合器摩擦片接触的工作面磨损、起槽、刮痕等。

1. 飞轮齿圈的检修

在起动发动机时飞轮齿圈与起动机齿轮产生撞击，若两齿轮啮合不良，容易造成飞轮轮齿磨损或损坏。齿圈损坏可以翻面使用或更换新的齿圈。其方法是用锤子轻轻敲击齿圈的四周使其脱下，将要装用的齿圈在废机油中加热到 350 ~ 400℃，取出后对好飞轮的位置，趁热压至飞轮腹板上，然后在空气中自然冷却。

2. 飞轮工作面的检修

飞轮与离合器接合的工作面常常会出现磨损、起槽和龟裂，磨损槽深超过 0.3 mm 或龟裂严重的应予以修复或更换。

第四单元　配气机构检修

课题一　气门组检修

<table>
<tr><td colspan="2">

教学目标：

1. 了解气门组的主要损伤形式。

2. 能进行气门组检修。

训练器材：

气门、气门弹簧、气门导管、游标卡尺、千分尺、90°角尺（或刀口形直尺）内径规、锤子、导管专用工具（SST）、铰刀、普鲁士蓝、研磨膏、橡胶捻子等。

</td></tr>
<tr><td>操作步骤和技术要求</td><td>图示</td></tr>
<tr><td>

一、气门与气门组的配合要求

气门与气门组的配合对发动机的动力性和密封性有很大的影响，具有以下要求：

1．气门与座圈的工作锥面角度应一致。

2．气门与座圈的密封带位置在中部靠内侧。

3．气门与座圈的密封带宽度应符合设计规定，一般为 1.2 ～ 2.5 mm。

4．气门工作锥面与杆部的同轴度误差应不大于 0.05 mm。

5．气门杆与导管的配合间隙应符合原厂规定。

二、气门的检修

气门的损伤主要有气门杆磨损、气门杆端面磨损、气门工作面磨损或烧蚀、气门杆变形等。

1．检查气门

使用塑料刮刀、刷子清除气门头部的积炭（图 4—1—1）。

2．检查气门杆磨损

（1）用游标卡尺测量气门总长（图 4—1—2）。

</td><td>

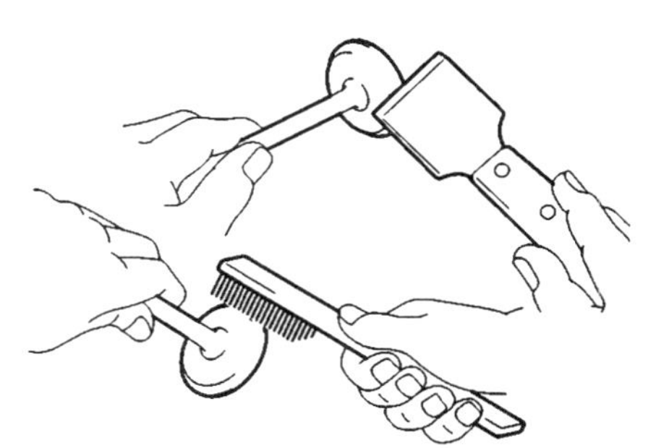

图 4—1—1　清除气门头部的积炭

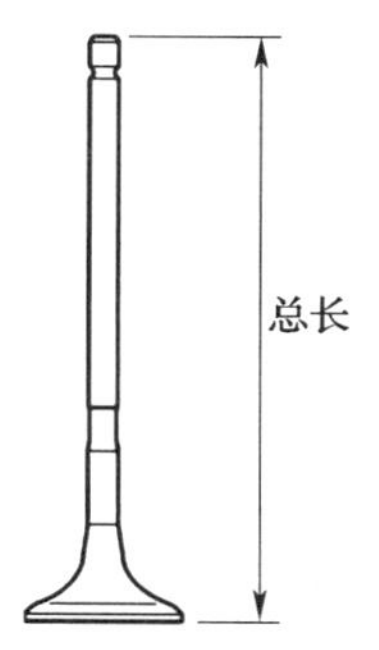

图 4—1—2　测量气门总长

</td></tr>
</table>

提示：一般气门杆的磨损量大于 0.05 mm 或有明显台阶形磨损时，应更换气门。

（2）用千分尺测量气门杆直径。

提示：

◆ 测量如图 4—1—3 所示的六个位置。

◆ 如果测量值与标准值不符应更换气门。

3．检测边缘厚度

用游标卡尺测量气门头部边缘厚度（图 4—1—4）。

提示：

◆ 气门头部边缘厚度标准值为 1.01 mm，最小边缘厚度为 0.5 mm。

◆ 如果边缘厚度小于最小值，则应更换气门。

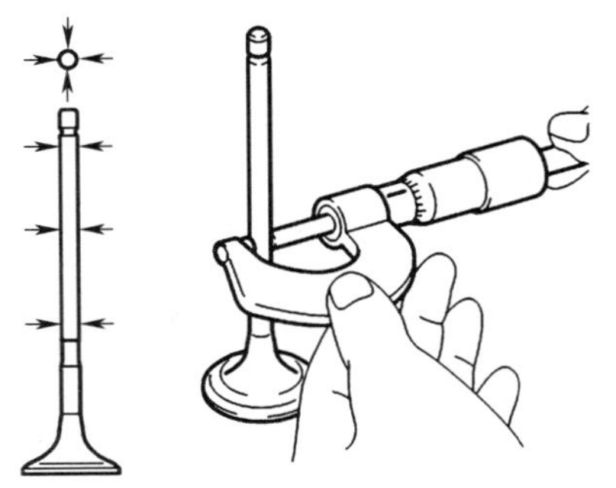
图 4—1—3 测量气门杆直径

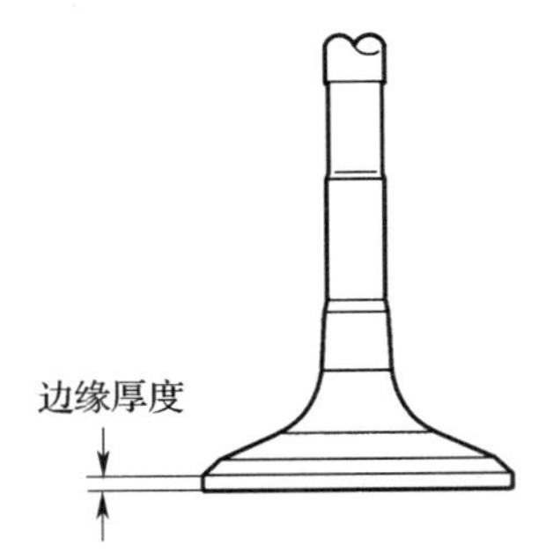

图 4—1—4 测量气门头部边缘厚度

三、气门弹簧的检修

1．检查气门弹簧自由长度

使用游标卡尺测量气门弹簧在未压缩状态下的长度（自由长度），如图 4—1—5 所示。

如果气门弹簧自由长度值不符合规定，应更换。

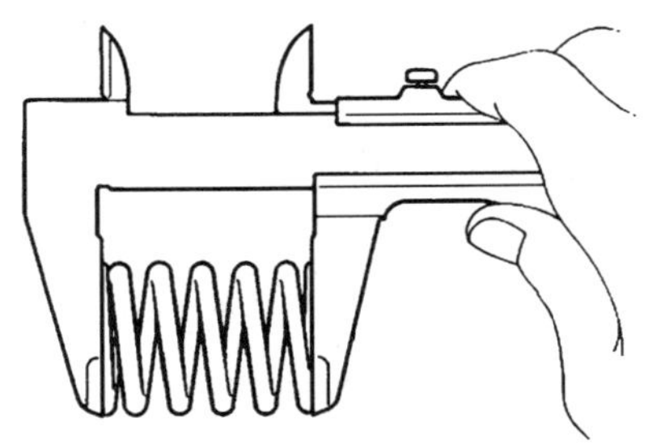
图 4—1—5 检查气门弹簧自由长度

2．检查气门弹簧偏移量

如图 4—1—6 所示，将弹簧在水平面放置，用 90° 角尺（或刀口形直尺）与塞尺配合测量弹簧最大偏移量。

如果气门弹簧偏移量不符合规定，应更换。

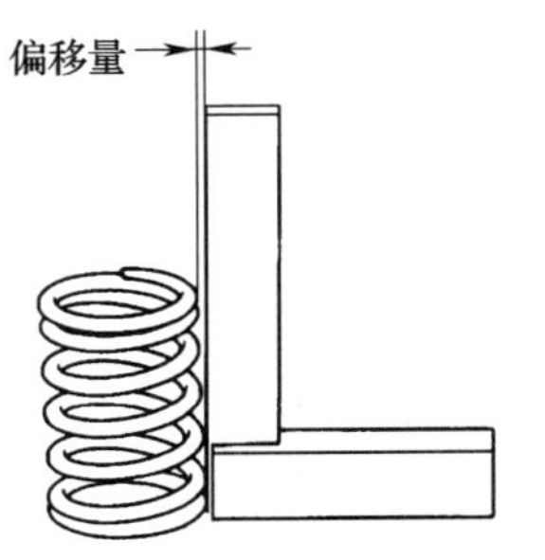

图 4—1—6 检查气门弹簧偏移量

四、气门导管的检修

气门导管起导向作用，由于磨损，会使配合间隙增大，造成气门与气门座密封不良或偏磨。

1．更换气门导管

（1）将气缸盖加热到 80 ~ 100℃。

（2）将气缸盖放在木块上。

（3）用锤子敲击导管专用工具（SST），敲出气门导管（图 4—1—7）。

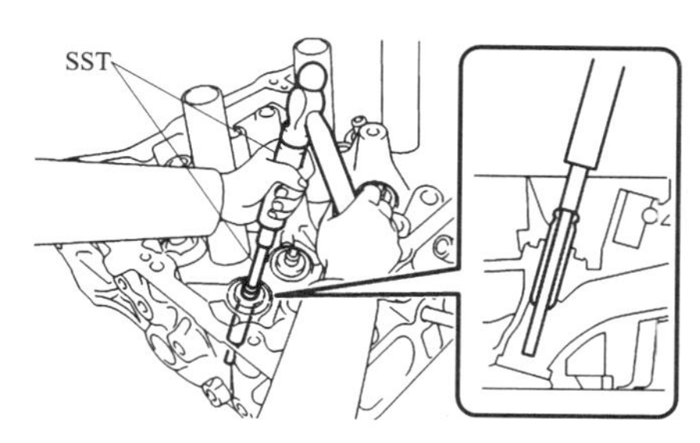

图 4—1—7　敲出气门导管

（4）用内径规测量缸盖气门导管孔径（图 4—1—8）。

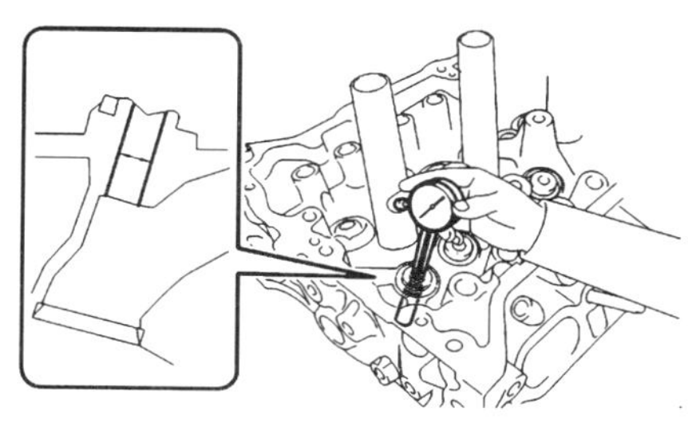
图 4—1—8　测量缸盖气门导管孔径

提示：

◆ 气缸盖导管孔径标准值为 10.285 ~ 10.306 mm。

◆ 如果测量值大于标准值，应将气缸盖导管孔径加大一个尺寸，再选配相应尺寸的气门导管。

◆ 如果测量值大于 10.356 mm，则应更换气缸盖。

（5）将气缸盖加热到 80 ~ 100℃。

（6）将气缸盖放在木块上。

（7）用锤子敲击导管专用工具（SST），慢慢敲入新的气门导管（图 4—1—9）。

提示：在敲入导管的同时还要用游标卡尺不断测量凸出高度，使之满足凸出高度的要求。

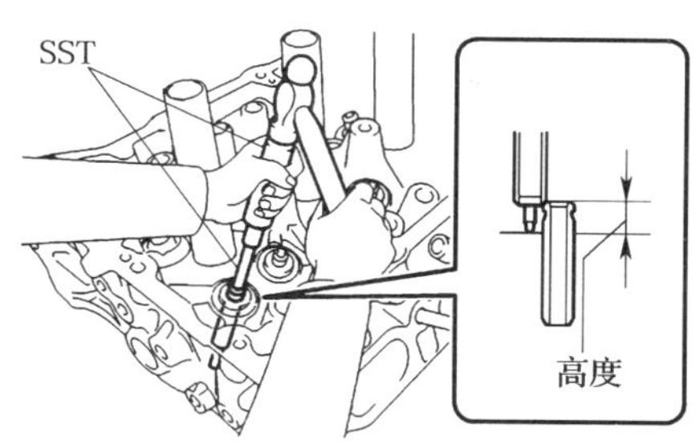

图 4—1—9　敲入新的气门导管

（8）用 ϕ5.5 mm 铰刀铰削气门导管内表面，以使导管与气门杆之间达到标准配合间隙（图 4—1—10）。

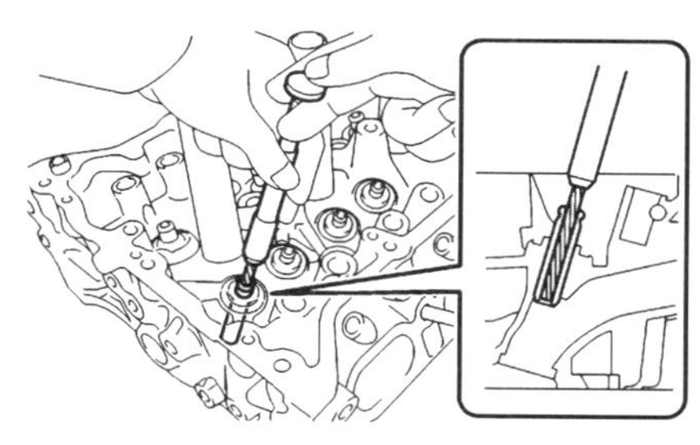
图 4—1—10　铰削气门导管

2．检查气门杆与气门导管油膜间隙

气门杆与气门导管油膜间隙也称为配合间隙。

（1）用内径规测量气门导管内径（图4—1—11）。

提示：

◆ 测量时，至少要测上、下两个部位四个值，取最大值。

◆ 气门导管内径标准值为 5.51 ～ 5.53 mm。

（2）用导管内径测量值减去气门杆直径测量值，计算得出油膜间隙。

提示：

◆ 标准油膜间隙：进气门 0.025 ～ 0.06 mm，排气门 0.03 ～ 0.065 mm。

◆ 如果油膜间隙大于规定值，应更换气门和气门导管。

另外，还可用经验法检查油膜间隙：先将气门和气门导管孔擦洗干净，在气门杆上涂一层机油，放入气门导管内，上下拉动数次，然后提起气门，若气门借助气门杆的自身重量徐徐下降，即为合格。

图 4—1—11 测量气门导管内径

五、气门座的检修

气门座磨损主要是由于磨料磨损和冲击负荷造成的硬化层疲劳脱落以及排气门座受高温燃烧气体腐蚀和烧蚀，造成气门关闭不严而漏气。

1．检查气门和气门座接触面

（1）在气门表面周围涂一层薄薄的普鲁士蓝（一种蓝色涂料），如图 4—1—12 所示。

图 4—1—12 涂一层薄薄的普鲁士蓝

（2）将气门推入气门座，用气门吸盘棒上下移动气门（不可转动），如图 4—1—13 所示。

（3）检查黏附在气门表面的普鲁士蓝，并按以下方法处理：

1）如果整个 360° 气门锥面均出现普鲁士蓝，则气门锥面与气门导管是同心的；否则，应更换气门。

2）如果整个 360° 气门座均出现普鲁士蓝，则气门导管和气门锥面是同心的；否则，应重修气门座表面。

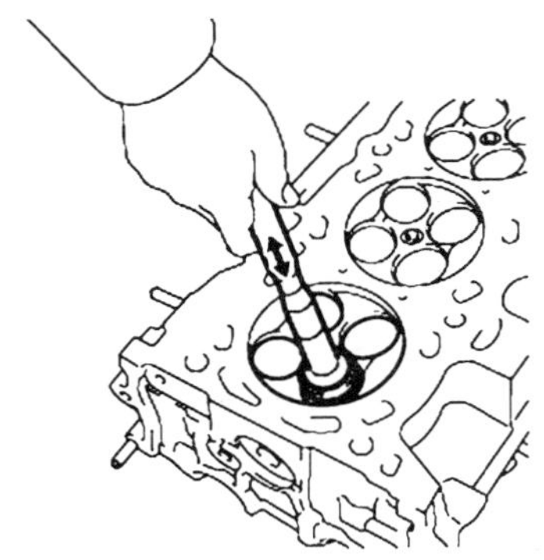

图 4—1—13 用气门吸盘棒上下移动气门

3）检查并确认气门座接触面在气门锥面的中部，气门座接触面宽度在 1.0 ~ 1.4 mm 之间（图 4—1—14）；否则，应重修气门座表面。

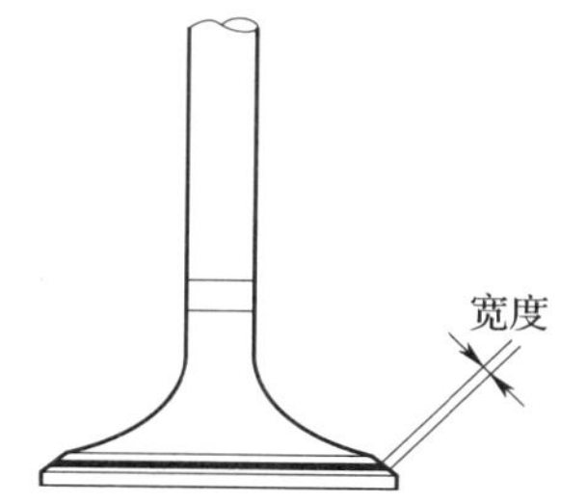

图 4—1—14　气门座接触面宽度

4）如接触面位置偏高（图 4—1—15），或接触面位置偏低（图 4—1—16），都应重修气门座表面。

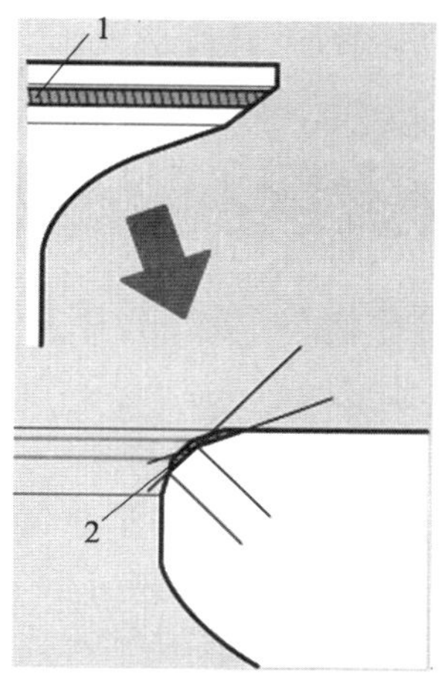

图 4—1—15　气门座接触位置偏高

1—气门座接触面　2—气门座切割位置

2．气门座表面的铰削

擦净气门座并检查工作面，气门座工作面磨损变宽超过 2 mm，工作面烧蚀出现斑点、凹陷时，应进行铰削或修磨。

气门座口有三个表面，分别与气缸体（或气缸盖）平面成 15°/30°、45°、75°/60° 角。45° 角斜面是工作面，而 15°/30° 及 75°/60° 斜面用以调节 45° 工作斜面的宽度及气门斜面的接触位置。

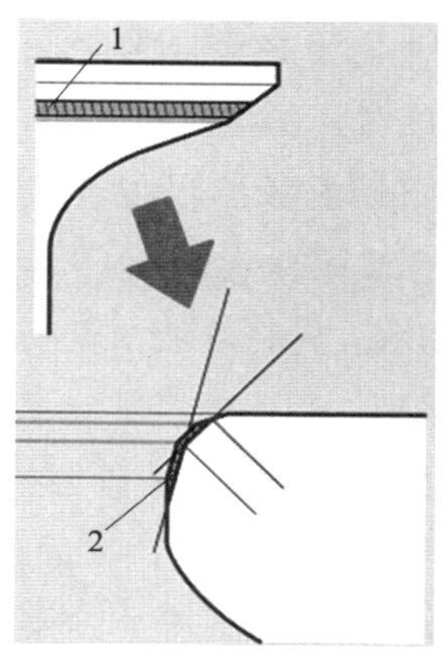

图 4—1—16　气门座接触位置偏低

1—气门座接触面　2—气门座切割位置

为了保证气门座各斜面与气门导管的同轴度，铰削（或磨削）气门斜面时，用气门导管作为定位基准（图 4—1—17）。因此，必须先修理或更换气门导管。

（1）用 45° 铰刀修整气门座表面，使气门座宽度大于规定值。

提示：

◆ 气门座 45° 面即气门接触工作面。

◆ 用铰刀铰削时，铰刀导杆要保证垂直，均匀用力，顺时针转动。

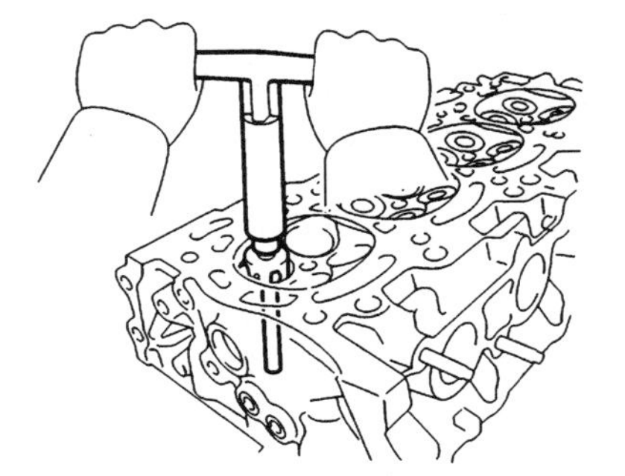

图 4—1—17　气门座面铰削

（2）用 30° 和 75° 铰刀相互配合修整气门座，保证接触面处于气门中间部位，且气门座接触面宽度符合规定值。气门座面角度如图 4—1—18 所示。

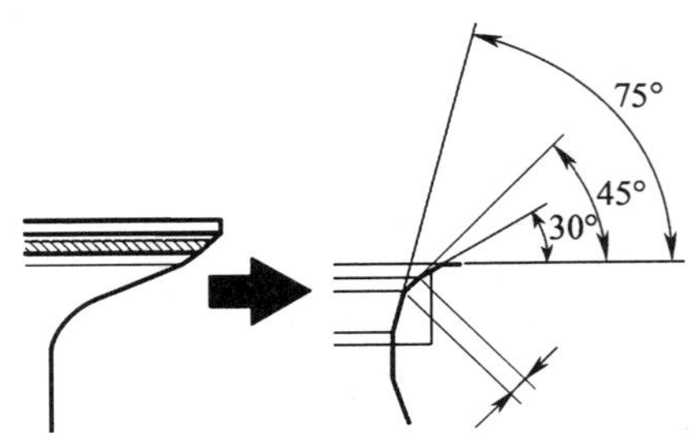

图 4—1—18　气门座面角度

提示：

◆ 如图 4—1—15 所示，当接触面高时，铰削 30° 面可以使接触面下移。

◆ 如图 4—1—16 所示，当接触面低时，铰削 75° 面可以使接触面上移。

◆ 接触面宽度标准值为 1.0 ~ 1.4 mm。

（3）每次停止气门座修整刀具时都应处在不同位置。

（4）为了不将表面修整成凹槽或梯形，修整接近完成时要逐渐减力。

（5）气门座铰削过程一般分为初铰、试配和精铰三个步骤。

1）初铰。先将烧蚀、斑点等缺陷铰去。

2）试配。用新气门或光磨过的气门进行试配，要求接触面应在气门斜面的中部。

如果接触面偏向气门顶面，应用 15°/30° 铰刀铰削，使接触面下移；如果接触面偏向气门杆，可用 75°/60° 铰刀铰削，使接触面上移。

3）精铰。最后用细刃铰刀精铰或在铰刀上垫细砂布铰磨，以降低接触面的粗糙度值。

3．气门座的研磨

（1）在气门的接触面上涂抹少许研磨膏。

（2）在气门杆上涂抹少量机油，插入气门导管中（图 4—1—19）。

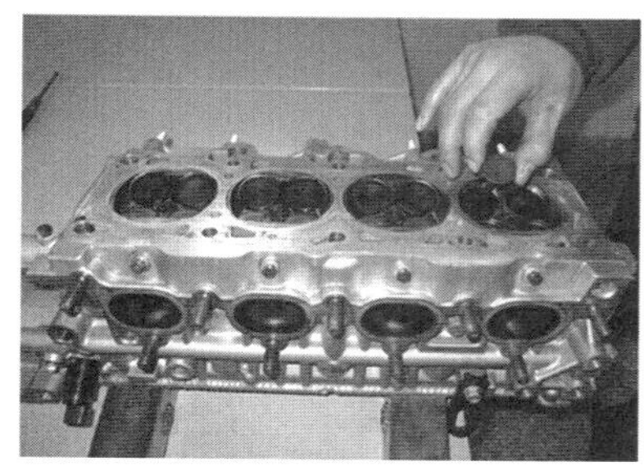
图 4—1—19　插入气门导管中

（3）用橡胶捻子吸住气门头部做上下往复和顺时针方向旋转运动（图 4—1—20）。

提示：研磨时要经常旋转变换气门与座的相对位置，保证磨合均匀。

图 4—1—20　吸住气门研磨

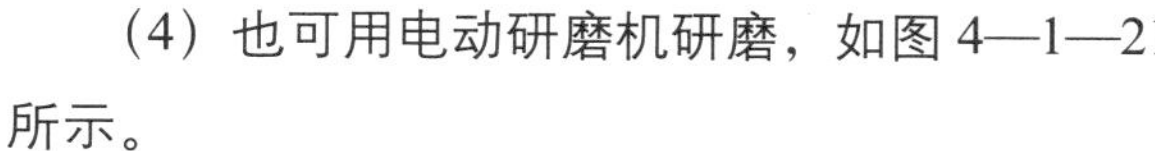
（4）也可用电动研磨机研磨，如图 4—1—21 所示。

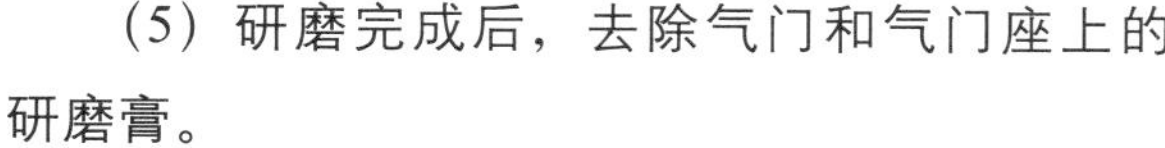
（5）研磨完成后，去除气门和气门座上的研磨膏。

图 4—1—21　电动研磨

4．气门与气门座密封性检测

（1）划线检验法

1）在气门工作面上用软笔均匀地划上线条（图 4—1—22）。

2）用橡胶捻子吸住气门头部用力压入气门座中。

3）取出气门观察，划线均被切断为合格。

提示：

◆ 划线切断表明密封性良好。

◆ 如果划线不能切断为不合格，则需重新研磨。

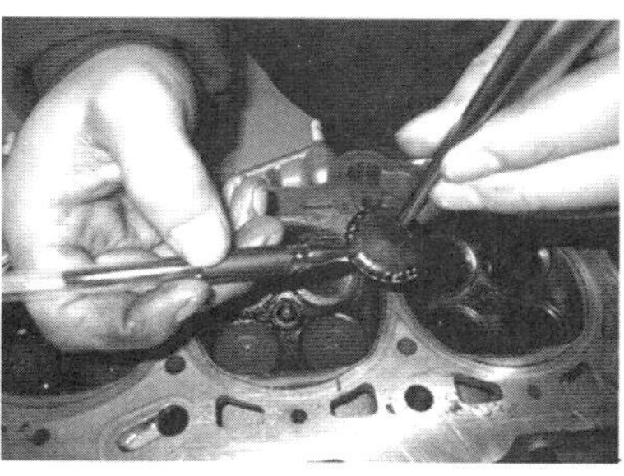
图 4—1—22　在气门工作面上划线

（2）渗油检验法

1）安装好进、排气门，在燃烧室中（气门顶部）注入适量的汽油或柴油（图4—1—23）。

2）观察排气管道是否有油溢出。

提示：

◆ 无溢出表明密封性良好。

◆ 如有油溢出，则排气门不密封，还需继续研磨。

3）观察进气管道是否有油溢出（图4—1—24）。

提示：

◆ 如有油溢出，则进气门不密封，还需继续研磨。

图4—1—23 注入适量的汽油或柴油

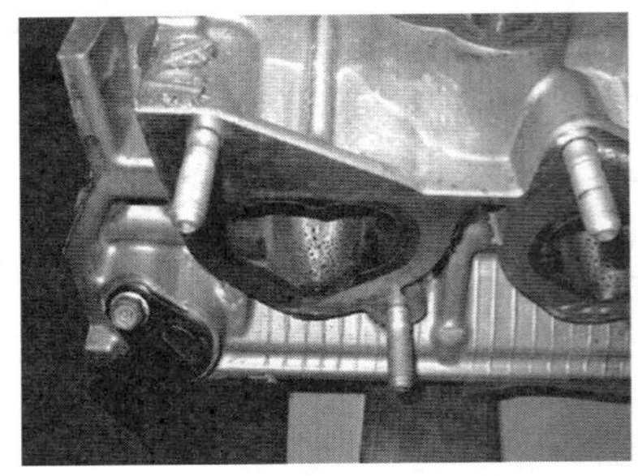

图4—1—24 观察进气管道是否有油溢出

课题二 气门传动组检修

教学目标：

1．了解气门传动组常见的损伤形式。

2．能对凸轮轴进行检修。

3．能对气门间隙进行检查和调整。

训练器材：

发动机总成、塑料间隙规、百分表及磁性表座、塞尺、千分尺、游标卡尺等。

操作步骤和技术要求及图示

凸轮轴经长期使用后，会出现凸轮轴弯曲、轴颈和凸轮磨损、齿轮磨损或损坏。

一、凸轮轴磨损的检修

1．将凸轮轴支撑在检验平板的V形铁上（支撑两端主轴颈）。

2．检查正时齿轮颈磨损情况。

3．用千分尺测量各主轴颈，计算圆度、圆柱度误差。

技术要求：凸轮轴颈的圆度及圆柱度误差应不大于0.03 mm，轴颈磨损量应不大于1 mm。

修理时，可磨小轴颈尺寸，配用相应尺寸的凸轮轴承；或镀铬加大轴颈尺寸，再磨至与之配合的修理尺寸或标准尺寸。

二、凸轮轴弯曲变形的检修

1．将凸轮轴支撑在检验平板的 V 形铁上（支撑两端主轴颈）。

2．将百分表放到平板中间，调整百分表测杆，抵靠在凸轮轴中间主轴颈表面上，注意预压 1 mm。

3．慢转凸轮轴一周，大指针所指最大值与最小值之差即为凸轮轴的径向圆跳动量，其值的 1/2 即为凸轮轴的同轴度误差。

如果最大弯曲量大于 0.025 mm，应进行冷压校正修复。

三、凸轮的检修

1．检查凸轮的磨损情况

用凸轮样板规跨装在凸轮顶部，用塞尺测量样板与凸轮表面间隙，该间隙即为凸轮磨损量。当凸轮顶端的磨损量大于 1 mm（柴油机为 1.2 mm）时，应堆焊修复或更换凸轮轴。

2．测量凸轮升程

先用千分尺测量凸轮基圆直径，再测量基圆到凸轮顶部高度，两者之差即为凸轮升程。

四、检查凸轮轴轴向间隙

1．安装好凸轮轴。

2．在来回移动凸轮轴的同时，用百分表测量轴向间隙（图 4—2—1）。

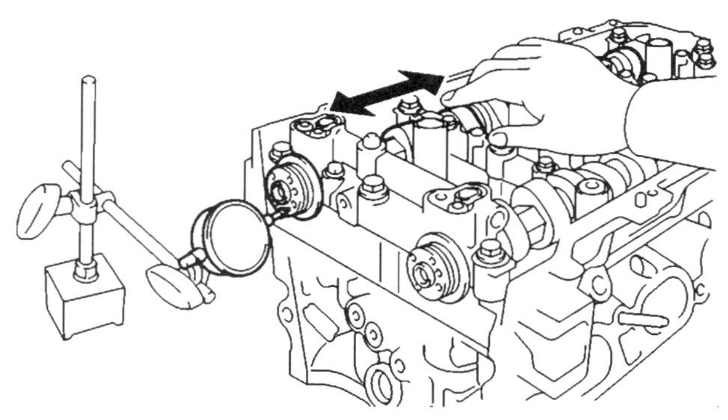

图 4—2—1　检查凸轮轴轴向间隙

提示：

◆ 标准轴向间隙：进气 0.06 ～ 0.155 mm，排气 0.06 ～ 0.155 mm。

◆ 如果轴向间隙大于规定值，则应更换凸轮轴壳。如果止推面损坏，则应更换凸轮轴。

五、检查凸轮轴油膜间隙

1．清洁轴承盖和凸轮轴轴颈。

2．将凸轮轴放到凸轮轴轴承座上。

3．将塑料间隙规摆放在各凸轮轴轴颈上（图 4—2—2）。

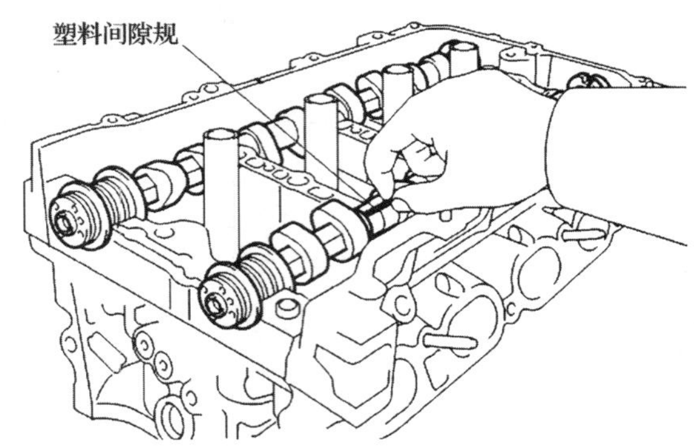

图 4—2—2　摆放塑料间隙规

4．按规范要求安装轴承盖。

注意：不要转动凸轮轴。

5．拆下轴承盖。

6．测量塑料间隙规最宽处尺寸（图 4—2—3）。

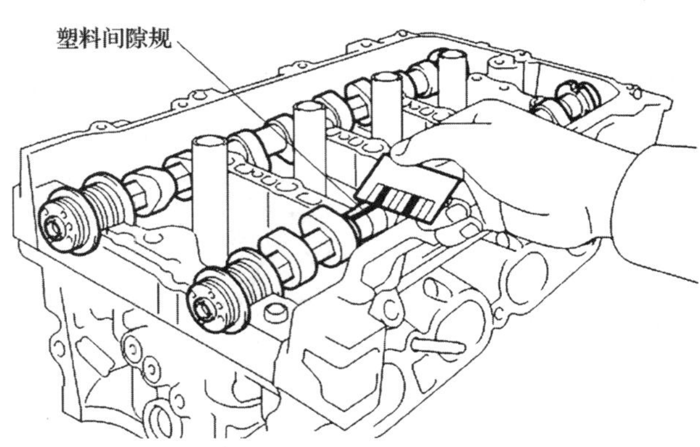

图 4—2—3　测量塑料间隙规最宽处尺寸

提示：

◆ 标准油膜间隙：凸轮轴 1 号轴颈 0.030 ~ 0.063 mm，凸轮轴其他轴颈 0.035 ~ 0.072 mm。

◆ 检查后应完全清除塑料间隙规。

◆ 如果油膜间隙大于规定值，则应更换凸轮轴。如有必要，则更换气缸盖。

六、正时链条、齿轮的检测

1．正时链条伸长量的检测

（1）用 147 N 的力拉链条。

（2）用游标卡尺测量 15 个链节的长度（图 4—2—4）。

一号链条（凸轮轴）的最大长度为 115.2 mm，二号链条（油泵）的最大长度为 102.1 mm。

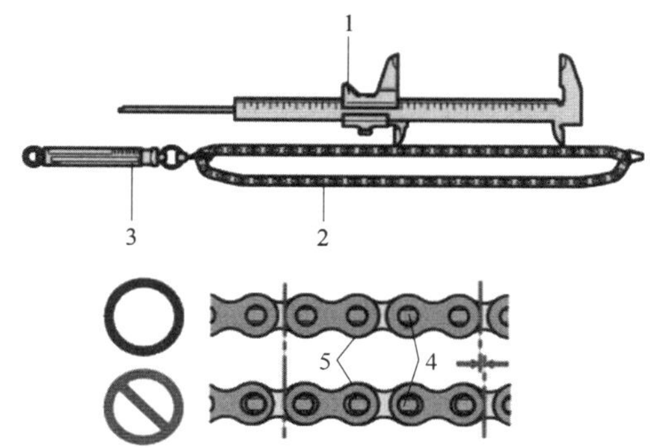

图 4—2—4　测量 15 个链节的长度

1—游标卡尺　2—正时链条　3—弹簧秤　4—销子　5—衬套

提示：

◆ 在任意三个位置进行测量，取测量值的平均值。

◆ 如果平均长度大于最大值，则应更换链条。

2．正时齿轮最小直径的检测

（1）将链条绕在齿轮上。

（2）用游标卡尺测量齿轮和链条的直径（图 4—2—5）。

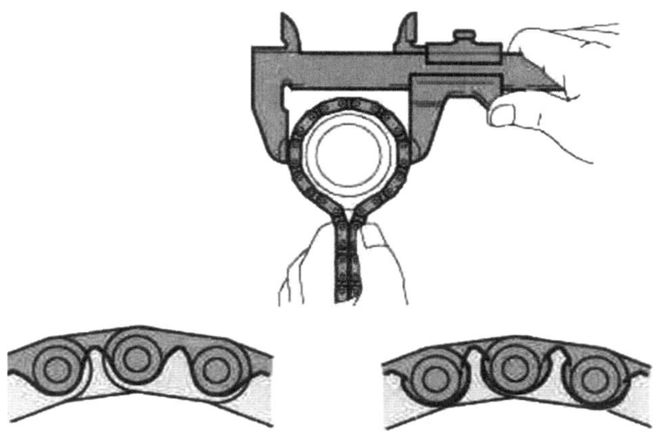

图 4—2—5　测量齿轮和链条的直径

提示：

◆ 测量时，游标卡尺的量爪必须与链轮接触。

◆ 如果直径小于最小值（参考各车型维修手册），则应更换链条和齿轮。

七、检查气门间隙

1．检查气门间隙的目的

（1）如果气门间隙过大，气门的异常碰撞声便会变大。

（2）如果气门间隙过小，在发动机预热后，气门的热膨胀将可能造成气门撞击凸轮，并且造成气门关闭不严。

提示：检查和调整气门间隙，应在发动机冷态下进行。

2．气门间隙的检查方法

气门间隙有两种检查方法：逐缸调整法和两次调整法。其原理都是测量气门完全关闭时凸轮与气门间的最大间隙。下面以常用的两次调整法为例介绍操作方法。

（1）转动曲轴，使1缸处于上止点/压缩位置。

提示：将带轮上的凹槽与1号正时带罩上的正时标记“0”对准，则1缸气门进气和排气同时关闭（图4—2—6）。

图4—2—6　上止点位置

（2）气门关闭时，测量凸轮和挺杆之间的间隙。

（3）在间隙中插入塞尺，并且在塞尺以最小的阻力被径直拉出时，读出该塞尺上的厚度值（图4—2—7）。

（4）转动曲轴一周，测量其他气门的间隙。

提示：

◆ 气门间隙（冷态）标准值：进气为0.15～0.25 mm，排气为0.25～0.35 mm。

◆ 测量值不符合标准，则要调整间隙。

图 4—2—7　测量气门间隙

3．调整气门间隙

气门间隙的调整方法因发动机类型的不同而不同，分为更换内垫片、更换挺杆和更换外垫片。更换外垫片时不需要拆卸凸轮轴，更换内垫片和挺杆时则需要拆卸凸轮轴。

(1) 拆卸磨损的垫片（或挺杆）。

(2) 用千分尺测量各垫片（或挺杆）的厚度（图 4—2—8）。

(3) 选择垫片（挺杆）。用测量的气门间隙（A）和使用的垫片（挺杆）厚度（T）计算，选择新垫片（挺杆）的厚度（N）。

$$N=T+(A-B)$$

式中　N——新垫片（挺杆）的厚度；

T——使用的垫片（挺杆）的厚度；

A——测量的气门间隙；

B——规定的气门间隙。

(4) 以计算值查阅配件代码表，选择好垫片（挺杆）并安装。

(5) 再次测量气门间隙。

提示：如果气门间隙未达到规定值，应再次调整。

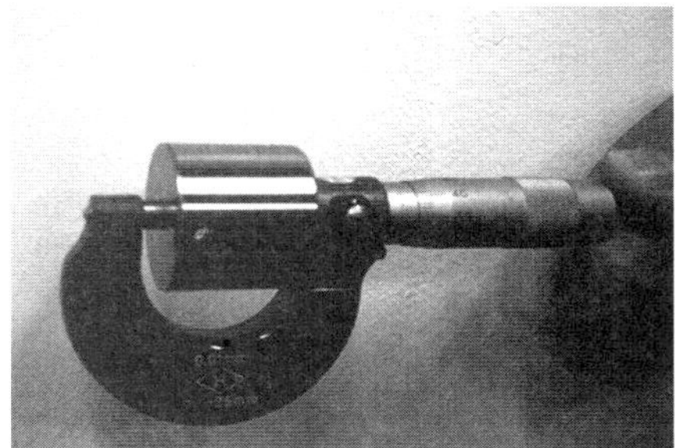

图 4—2—8　测量挺杆厚度

第五单元　润滑系和冷却系检修

课题一　润滑系检修

<table>
<tr><td colspan="2">

教学目标：

1．能用压力表测试润滑系统机油压力。

2．能对机油泵进行检修。

3．能用斑点法测定机油质量。

训练器材：

发动机、机油压力表、机油泵、机油压力传感器、滤纸、塞尺等。

</td></tr>
<tr><td>操作步骤和技术要求</td><td>图示</td></tr>
<tr><td>

发动机润滑系统对发动机正常工作起着至关重要的作用。发动机机油压力低，其结果可能导致润滑不良、增加气缸磨损，使压缩比减小、动力性下降等，造成活塞、曲轴、大小瓦以及配气机构等发动机零部件的早期损伤，或发动机轴瓦严重烧蚀、抱死，以致发动机不能正常运转。所以必须随时监测发动机的机油压力。

一、润滑系统机油压力测试

机油压力可以用专用的机油压力表（图 5—1—1）来测量，也可以用普通的油压表（量程为 1 MPa 左右）配上相应的高压软管和接头来测量。

1．预热发动机，使机油温度高于 80℃。

2．拔下机油压力传感器的线束插头，拆下机油压力传感器（图 5—1—2）。

</td><td>

图 5—1—1　机油压力表

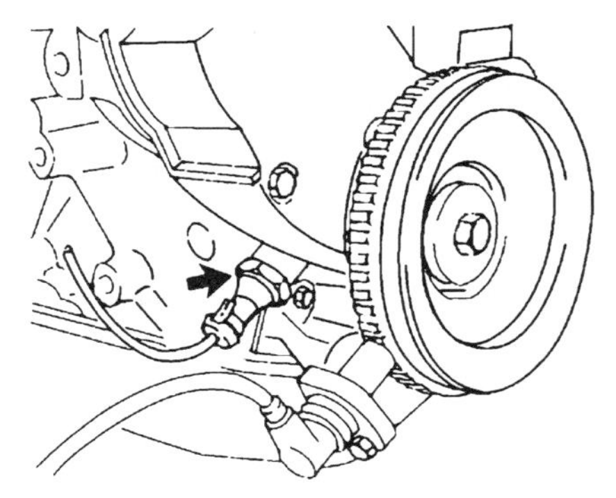

图 5—1—2　拆下箭头处机油压力传感器

</td></tr>
</table>

3．将机油压力表的软管接头拧入安装机油压力传感器的螺纹孔内，并拧紧接头（图 5—1—3）。

4．将机油压力表放置在不会接触到发动机旋转部件及高温部件的地方。

5．起动发动机，检查机油压力表接头处有无漏油，如有漏油应熄火后重新拧紧接头。

6．运转发动机使之达到正常的工作温度，分别在怠速和 2 000 r/min 时检查油压表的读数，并与标准压力值进行比较。

提示： 各种车型发动机的机油压力标准值不完全相同，一般在怠速时应大于 0.05 MPa，在 2 000 r/min 时应大于 0.2 MPa。

7．在测量完机油压力后，应拆下机油压力表，装上机油压力传感器并按规定扭矩拧紧，接上线束插头。

8．起动发动机，确认机油压力传感器没有漏油。

9．测试结果及原因分析

(1) 压力偏低。原因主要有机油集滤器、滤清器堵塞，限压阀或旁通阀弹簧过软、折断，机油泵工作不良，机油黏度太低等。

(2) 压力偏高。原因主要有机油黏度过高，润滑油道堵塞，机油滤清器滤芯堵塞且旁通阀开启困难等。

试验表明：曲轴主轴颈每磨损 0.01 mm，机油压力约降低 10 kPa。

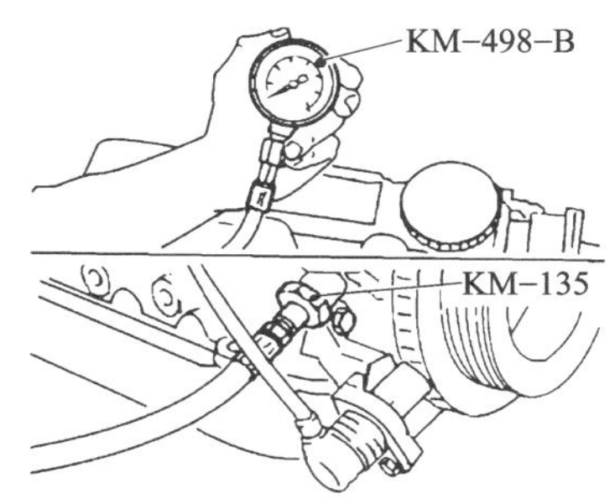

图 5—1—3　连接机油压力表

二、机油泵的检修

机油泵常见的有转子式和齿轮式两种。机油泵检修的重点是各配合件间隙。

1．拆下机油泵（图 5—1—4）。一般机油泵与前端盖是一整体结构。

图 5—1—4　拆下机油泵

2．检查端面间隙（图 5—1—5）。

提示： 用塞尺插在主、从动齿轮与泵盖之间的端面间隙进行测量，所测值加机油泵盖垫片厚

图 5—1—5　检查端面间隙

度即为端面间隙，间隙标准值为 0.06 ～ 0.10 mm。

3．检查啮合间隙（图 5—1—6）。

提示：用塞尺插在从动齿轮与主动齿轮之间进行测量，间隙标准值为 0.05 ～ 0.25 mm。

4．检查从动齿轮与壳体间隙（图 5—1—7）。

提示：用塞尺插在从动齿轮与壳体之间进行测量，间隙标准值为 0.082 ～ 0.185 mm。

图 5—1—6　检查啮合间隙

图 5—1—7　检查从动齿轮与壳体间隙

三、PCV 阀的检修

PCV 阀由阀体、阀门、阀盖组成，不可分解。PCV 阀一般安装在气门摇臂盖和进气歧管之间（图 5—1—8）。PCV 阀的常见故障是堵塞。如果 PCV 阀堵塞，可能会使曲轴箱窜气逆向流入空气滤清器，污染滤芯，使空气滤清器过滤能力降低，导致燃料消耗增大，发动机磨损加大，甚至损坏发动机。因此，必须定期保养 PCV 系统，清除 PCV 阀周围的污染物。

PCV 阀的检查方法如下：

1．使发动机怠速运转，从气缸罩盖软管处拆下 PCV 阀，检查 PCV 阀是否阻塞。若把手放在 PCV 阀接口处，手指应可感到强烈的真空吸力。

2．将 PCV 阀装复后，从空气滤清器上卸下曲轴箱进气管，用一张薄纸轻轻盖在管口上，待曲轴箱内压力减小时，应能明显观察到薄纸被吸入管口。

此外，停止发动机运转后，卸下 PCV 阀，用手摇动检查，若听到有“咔嗒”声，说明 PCV 阀灵活可用。

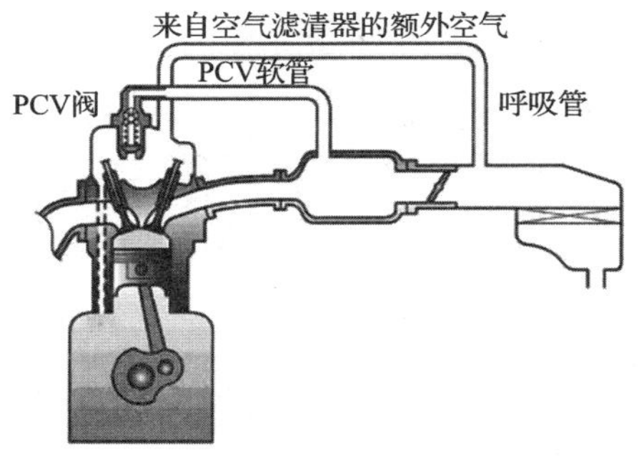

图 5—1—8　PCV 阀工作原理

四、斑点法测定机油质量

利用油尺将机油滴到滤纸中心，使其内部的杂质随油向四周扩散，由于杂质颗粒大小不同，扩散的远近也就存在差异，从而在滤纸上形成颜色深浅不同的环形区域（图 5—1—9），从内到外依次为沉积环、扩散环、油环。通过分析，便可

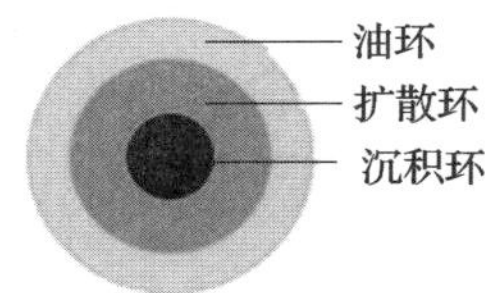

图 5—1—9　滤纸上形成的环形区域

快速判断机油的污染程度和质量衰变情况。

1．测试工具

定性滤纸。

2．测试方法

(1) 取出机油尺，在慢速定性试纸上滴一滴机油尺上的机油，把试纸水平放置，静待 24 h。

(2) 试纸上将出现以下三个环：

1) 沉积环。在斑点的中心，是油内粗颗粒杂质沉积物集中的地方。由沉积环颜色的深浅可粗略判断油被污染的程度。

2) 扩散环。在沉积环外围的环带称为扩散环，它是悬浮在油内的细颗粒杂质向外扩散留下的痕迹。颗粒越细，扩散得越远。扩散环的宽窄和颜色均匀程度是重要因素，表示油内添加剂对污染杂质的分散能力。

3) 油环。在扩散环的外围油环，颜色由浅黄到棕红色，表示油的氧化程度。

3．机油质量的四个等级（图 5—1—10）

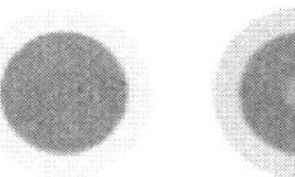
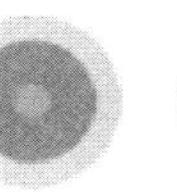
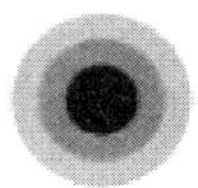

图 5—1—10　机油质量等级

一级：油斑的沉积区和扩散区之间无明显界限，整个油斑颜色均匀，油环淡而明亮，表明油的质量良好。

二级：沉积环色深，扩散环较宽，有明显分界线，油环为不同深度的黄色，表明油质已污染，机油尚可使用。

三级：沉积环深黑色，沉积物密集，扩散环窄，油环颜色变深，表明油质已经劣化。

四级：只有中心沉积环和油环，没有扩散环，沉积环乌黑，沉积物密而厚稠，不易干燥，油环呈深黄色和浅褐色，表明油质已经氧化变质。

按照规定，当斑点试验达到三级就需更换机油。一般来说，轿车的机油是较难出现三级这样的状况的，如已出现三级的状况则表示机油品质已经劣化严重，建议车主在沉积环以及扩散环颜色已较深、扩散环已变窄时更换机油。

课题二　冷却系检修

教学目标：

1．能清除冷却系统中的水垢。

2．能对散热器、水泵、节温器进行检修。

训练器材：

发动机、清洗剂、散热器、水泵、节温器、手动压力测试器等。

操作步骤和技术要求及图示

冷却系统的检修包括清除冷却系统中的水垢、散热器检修、水泵检修、节温器检修等。发动机在工作时，由于燃料的燃烧和运动机件的摩擦，将会使发动机温度升高，润滑效果变差，加速机件磨损。

一、清除冷却系统中的水垢

发动机在工作一段时间后，水套和散热器内表面上沉积的灰白色水垢增加，水垢过多会使冷却作用降低、流水不畅、不易散热，冷却功能变差。因此，在一定的使用期后，需要进行一次清洗。

1．清除水垢溶液的配方

（1）氢氧化钠 750 g，煤油 150 g，水 10 kg。

（2）含水碳酸钠 1 kg，煤油 0.5 kg，水 10 kg。

（3）2.5% 盐酸溶液。

（4）水玻璃 15 g，液态肥皂 2 g，水 1 kg。

（5）煤油接触剂（石油碳酸）75 ～ 100 g，水 1 kg。

上述溶液前三种只适用于铸铁气缸体的清洗，后两种适用于铝合金气缸水套的清洗。

2．清洗方法和步骤

（1）发动机停止运转后，放出冷却水，卸下节温器，加入清洗溶液（前两种溶液在冷却系统中停留 10 h 左右，第三种溶液在冷却系统中停留 1 h）。

（2）起动发动机，以怠速工作 15 min 左右，直到溶液开始有沸腾现象为止，放出溶液。

（3）在发动机运转情况下，用清水反复冲洗冷却系统 3 ～ 4 次。

若气缸体是铝合金的，应用第四、五种溶液注入冷却系统中，起动发动机运转 1 h 后放出清洗液，再用清水冲洗干净（图 5—2—1）。

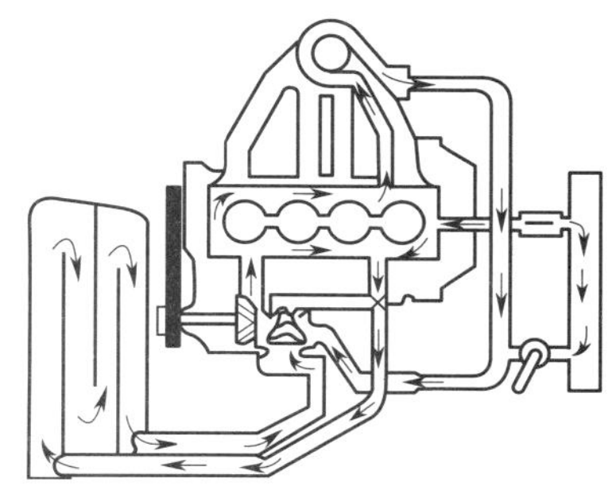

图 5—2—1　清洗冷却系统

二、散热器的检修

1．散热器的检查

（1）检查散热器裂纹。将散热器放入水槽内，用手动压力测试器（图 5—2—2）由散热器的一个孔（其他孔堵住）充入压缩空气，压力为 0.1 MPa。如散热器各处冒气形成气泡，则说明散热器已严重腐蚀；如冒气点不多，说明不严重，可在冒气处找出渗漏点，做上记号，以便焊修。

图 5—2—2　手动压力测试器

（2）检查散热器淤塞。按充入散热器的水量，就可分析出散热管是否淤塞或堵住。

2．散热器的修理

（1）清除散热器中的水垢。当散热器的水容量减少，散热器淤塞有水垢时，应将 10%氢氧化钠水溶液加热到 90℃灌满散热器，并停放 1 ~ 2 h，然后用热水冲洗。

（2）散热器管淤塞（堵塞）时，可用专用通条插入芯子清除。

（3）散热器芯子严重变形、弯曲或出现孔洞的管子可以密封住，但不得超过总数的 10%。

（4）变形的散热片可校直。

（5）散热器上裂纹的修理。散热器上的裂纹可用锡焊修补，焊接前应将裂纹处擦净露出金属光泽，再在接口处涂上一层氯化锌铵溶剂，加热接口用锡焊修补。

三、水泵的检修

水泵的常见故障有漏水、轴承松旷和供水不足。

1．水泵的检查

(1) 检查泵体及带轮有无磨损及损伤，必要时应更换（图 5—2—3）。

(2) 检查水泵轴有无弯曲，轴颈磨损程度，轴端螺纹有无损坏。

(3) 检查叶轮上的叶片有无破碎，轴孔磨损是否严重。

(4) 检查水封和胶木垫圈的磨损程度，如超过使用限度应更换新件。

(5) 检查轴承磨损情况，可用表测量轴承间隙，如超过 0.10 mm，则应更换新的轴承。

图 5—2—3　检查泵体

2．水泵及座的修理

水泵取出后，可按顺序进行分解。分解后应将零件进行清洗，再逐一检查，看其是否有裂纹、损坏及磨损等缺陷，如有严重缺陷则应予更换。

(1) 水封及座的修理。水封如磨损起槽可用砂布磨平，如磨损过甚则应予更换。水封座如有毛糙刮痕，可用平面刮刀或在车床上修理。在大修时应更换新的水封组件。

(2) 在泵体上具有下列损伤时允许焊修：长度在 30 mm 以内，不扩展到轴承座孔的裂纹；与气缸盖接合的突缘有破缺部分；油封座孔有损伤。

水泵装配好后，用手转动一下，泵轴应无卡滞，叶轮与泵壳应无碰擦。然后检查水泵排水量，如有问题，应查明原因并排除。

四、节温器的检修

节温器的作用是自动调节散热器内冷却水的循环，使水套的冷却水保持一定的温度。目前主要有蜡式节温器（图 5—2—4）和电子节温器（图 5—2—5）两大类。

图 5—2—4　蜡式节温器

图 5—2—5　电子节温器

节温器的常见故障有：阀门开启和全开时温度过高、不能开启或节温器关闭不严。具体检修方法如下：

1．就车检查

（1）发动机刚起动几分钟，发动机水温还没有升高时，检查散热器上、下水管温度，若两水管温差较大，说明节温器正常。

（2）发动机起动 10 min 后，发动机温度较高时，用手触摸上水管与下水管应无温度差，说明节温器正常。

（3）当发动机起动后，不能在短时间（10 min）内升温到规定的数值，则说明节温器已经损坏。

2．拆机检查

将节温器拆下，放入装有水的容器内，并逐渐加热，可借助温度计测定水温，记录节温器阀门开始开启和完全开启时的水温，温度应符合节温器上表面的刻度读数。一般良好的节温器，应在 68 ～ 72℃时开始开启，在 80 ～ 83℃时完全开启。

经过上述检验，如果节温器工作不正常应更换。

第六单元　汽油机燃油供给系检修

课题一　燃油压力检测

教学目标：

1．能用燃油压力表测量系统压力。

2．能对测量的燃油压力进行分析。

训练器材：

发动机、燃油压力表、三通阀、常用工具等。

操作步骤和技术要求及图示

一、检测准备

1．拔下燃油泵熔断器，起动发动机泄压（图 6—1—1）。目的是防止在拆卸油路时，系统内的压力油喷出，造成人身伤害和火灾。

2．将燃油系统供油管的连接螺母卸下，装上三通接头（图 6—1—2）。

图 6—1—1　起动发动机泄压

图 6—1—2　装上三通接头

3. 在三通的中间接口上接上燃油压力表，并将压力表挂好（图 6—1—3）。

图 6—1—3　接上燃油压力表

二、燃油压力检测

1．静态油压检测

装复燃油泵熔断器，将点火开关打开（不起动发动机），反复几次，此时燃油压力表上读数为初始静态油压。

提示：

◆ 观察燃油压力表的压力值是否在规定范围内。

◆ 如果压力偏高，应更换燃油压力调节器；如果压力偏低，则应检查燃油管、接头、油泵、燃油滤清器、燃油压力调节器、喷油器是否有泄漏。

2．怠速油压检测

从燃油压力调节器上拆下真空管，并将管口堵住，起动发动机，怠速运转，此时燃油压力表上的读数为怠速工作油压。

提示：如果上述压力值不符合要求，应检查真空管和燃油压力调节器。

3．加速油压检测

急踩加速踏板，此时燃油压力表上的读数为加速油压（在急加速、节气门接近全开时油压应上升 0.5 MPa 左右）。

4．真空管油压检测

拔下燃油压力调节器上的真空软管，并堵住真空管。发动机怠速运转，在燃油压力表上读出的数值为真空管油压。

5．残余油压检测

将发动机熄火，等待 5 min，在燃油压力表上读出的数值为残余油压。

提示：

◆ 系统压力应不低于 0.20 MPa。

◆ 如果燃油压力下降太快，则应检查燃油泵、燃油滤清器、燃油压力调节器、喷油器是否有泄漏。

◆ 表 6—1—1 为不同车型的燃油压力参考值。

表 6—1—1　　不同车型的燃油压力参考值

车型	排量	喷射类型	系统油压（接真空管）	残压
桑塔纳 2000	1.8 L	多点喷射	约 300 kPa	>150 kPa （停车 10 min 后）
奥迪 A6	1.8 L	多点喷射	约 350 kPa	>250 kPa （停车 10 min 后）
上海别克	3.0 L	多点喷射	284 ～ 325 kPa	>33 kPa （停车 10 min 后）

续表

车型	排量	喷射类型	系统油压（接真空管）	残压
通用	5.0 L	单点喷射	75 kPa	残压很低
丰田	1.8 L	多点喷射	196 ～ 235 kPa（怠速） 265 ～ 304 kPa（静态）	熄火后 5 min 不降低
克莱斯勒	2.5 L	单点喷射	98 kPa	残压很低
本田	2.0 L	多点喷射	265 ～ 305 kPa（怠速）	>150 kPa （停车 10 min 后）
福特	2.3 L	多点喷射	206 ～ 318 kPa（怠速）	熄火后 5 min 不降低

三、燃油压力不正常的原因及影响

1．燃油压力过高

原因分析：燃油压力调节器真空软管破裂，连接部位漏气；压力调节器失效（卡死、阻塞）；回油管堵塞或回油不畅。

对发动机工作的影响：发动机怠速过高；发动机油耗过高，混合气过浓；发动机起动时火花塞“淹死”；火花塞积炭严重；发动机排放超标；三元催化转换器发热。

2．燃油压力过低

原因分析：燃油压力调节器不良；燃油泵供油压力不足；燃油泵进油滤网堵塞。

对发动机工作的影响：冷车起动困难；热车起动困难；怠速不稳；运转无力，混合气过稀；加速失速；发动机回火，排气管放炮。

3．燃油压力不稳

原因分析：燃油压力调节器不良；燃油泵供油不足或进油滤网堵塞；燃油泵电路接触不良；燃油滤清器或输油管路堵塞。

对发动机工作的影响：怠速不稳；发动机运转不稳；加速无力、发喘。

4．无油压

原因分析：燃油泵损坏；燃油电路短路、熔断器烧断，燃油泵继电器烧蚀；燃油压力调节器损坏；燃油滤清器或输油管路堵塞。

对发动机工作的影响：发动机无法起动。

课题二　喷油器检修

教学目标：

1．会检查喷油器。

2．能正确操作喷油嘴检测清洗机。

训练器材：

喷油器、喷油嘴检测清洗机、常用工具等。

操作步骤和技术要求	图示
一、喷油器的检查 **1．喷油器工作状况检查** （1）发动机运转时，可以通过查听喷油器工作的声音来判断其是否工作，也可用手指触摸感觉喷油器工作的振动来判断（图 6—2—1）。 （2）用万用表测量喷油器电磁线圈的电阻：低阻值的喷油器阻值为 2 ～ 3 Ω，高阻值的喷油器阻值为 12 ～ 17 Ω。如检测出超标的电阻，则应更换。 **2．喷油质量检测** 喷油质量检测内容主要包括喷油量、雾化质量和泄漏。 （1）在试验台上检测各缸喷油嘴喷油量的差别；相差越小，发动机运转越平稳；相差过大，则应更换。 （2）检测各喷油嘴雾化情况，不能有集束情况，不能有喷歪现象。雾化正常如图 6—2—2a 所示，雾化不正常如图 6—2—2b、c、d、e 所示。 （3）停止喷射时，不能有燃油泄漏发生。规定在 1 min 内泄漏不能超过 1 滴，否则应更换。 （4）单位时间内的喷油量应在规定范围内。	 图 6—2—1　检查喷油器 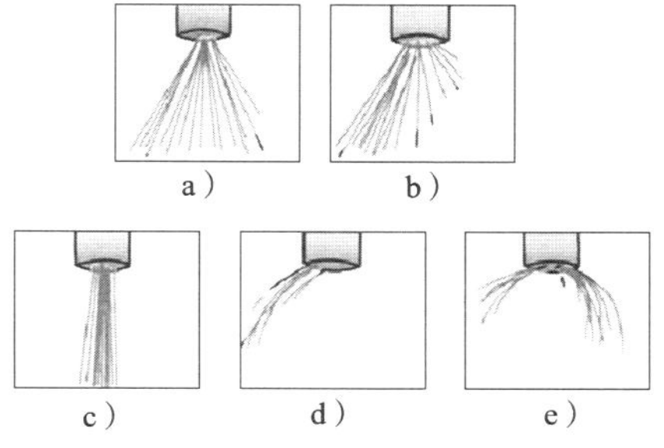 图 6—2—2　喷油器雾化情况对比

二、喷油嘴检测清洗机检测操作步骤

1．接通电源

图 6—2—3 所示为常用喷油嘴检测清洗机，使用时先把电源线插在检测清洗机右侧插座上，接至 220 V 交流电，打开检测清洗机右侧的电源开关（显示窗最终显示“2000”）。

图 6—2—3　喷油嘴检测清洗机

2．测量喷油嘴的阻抗

把要检测的喷油嘴安装到检测清洗机上，按“阻抗”键即可判断喷油嘴的阻抗。

3．检查检测液液面高度

可从检测清洗机左侧观察液面高度。正常时检测清洗机应加检测液 1.5 L。未达到标准液面高度的，可从加液口进行加注。

4．选择检测项目

（1）检测喷油嘴的滴漏。根据喷油嘴型号选择接头并连接好，然后检查 O 形密封圈（发现坏的要更换）。将喷油嘴安装在测试架上，按“油泵”键，将压力调至被检车辆出厂规定压力（图 6—2—4 所示为检测清洗机面板上的调压阀和压力表），观测喷油嘴是否有滴漏，如发现 1 min 滴漏大于 1 滴（或按技术标准），则应更换喷油嘴。

（2）检测喷油嘴的常喷油量、喷油角度、雾化程度、喷油均匀度。关闭回油开关，确认燃油泵处于正常供油压力，然后按“选择”键进入清洗检测程序，显示“0015”（图 6—2—4 b），再按“手动”键，15 s 后观测试管的喷油量应为 38 ~ 45 mL（或按技术标准），均匀度误差不超过 5%，否则应更换或者清洗。

注意：*此检测参数为最主要的基本参数，因此，无论喷油嘴的其他检测结果如何，只要该数据偏差在 5% 以上，则该喷油嘴必须清洗或全组更换。*

a）

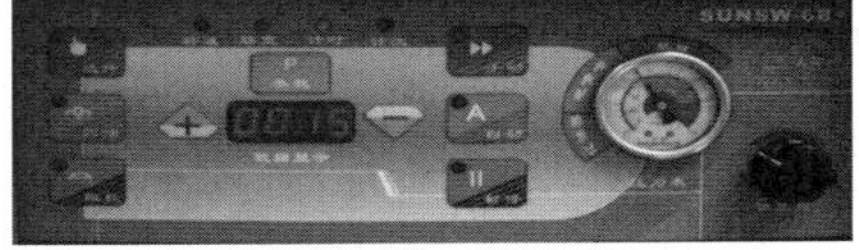

b）

图 6—2—4　检测清洗机面板

（3）检测喷油嘴在各工作环境中的工作状态。按“选择”键进入检测程序，可任意设定高、中、低速模拟状态，依次显示“3000”“2400”“0750”转速状态，按“手动”键，观测喷油角度及雾化状态，喷油角度要一致（或按喷油嘴制造厂提供技术标准），雾化要均匀，无射流现象，并根据数据检测喷油嘴均匀度，不合格者应更换或者清洗。

5．自动检测清洗分析

使用自动检测清洗分析，先按“油泵”键启动油泵，并把压力调至被检车辆系统油压规定的范围（最好高 10%），然后按“自动检测”键。在自动检测清洗分析过程中，其他任意键处于锁死状态，只有按“复位选择”键，系统才可恢复到初始状态。

（1）自动检测喷油角度、雾化程度和自动测试清洗。回油开关关闭，喷油嘴常喷 15 s，显示窗显示时间按 15 s 循环至 0，此时可观察喷油角度、喷油雾化程度，实现常喷测试。如发现有射流和喷油角度异常，需更换。

停止常喷 60 s，观察阻塞和滴漏，显示窗显示时间 60 s，前 30 s 观测测试数据，后 30 s“回油”键打开，回油结束同时回油开关关闭。常喷检测结束，程序自动进入常规检测。

（2）自动检测怠速喷油量。设置喷油转速 750 r/min，喷油脉宽 3 ms，喷油时间 60 s，喷油次数 2 000 次，模拟多点喷射怠速工作。此程序检测怠速工况，如喷油均匀度误差小于 9% 为合格，反之须更换或者清洗。

（3）自动检测最大工况喷油量。设置喷油转速 2 400 r/min，喷油脉宽 12 ms，喷油时间 25 s，喷油次数 1 000 次。此程序可检测最大工况时的喷油量（图 6—2—5），可测定喷油嘴状况。

图 6—2—5　检测清洗机喷油量

6．超声波清洗

把要检测的喷油嘴与脉冲输入信号线相连接，将超声波电源线与主机开关插座相连接，然后把喷油嘴插在超声波清洗槽架上（图 6—2—6），清洗液加至规定高度（液面高度一般是清洗槽深度的 1/2），按下超声波清洗机开关，再按主机面板上的“手动”键，灯亮即可开始清洗。

图 6—2—6　超声波清洗喷油嘴

课题三　燃油泵检修

教学目标：

1．了解燃油泵就车检查、供油量检查的内容和方法。

2．能对燃油泵进行拆装与检测。

训练器材：

轿车、燃油泵、万用表、常用工具等。

操作步骤和技术要求	图示
一、燃油泵的控制 燃油泵的主要结构如图 6—3—1 所示，其控制分为燃油泵转动控制和燃油泵转速控制。 **1．燃油泵转动控制** 现代轿车燃油泵的工作是由发动机控制模块 ECU 来控制的。在打开点火开关时，为建立系统油压，电动燃油泵会先运行 2 ～ 6 s 后停止，以便发动机能顺利起动。燃油泵工作的控制，通常是指对燃油泵电路开路继电器的控制。即继电器触点闭合，燃油泵通电工作；继电器触点断开，燃油泵停止工作。 ECU 通过发动机转速信号来检测发动机运转状态。如发动机停止转动，此时没有转速信号（Ne）输入 ECU，继电器断电，燃油泵停止工作。 **2．燃油泵转速控制** 发动机在低速或中小负荷下工作时，需要的供油量相对较小，此时燃油泵也应低速运转，这样可减少燃油泵的磨损、噪声以及不必要的电能消耗。而发动机在高转速或大负荷下工作时，需要供油量相对较大，此时燃油泵应高速运转，以增加供油量。一般燃油泵转速控制分为低速和高速两级。	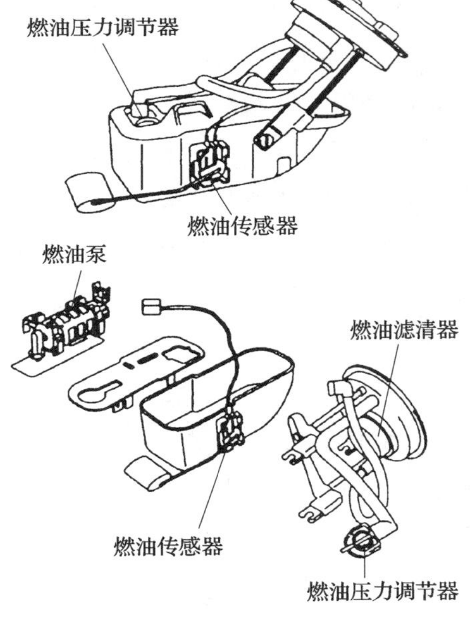 图 6—3—1　燃油泵结构

目前常见的燃油泵转速控制方式有以下两种：利用串联电阻器控制燃油泵的转速，利用燃油泵控制模块（油泵 ECU）控制油泵的转速。

3．燃油泵及其控制电路的故障形式

（1）燃油泵不转。

（2）燃油泵无高（低）速。

（3）燃油油压不足。

二、燃油泵的就车检查

1．用专用导线将诊断座上的燃油泵测试端子跨接到 12 V 电源上（例如丰田车系诊断座上有电源端子“+B”，将其与燃油泵测试端子“FP”跨接即可）。也可拆开电动燃油泵的线束连接器，直接用蓄电池给燃油泵供电。

2．将点火开关转至“ON”位置，但不要起动发动机（图 6—3—2）。

3．旋开油箱盖应能听到燃油泵工作的声音，或用手捏进油软管应感觉到有压力。

4．若听不到燃油泵工作声音或进油管无压力，应检修或更换燃油泵。

图 6—3—2　点火开关转至“ON”位置

三、燃油泵的拆装与检测

1．拆装燃油泵时应注意释放燃油系统压力，并关闭用电设备。

2．拆下燃油泵后，测量燃油泵两端子之间电阻，应为 2 ~ 3 Ω。如图 6—3—3 所示，所测电阻为 0.7 Ω，说明燃油泵电动机损坏。

3．用蓄电池直接给燃油泵供电，应能听到燃油泵电动机高速旋转的声音。将燃油泵与蓄电池相连（正负极不得接反，并使燃油泵尽量远离蓄电池），每次通电时间不得超过 10 s（时间过长会烧坏燃油泵电动机线圈）。如果燃油泵不转动，则应予以更换。

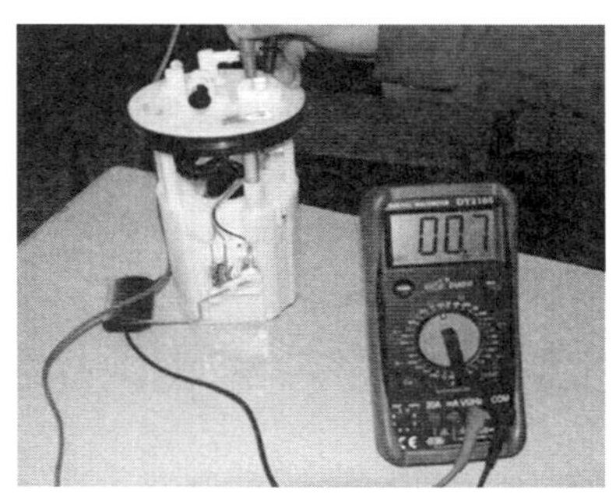

图 6—3—3　测量燃油泵电阻

四、燃油泵供油量的检查 1．按安全操作规程拆除燃油分配管上的进油管。 2．把拆开的进油管放入一个大号量杯中。 3．用跨接线将电动燃油泵与蓄电池相连，此时燃油泵工作，泵出高压燃油。 4．记录燃油泵工作时间和供油体积，供油量应符合车型技术要求。一般经燃油滤清器过滤后的供油量为 0.6 ～ 1 L/30 s。 **注意**：检测电动燃油泵供油量时，应充分认识到此项操作的危险性，操作现场应通风良好、隔绝火源并准备好灭火器材。 **五、燃油泵进油滤网的维护** 燃油泵在进油口处有一个进油滤网，用来过滤燃油中直径较大的杂质和胶质。杂质和胶质较多时会影响燃油泵的泵油量，严重时会导致燃油泵无法吸油，此时需清洗油泵滤网和燃油箱。燃油泵进油滤网破损后应更换燃油泵总成。	

第七单元　柴油机燃料系检修

课题一　输油泵检修

教学目标：

1．会进行活塞式输油泵的拆装与检查。

2．能进行输油泵性能试验。

训练器材：

活塞式输油泵、输油泵试验台、维修手册、专用工具、常用工具等。

操作步骤和技术要求及图示

一、活塞式输油泵的拆装与检查

1．输油泵的分解

（1）抽出推杆。若是滚轮输油泵，则应先取下销子，卸下滚轮，再取出推杆。

（2）将输油泵夹在有护口的台虎钳上，用合适的扳手拆下手油泵和出油管接头，并取出进油阀及进油阀弹簧和出油阀及出油阀弹簧。

（3）旋下螺塞，从输油泵体内取出活塞弹簧及活塞。卸下进油管接头及滤网芯子。

（4）必要时可分解输油泵。输油泵零件分解如图 7—1—1 所示。

2．输油泵的检查

输油泵零件分解后，应进行清洗。对于活塞、推杆、止回阀及泵体内腔，必须用清洁的柴油进行清洗，并用压缩空气吹干。

（1）止回阀平面如有磨损、凹陷、麻点等现象，应用研磨膏在平板上研磨，严重时应更换。

（2）泵体上的止回阀座表面磨损严重或不平整时应更换。

（3）推杆与推杆孔磨损严重以致间隙增大、密封性变差、柴油泄漏过多，则须连同泵体更换，或选配加大尺寸的推杆（必须经过研磨）。

（4）进油管接头内的粗滤网芯子极易被棉絮状杂物堵塞，影响供油，故应定期清除滤网上的污物，并注意柴油的清洁。

（5）手油泵活塞的橡胶圈损坏时，应及时更换。有的输油泵活塞没有橡胶圈，若磨损严重而漏油时，须重新选配活塞。

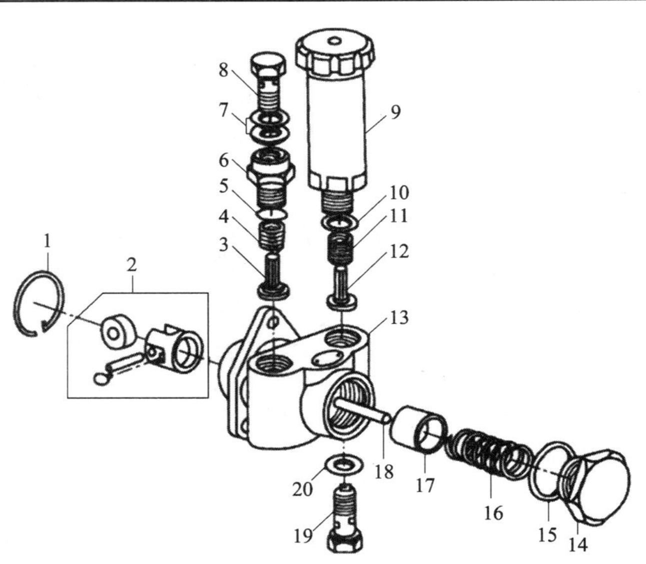

图 7—1—1　活塞式输油泵分解图

1—弹簧挡圈　2—挺柱总成　3—出油止回阀　4、11、16—弹簧　5、10—O 形密封圈　6—管接头　7、15、20—垫圈　8—出油空心螺栓　9—手油泵总成　12—进油止回阀　13—输油泵体　14—螺塞　17—活塞　18—推杆　19—进油空心螺栓

3．输油泵的装配

输油泵的装配顺序可按分解时的反向进行。

（1）把泵体夹在台虎钳上，将活塞及活塞弹簧装入泵体相应配合的腔内，旋上螺塞并拧紧。

（2）装上进、出油止回阀及弹簧，旋上手油泵总成及出油管接头。注意在安放止回阀弹簧时，必须准确地嵌在弹簧槽中。

（3）装上带有滤油网芯子的进油管接头。

在装配过程中，勿漏装垫圈。装配好以后，要求活塞和推杆等运动零件在整个行程过程中应活动良好，不许有阻滞和卡死现象，抽压手油泵应轻便灵活。

二、输油泵性能试验

输油泵工作性能指标，主要是输油压力和输油量。输油压力一般为 49 ~ 196 kPa（0.5 ~ 2 kgf/cm^2），可用安装在输油泵和喷油泵之间管道上的压力表测量，也可以借助喷油泵试验台上的专用附件进行测量。

1．密封性试验

旋紧手油泵手柄，堵住出油口，将输油泵浸在清洁的柴油或煤油中，如图 7—1—2 所示。以压力为 147 ~ 294 kPa（1.5 ~ 3 kgf/cm^2）的压缩空气从进油口通入，观察进、出油管接头处，活塞弹簧螺塞、手油泵等接合面的密封情况，不许有冒气泡现象。若在泵体和推杆之间的缝隙处有气泡漏出，并且气泡直径很小，说明此间隙正常，输油泵良好。准确地说，将气泡用量筒收集，1 min 漏出气泡量在 50 mL 以内为合格。

2．吸油能力试验

将输油泵装在试验台上，接好进、出油软管（内径为 6 ～ 8 mm），输油泵进油口中心高出油箱液面的距离为 1 m。以 2 ～ 3 次 /s 的频率上下压动手油泵，在 30 s 内应能开始供油。将手油泵拧紧固定，当试验台转速为 150 r/min 时，在 30 s 内应能开始供油。输油泵在 30 个行程内能吸进并出油为合格。

3．输油量与输油压力试验

输油量试验如图 7—1—3 所示，在标定转速时应符合规定输油量。几种输油泵的技术规格见表 7—1—1。将出油管路关闭，各连接密封处及输油泵外壳不允许有渗漏现象。此时，输油泵出口压力不低于 0.2 kPa（2 kgf/cm^2）。

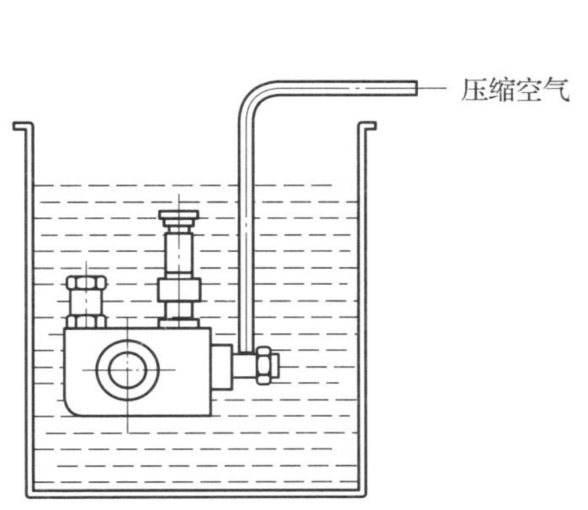

图 7—1—2　输油泵密封性试验

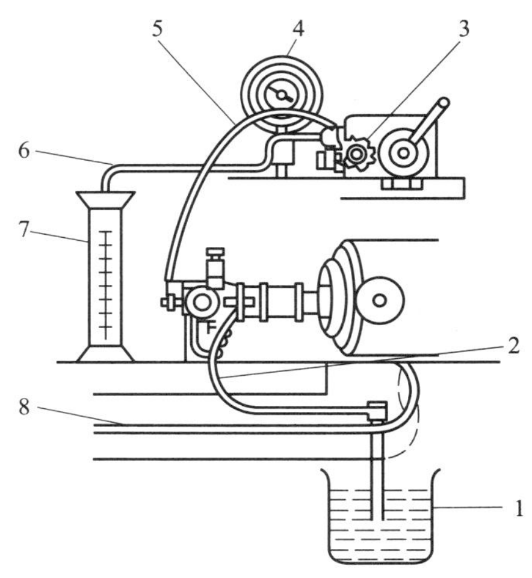

图 7—1—3　输油量试验

1—油箱　2—吸油管　3—调压阀　4—压力表
5—出油管　6—回油管　7—塑料软管　8—量杯

表 7—1—1　　输油泵技术规格

型号	输油泵结构特征	配用喷油泵	标定工况		
			转速 (r/min)	出油压力 [kPa（kgf/cm^2）]	供油量 (mL/min)
SB2221	滚轮式	2、4、6 缸 B 系列喷油泵	750	78.4（0.8）	>2 500
SB2215	滚轮式	12 缸 B 系列喷油泵	750	78.4（0.8）	>2 500
S—08A	长推杆式	2、4、6 缸 B 系列喷油泵	70	78.4（0.8）	>2 500
SI—08	短推杆式	4、6 缸 I 系列喷油泵	750	78.4（0.8）	>2 000

课题二　喷油器检修与调试

教学目标：

1. 掌握喷油器的检修方法。

2. 能用喷油器试验台检测喷油器的性能。

训练器材：

柴油发动机实训台、维修手册、专用工具、常用工具等。

操作步骤和技术要求	图示

一、喷油器的检修

1．用专用工具从柴油机上拆下喷油器，用铜丝刷清洁喷油器外部。

2．将喷油器喷孔朝上，用垫有铜皮护口的台虎钳夹住喷油器体。

3．从喷油器体上拧下紧固螺套，拆下针阀、针阀体等零部件，并从喷油器体内取出顶杆。

4．松开台虎钳，将喷油器喷孔朝下重新夹住，拧下调压螺钉护帽和调压螺钉。

5．用直径合适的专用清洁针清除喷孔内的积炭，用柴油清洗喷油器各零部件。

6．检查针阀。

7．检查针阀体。

8．检查针阀与针阀体的配合情况。

9．按分解相反的顺序装复喷油器，并检查其性能。

喷油器的结构如图 7—2—1 所示。

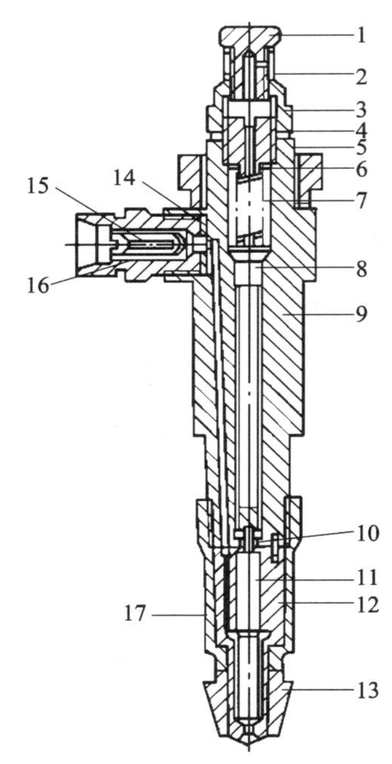

图 7—2—1　喷油器的结构

1—回油管螺栓　2—回油管衬垫　3—调压螺钉护帽　4—垫圈　5—调压螺钉　6—调压螺钉垫圈　7—调压弹簧　8—顶杆　9—喷油器体　10—定位销　11—针阀　12—针阀体　13—喷油器锥体　14—进油管接头衬垫　15—滤芯　16—进油管接头　17—紧固螺套

二、喷油器性能的检查

1．密封性试验

密封性试验的目的是检验柱塞偶件、针阀偶件、止回阀及各接合面的密封情况。试验方法是将一定压力的燃油通入燃油泵—喷油器，在规定的时间内根据压力下降值判断各精密配合件的密封性等技术状态。

试验时，将喷油器吹干或擦拭干净，并连接在喷油器试验台上（图 7—2—2）。连续压动喷油器试验台上的泵油手柄，同时用旋具拧动喷油器上的调压螺钉，将喷油压力调整到 20 MPa 以上，然后测量油压从 20 MPa 下降到 18 MPa 所需的时间，应不小于 12 s，否则说明针阀与针阀体圆柱面配合间隙过大。拧动喷油器调压螺钉，并连续压动泵油手柄，将喷油压力调整到比规定的标准喷油压力低 2 MPa，喷油器在 10 s 内不能有渗油甚至滴油现象，否则说明针阀与针阀体密封锥面密封不良。

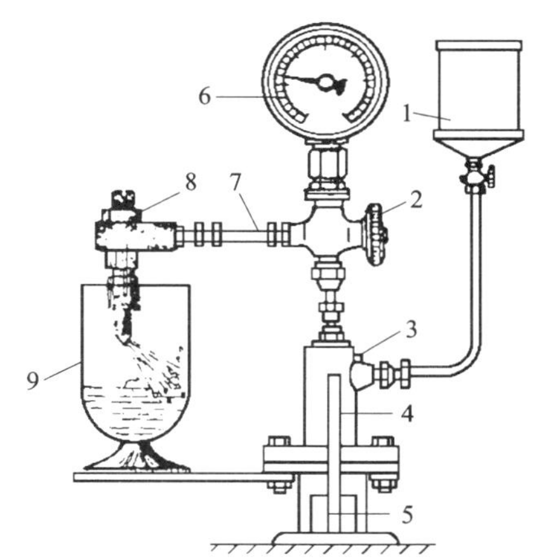

图 7—2—2　喷油器试验台

1—储油罐　2—开关　3—放气螺钉
4—手动油泵　5—泵油手柄　6—油压表
7—高压油管　8—喷油器　9—接油杯

2．调整喷油压力

在喷油器试验台上，以 60 次 /min 的频率压动泵油手柄，当喷油器开始喷油时，油压表上的指示压力即为喷油器的喷油压力，喷油压力若不符合规定标准应予调整（压力值参考维修手册）。

3．喷雾试验

在喷油器试验台上，按规定喷油压力，以 60 ～ 80 次 /min 的频率压动泵油手柄，使喷油器喷油。要求：喷出的柴油呈雾状，且分布均匀，没有喷柱分枝、油滴飞溅等现象；喷柱平直，不能有弯曲；断油干脆，并伴有清脆的声响；在多次喷油后，喷孔周围应干燥或稍许湿润。喷油器的喷雾质量判断如图 7—2—3 所示。

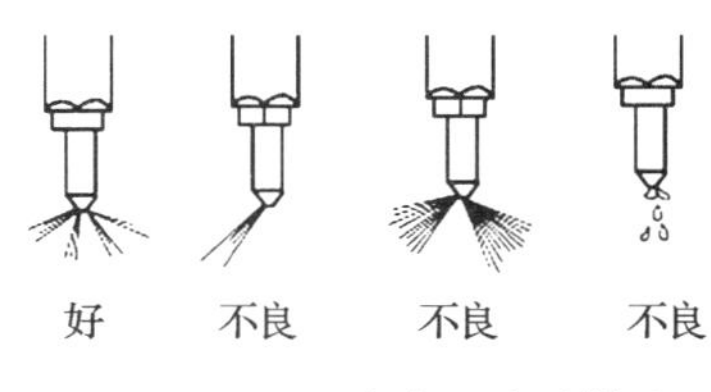

图 7—2—3　喷油器喷雾样式

三、就车检查喷油器

1．拆下待查的喷油器，用一个三通接头将其与一个工作性能良好的标准喷油器并联安装在喷油泵高压油管上，起动发动机并维持怠速运转。

2．观察待查喷油器是否与标准喷油器同时喷油。

3．观察喷油器的喷油情况，应符合喷雾试验的要求。

4. 在两喷油器下面各放一个量杯，以对比检查其喷油量。

课题三　喷油泵检修

教学目标：

1．掌握喷油泵的工作要求。

2．能进行柱塞偶件、出油阀偶件的检修。

3. 能进行供油提前角的检查与调整。

训练器材：

柴油发动机实训台、专用工具、常用工具及维修手册等。

操作步骤和技术要求	图示 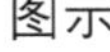
喷油泵又称高压油泵或射油泵。喷油泵根据柴油机不同的工况，将适量的柴油提高到一定的压力，按规定的时间和喷油规律喷入燃烧室，即定量、定压、定时供给燃油。图 7—3—1 所示为柱塞式喷油泵的结构。 **一、喷油泵的工作要求** 1．各缸供油量应满足负荷要求，在标准工况下，各缸供油不均匀度不大于 3.4%。 2．各缸供油间隔角相同，误差应在凸轮轴转角 ±0.5° 范围内。 3．各缸供油持续时间相同，即开始供油至供油结束的时间相同。 4．开始供油和停止供油应迅速干脆，无滴漏现象，即供油敏捷。 5．各缸供油次序应符合柴油机的发火次序。 **二、柱塞偶件的检修** 柱塞偶件是喷油泵的主要精密偶件，其功用是提高柴油压力，适时调节供油量。检查柱塞偶件，主要是检查其密封性和变形情况，常用滑动性试验检查其损伤和变形，用压气和真空吸力检查密其封性。	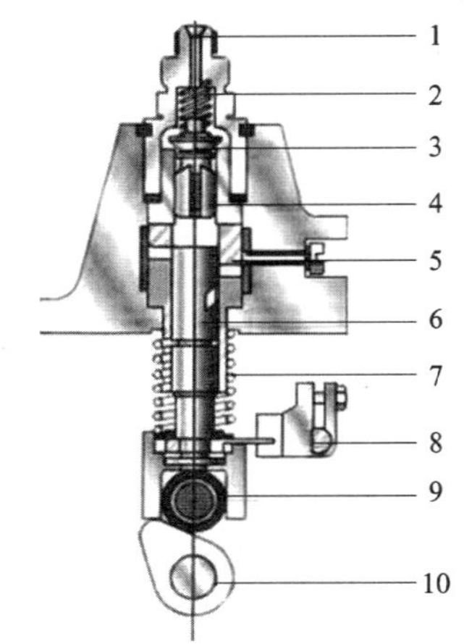 图 7—3—1　柱塞式喷油泵结构 1—高压油管接头　2—出油阀弹簧　3—出油阀座　4—出油阀　5—柱塞座　6—柱塞　7—柱塞弹簧　8—油量控制机构　9—滚轮体　10—凸轮轴

1. 滑动性试验

将柱塞偶件浸泡在清洁的柴油中，柱塞在柱塞座内来回抽动清洗后，将柱塞偶件倾斜45°，抽出柱塞全长的2/3长度，并将柱塞旋转一下（图7—3—2），放手后柱塞能无阻滞地靠自重缓慢滑进柱塞套内。再将柱塞抽出，转动任一角度后，其结果也应相同。

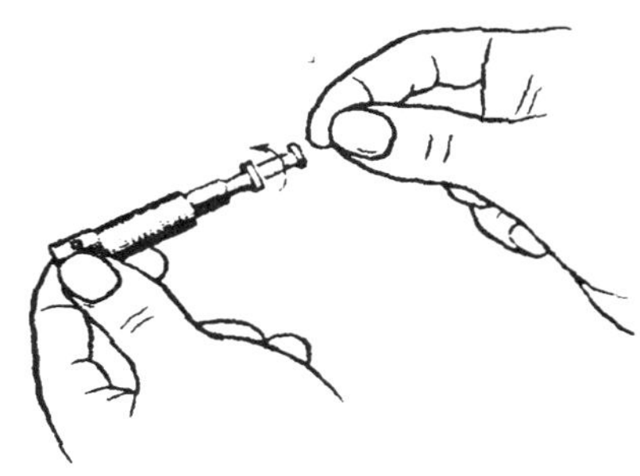

图7—3—2 柱塞偶件滑动性试验

柱塞在柱塞座内滑动过快，说明二者配合间隙过大；若滑动发生阻滞，说明配合间隙过小、柱塞有微量弯曲、柱塞受到严重划伤、柱塞螺旋槽或斜直槽处有毛刺、柱塞座变形等。使用这种柱塞偶件会影响油量调节齿杆移动的灵活性，严重时会发生咬死现象。因此，除毛刺缺陷外，这类柱塞偶件一般必须予以更换。

2. 密封性试验

柱塞偶件径向密封性试验一般应在密封性试验台上进行。为方便起见，也可用下述简易密封比较法进行。用左手食指、拇指和中指分别堵住柱塞座顶面出油口、进油孔和回油孔，右手轻轻拉出柱塞，以不露出下肩为限。在拉出柱塞的过程中，若感到有明显吸力，且放松柱塞后能很快吸回到原来位置（图7—3—3），说明磨损较小，配合良好。

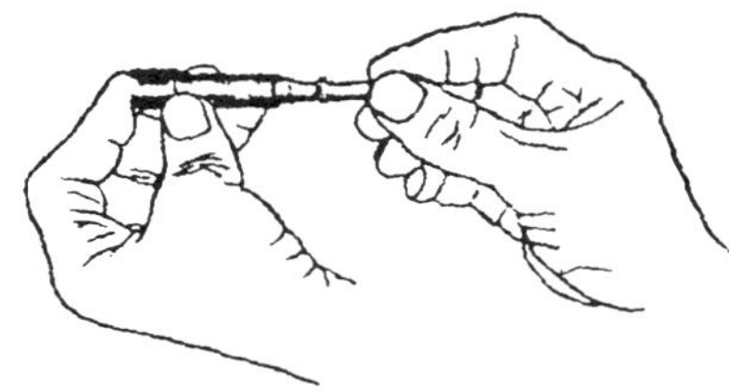

图7—3—3 柱塞偶件径向密封试验

用压气法进行柱塞偶件密封性试验的操作方法是：转动柱塞，使柱塞斜槽使用段（柱塞回油槽偏离柱塞座上的回油孔）对准回油孔位置，用手指堵住柱塞座顶面出油口和进油孔，将柱塞抽出10 mm后用力将柱塞推进，当柱塞顶面到达回油孔上边缘时观察回油孔，若没有油沫及气泡冒出（图7—3—4a），为密封性良好。将柱塞推进柱塞座后，保持5 s，然后放开柱塞，柱塞能缓慢自动弹出（图7—3—4b）为正常，否则为密封不良。

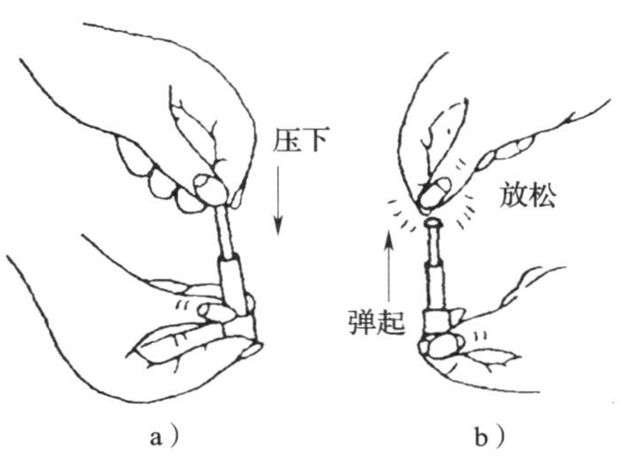

图7—3—4 柱塞偶件密封性检查

三、出油阀偶件的检查

1. 外观检查

用高倍放大镜仔细观察几处易磨损部位，有无明显划痕、轴向沟槽、金属剥落且见不到原来的光泽等磨损痕迹。密封锥面有明显沟槽，密封环带宽度超过 0.4 mm，减压环带有呈乳白色的纵向划痕，都应更换新件。

2. 滑动性检查

将经柴油清洗和浸泡过的出油阀偶件垂直放置，将阀体从阀座中抽出 1/3，放手后阀体因自重能缓慢均匀下落为合格。试验时应转动阀体在几个角度上检查，还应改变拉出长度检查。

3. 检查锥面密封性

用拇指和中指拿住出油阀座，食指抵住出油阀，用嘴对准出油阀下平面孔吸气并移动嘴唇，若能吸住，说明密封良好。

4. 检查环带密封性

用拇指堵住出油阀座下孔，将出油阀放入阀座中，用食指压下出油阀，当减压环带进入阀座时，若感到有空气压缩力，放开食指后出油阀又能自动弹上来，表明减压环带密封性良好，如图 7—3—5a 所示。或先堵住出油阀座下端面孔，把出油阀拉出约 5 mm（使减压环带与出油阀座平齐），然后放松出油阀，出油阀能自动吸回为正常，如图 7—3—5b 所示。

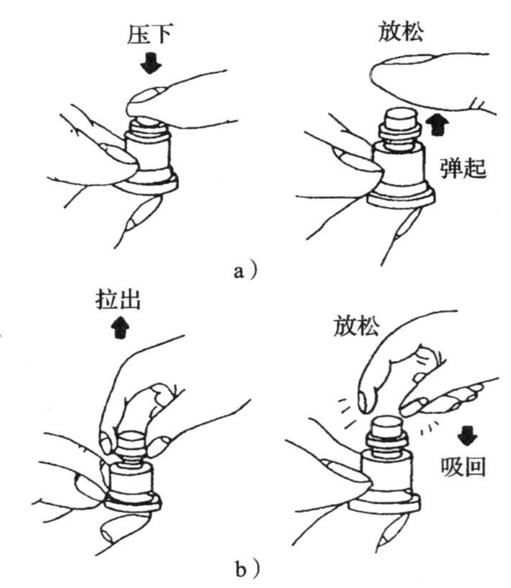

图 7—3—5　出油阀密封性检查

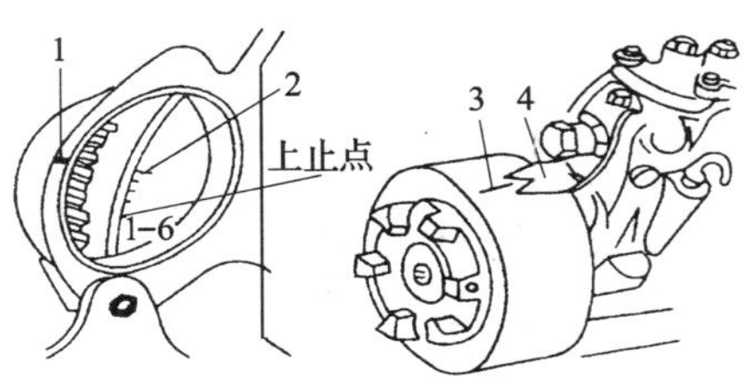

图 7—3—6　检查供油提前角

1—飞轮壳正时刻线　2—飞轮供油正时刻线

3—供油提前角自动调节器上的供油记号

4—喷油泵供油正时板

操作步骤和技术要求及图示

四、供油提前角的检查与调整

供油提前角是柴油机重要的调整参数之一。供油提前角的大小对柴油机的工作影响很大。供油提前角过大会引起柴油机工作粗暴；供油提前角过小，则会引起排气冒黑烟，并使柴油机动力下降，增大柴油机的磨损和油耗。

1. 供油提前角的检查

(1) 排除低压油路及喷油泵内的空气，并使其充满柴油。

(2) 将喷油泵齿杆或拉杆置于加油位置，拆下第 1 缸出油阀座上的高压油管，有条件的可在喷油泵座上连接一支玻璃管。

(3) 转动曲轴，当第 1 缸柱塞上行或供油自动调节器接近喷油泵供油正时板时，一边减小摇转曲轴的速度，一边观察第 1 缸出油阀紧座出油口的油面，当油面微动时，立即停止转动曲轴，并观察供油自动调节器上的正时刻线是否与喷油泵上的供油正时板缺口对齐。如果喷油泵上没有供油正时板或其他供油正时记号，可以观察飞轮或带轮盘上的供油正时刻线是否与飞轮壳上的正时刻线对正，从而判断柴油机的供油提前角是不是符合规定。也可从飞轮上指示刻度与飞轮壳上箭头的相对位置判断供油提前角是否符合要求。

(4) 有的喷油泵，其供油自动调节器是连同喷油泵驱动齿轮一起封装在柴油机前部齿轮箱中的，此时可打开齿轮箱边上的检视孔，松开第 1 缸高压油管，摇转曲轴并观察当第 1 缸油管接头内的油面微动时，供油自动调节器上的正时标记是否与检视孔上的凸尖对齐，若对齐即供油正时符合要求。

2. 供油提前角的调整

(1) 调整供油提前角的三种方法

1) 改变喷油泵凸轮轴与柱塞套的距离。

2) 改变柴油机曲轴与喷油泵凸轮轴的相对位置。

3) 改变喷油泵泵体与喷油泵凸轮轴的相对位置。

单体喷油泵常用上述第一种方法，通过调整滚轮体上的调整螺钉或增减泵体安装垫片来达到调整供油提前角的目的。组合式喷油泵供油始点和各缸供油时间间隔在喷油泵试验台上已调整好，安装到柴油机上时主要调整整个喷油泵的供油提前角，故一般用上述后两种方法。

(2) 泵供油提前角的调整

1) 调整螺钉法。图 7—3—7a 所示为通过调整螺钉调整供油提前角，是通过滚轮体 1 上的调整螺钉 3 和锁紧螺母 2 进行调整的。松开锁紧螺母，拧动调整螺钉：将调整螺钉拧出，则供油提前角增大；将调整螺钉拧入，则供油提前角减小。这是因为调整螺钉 3 位置升高，柱塞封闭进油孔的时间提早，于是供油时间也就提早；反之则推迟。一般调整螺钉每转一圈，改变供油提前角 4.5° ～ 5°。

2) 调整垫片法。这种方法是通过调整泵体安装垫片的厚度来改变供油提前角，如图 7—3—7b 所示。如果调整垫片 6 加厚，则喷油泵滚轮相对喷油泵凸轮的位置就升高一些，此时凸轮顶起滚轮的时间就会推迟，于是柱塞升起的时间也跟着推迟，结果使柱塞封闭进油孔的时间也推迟，所以供油提前角减小；相反，如果调整垫片减薄，供油提前角就会增大。一般垫片每加减 0.1 mm，供油提前角减小或增大 1.3°。

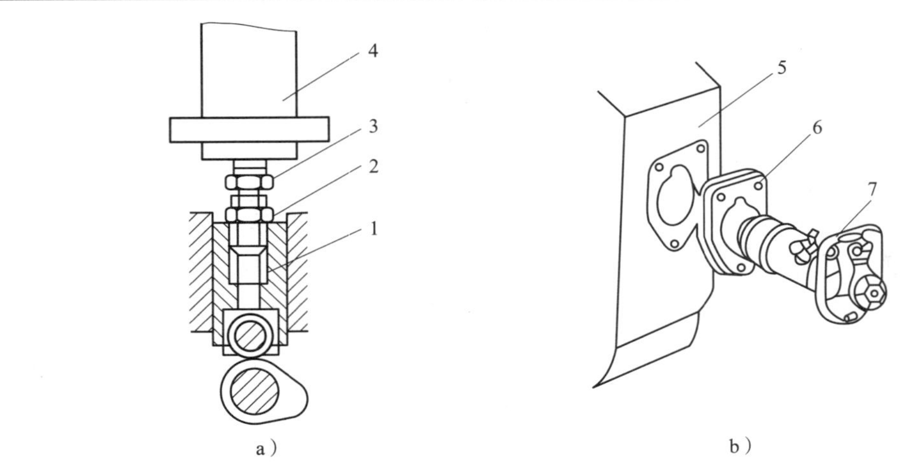

图 7—3—7　单体泵供油提前角调整

1—喷油泵滚轮体　2—锁紧螺母　3—调整螺钉　4—导程筒　5—机体　6—调整垫片　7—喷油泵

柴油机供油提前角调整后，必须慢慢转动曲轴，如果转动曲轴时感到有较大的阻力，则应进行检查。这可能是供油提前角调得过大，使柱塞顶面与出油阀底面相撞，通常要求这两个零件有 0.4 mm 以上的间隙。

课题四　废气涡轮增压系统检修

教学目标：

1. 能进行废气涡轮增压器的分解与装配。
2. 会废气涡轮增压系统的主要部件检修。
3. 掌握废气涡轮增压系统常见故障及排除方法。

训练器材：

废气涡轮增压器、塞尺、专用工具、常用工具及维修手册等。

操作步骤和技术要求	图示
废气涡轮增压器（图 7—4—1）是在高转速，高废气温度，气体流量、流速大的情况下工作的（一般废气压力为 0.25 ～ 0.45 MPa，废气温度为 500 ～ 600℃，增压器最高转速可达 40 000 ～ 50 000 r/min），因此，废气涡轮增压器属于精密机械。	 图 7—4—1　废气涡轮增压器

一、废气涡轮增压器分解与装配

1．若螺栓锈蚀严重难以分解，可将涡轮端放入煤油中浸泡 10 h 以上，严禁猛敲猛打。

2．拆下压气机叶轮时，做好转子轴、压气机叶轮及锁紧螺母的相对位置标记。

3．装配前，增压器的所有零部件必须清洗干净，各摩擦面应涂润滑油。

4．叶轮需经单件动平衡，转子总成需经整体平衡，校验合格后方可装配。

5．装配时，涡轮端和压气机端两密封环开口互成 180°，密封环开口相对于中间壳进油口成 90°。

6．压气机叶轮锁紧螺母的拧紧力矩为 14～15 N·m，并使涡轮轴、压气机叶轮及锁紧螺母的相对位置标记对齐。

7．装配过程中，各间隙值应符合相应增压器型号的技术要求。

8．装配完毕或更换增压器后，应检查有无刮碰声响及发卡的现象。

二、废气涡轮增压器主要部件检修

1．紧固件的检查

检查增压器与发动机进、排气管连接处是否漏气，增压器连接螺钉是否松动；检查增压器进、回油管处是否漏油。

2．运动件的检查

从增压器进油口注入 50～60 mL 的干净机油，用手拨动增压器叶轮（图 7—4—2），检查其运转是否正常，若有阻滞或有碰擦声（异响），应拆开增压器进行检查，消除异常现象。

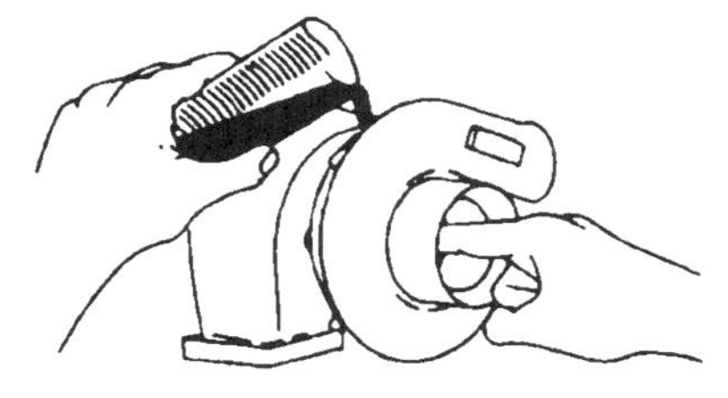

图 7—4—2 增压器注油检查

3．转子组件轴向间隙的检查

新装配的增压器转子组件的轴向间隙为 0.03～0.08 mm，使用后最大轴向间隙不得大于 0.2 mm，若间隙大说明止推轴承磨损过限，应更换。检查时将百分表磁性表座固定在轮壳出口法兰上，使百分表与涡轮叶轮端面接触，沿轴向推（或拉）动转子组件，测得的差值即为轴向游动量（图7—4—3）。

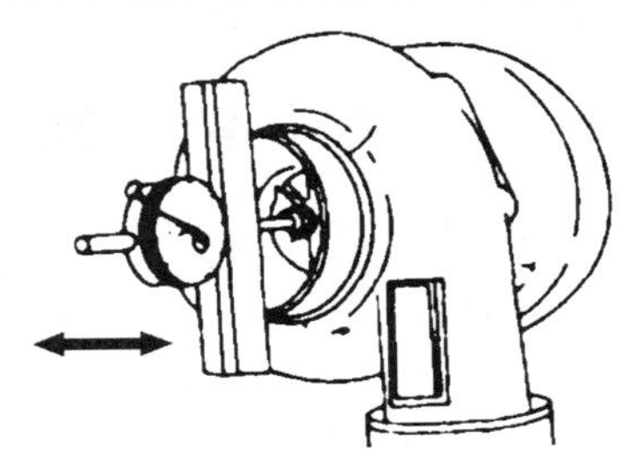

图7—4—3 增压器轴向间隙检查

4. 转子轴径向间隙的检查

用手沿径向将增压器叶轮向下压，用塞尺测量增压器叶轮与增压器壳之间的最小间隙（图7—4—4），此间隙不得小于0.03 mm，若小于此值，应及时更换浮动轴承。

注意： *在检查涡轮增压器时，不应起动发动机。*

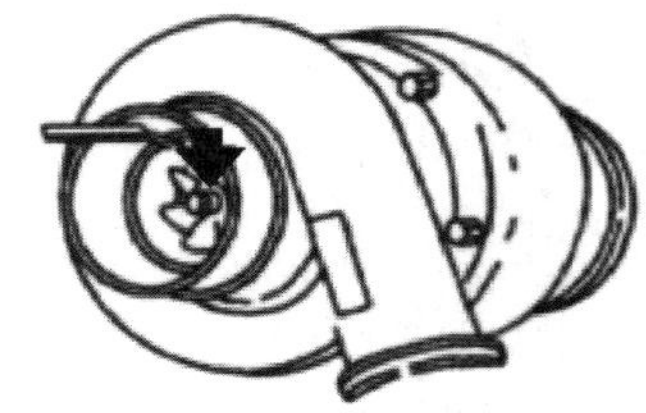

图7—4—4 转子轴径向间隙的检查

三、废气涡轮增压器常见故障及排除方法

废气涡轮增压器的常见故障有发动机功率下降（由增压系统引起的）、发动机冒烟和增压器漏油、异常噪声和振动、涡轮转子转动不灵活等，其故障原因及排除方法见表7—4—1。

表7—4—1　增压器常见故障原因及排除方法

故障现象	故障原因	排除方法
发动机功率下降（由增压系统引起）	（1）空气滤清器或压气机通道脏污 （2）压气机壳出口连接处漏气 （3）燃气进口连接处漏气 （4）叶轮碰擦 （5）涡轮进气道阻塞或脏污 （6）轴承磨损 （7）发动机进气或排气管漏气	（1）清洗 （2）紧固 （3）紧固 （4）更换 （5）清洗 （6）更换 （7）修理
发动机冒烟和增压器漏油	（1）增压器回油管路阻塞，使增压器漏油 （2）增压器密封环磨损，使增压器漏油 （3）发动机窜机油或燃烧不良 （4）空气滤清器脏污	（1）疏通 （2）更换 （3）修理 （4）清洗
异常噪声和振动	（1）零件碰擦 （2）叶轮进入异物或损坏 （3）密封环烧结 （4）压气机“喘振” （5）转子组件动平衡破坏	（1）检查、更换 （2）拆检、更换 （3）更换 （4）清洗 （5）校正

续表

故障现象	故障原因	排除方法
涡轮转子 转动不灵活	（1）增压器漏油引起积炭 （2）浮动轴承磨损 （3）由于过热引起零件变形和损坏 （4）异物进入将转子卡死 （5）装配不正确 （6）零件碰擦 （7）涡轮轴轴颈弯曲	（1）清洗 （2）更换 （3）更换 （4）排除 （5）重装 （6）更换 （7）更换

注意：增压器转子总成中压气机叶轮—涡轮总成必须成组更换，以免破坏运动组件的平衡。

第八单元　汽油机电控燃油喷射系统检修

课题一　汽油机燃油喷射系统传感器检修

教学目标：

1. 掌握汽油机燃油喷射系统各传感器的检修内容和方法。

2. 能正确检测汽油机燃油喷射系统各传感器。

训练器材：

电控发动机、万用表、解码器、维修手册、发光二极管、挂图、常用工具等。

操作步骤和技术要求及图示

一、空气流量传感器（AFS）的检修

1．故障判断

在发动机的运转过程中，当空气流量传感器发生故障导致信号中断时，桑塔纳2000GSi型轿车的电子控制单元（ECU）能够自动检测到，并使发动机进入故障应急状态下运行。利用解码器，接通故障诊断插座，可以读取此故障的有关信息。

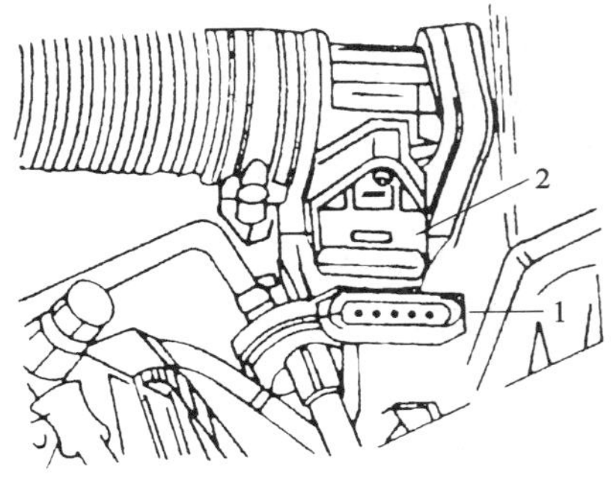

图8—1—1　空气流量传感器的检测

1—传感器线束插头　2—传感器插座

2．技术状态检测

（1）测量传感器信号电压。空气流量传感器信号电压可用高阻抗数字式万用表直流电压挡进行测量。测量时，拔下传感器上的五线连接器插头（图8—1—1和图8—1—2），点火开关置“ON”，检测传感器线束插头上端子“2”与发动机缸体之间的电压，不应低于11.5 V。如果电压为0 V，说明燃油泵继电器触点未闭合或电源线路（附加熔丝S，30 A）断路。

（2）测量传感器信号线。点火开关置“OFF”，拔下控制器线束插头和传感器线束插头，用万用表测量传感器插头各端子间导线的电阻，应符合标准规定（表8—1—1）。

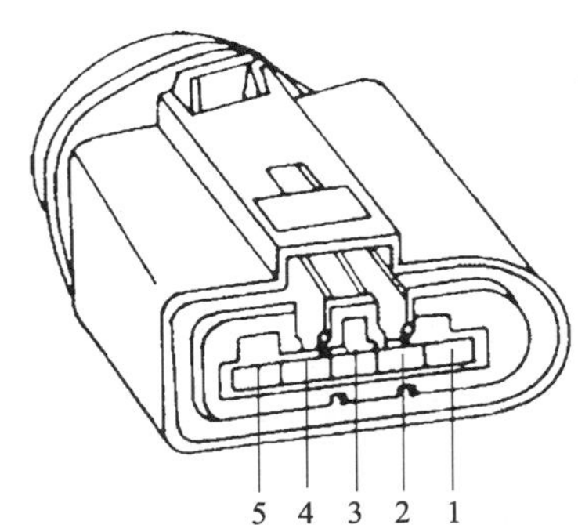

图8—1—2　桑塔纳2000GSi型轿车AFS插头

1—备用端子　2—传感器电源正极

3—传感器信号负极　4—传感器电源控制线

5—传感器信号正极

表 8—1—1　空气流量传感器（AFS）线束的检测

检测项目	检测条件	检测部位	标准值
传感器信号正极导线	拔下控制器、传感器插头	控制器端子“13”至传感器插头端子“5”	< 0.5 Ω
传感器控制导线	拔下控制器、传感器插头	控制器端子“11”至传感器插头端子“4”	< 0.5 Ω
传感器信号负极导线	拔下控制器、传感器插头	控制器端子“12”至传感器插头端子“3”	< 0.5 Ω
传感器导向有无短路	拔下控制器、传感器插头	控制器端子“11”至传感器插头端子“3”	∞
传感器导向有无短路	拔下控制器、传感器插头	控制器端子“13”至传感器插头端子“3”	∞
传感器导向有无短路	拔下控制器、传感器插头	控制器端子“12”至传感器插头端子“4”	∞
传感器导向有无短路	拔下控制器、传感器插头	控制器端子“13”至传感器插头端子“4”	∞
传感器导向有无短路	拔下控制器、传感器插头	控制器端子“11”至传感器插头端子“5”	∞
传感器导向有无短路	拔下控制器、传感器插头	控制器端子“12”至传感器插头端子“5”	∞

(3) 绝缘检查。点火开关置“OFF”，拔下控制器线束插头和传感器线束插头，测量两插头上各端子间导线的绝缘电阻，应符合标准规定（表 8—1—1）；传感器插头上端子“3”“4”“5”与发动机缸体之间的阻值应为无穷大。

3．维修

(1) 测量各导线的阻值，若不符合要求，说明线束短路或断路，应更换导线或线束。

(2) 如果使用解码器，测试结果为传感器功能异常，电源电压和线束电阻正常，说明传感器内部有故障，需要更换传感器（图 8—1—3）。

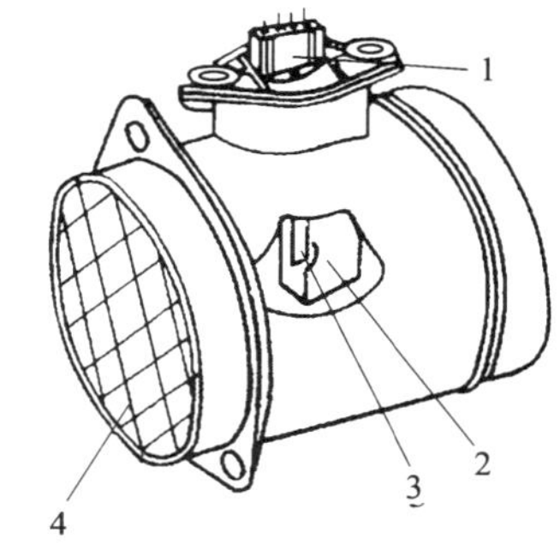

图 8—1—3　热膜式空气流量传感器的结构

1—接线插座　2—护套　3—铂金属膜　4—防护网

二、进气压力传感器（MAP）和进气温度传感器的检修

AFE 型发动机的进气温度传感器和进气温度传感器是组合在一起的，如图 8—1—4 所示。

1．故障现象

(1) 发动机起动困难。

(2) 发动机性能失常。

(3) 怠速不稳。

(4) 油耗增大。

(5) 混合气过浓。

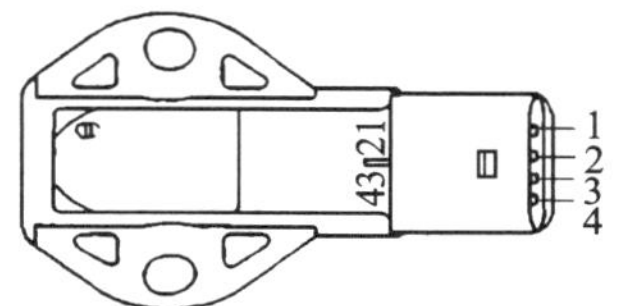

图 8—1—4　桑塔纳 GLi/2000GLi 型轿车 MAP 结构

1—接地端子　2—进气温度信号输出端子　3—电源（5 V）端子　4—进气压力信号输出端子

2．故障判断

进气温度传感器和进气压力传感器出现故障时，ECU 能够检测到，并能使发动机进入故障应急状态下运行。利用解码器，通过故障诊断插座可以读取此故障的有关信息。

3．技术状态检测（图 8—1—5）

（1）点火开关置“OFF”，拔下传感器线束插头，用万用表测量温度传感器的阻值。当温度为 20 ℃ 时，传感器端子“1”和“2”之间的阻值为 2.2 ～ 2.7 kΩ；当温度为 30 ℃ 时，阻值为 1.4 ～ 1.9 kΩ；当温度为 40 ℃ 时，阻值为 1.1 ～ 1.4 kΩ。

（2）点火开关置“OFF”，拔下传感器线束插头和传感器线束插头，测量两插头上各端子间导线的电阻，应符合标准规定（表 8—1—2）。

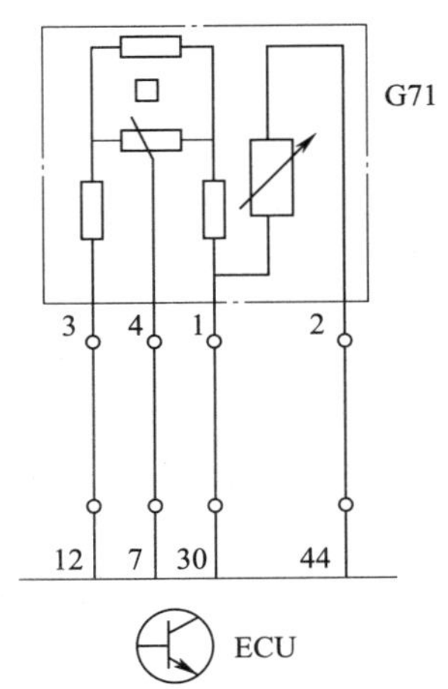

图 8—1—5　进气压力传感器、进气温度传感器连接电路

1—接地　2—进气温度电信号

3—电源　4 —进气压力电信号

表 8—1—2　　桑塔纳 GLi/2000GLi 型轿车线束的检测标准

检测项目	检测条件	检测部位	标准值
进气压力传感器正极导线	拔下控制器、传感器插头	控制器端子“12”至传感器端子“3”	< 0.5 Ω
进气压力传感器信号线	拔下控制器、传感器插头	控制器端子“7”至传感器端子“4”	< 0.5 Ω
进气压力传感器负极导线	拔下控制器、传感器插头	控制器端子“30”至传感器子“1”	< 0.5 Ω
进气温度传感器信号导线	拔下控制器、传感器插头	控制器端子“44”至传感器端子“2”	< 0.5 Ω

（3）点火开关置“OFF”，拔下传感器线束插头和传感器插头，然后点火开关置“ON”，用万用表测量各端子电压：传感器电源端子导线（传感器端子“3”）与接地端导线（传感器端子“1”）之间的电源电压应为 5 V 左右；传感器输出端导线（传感器端子“4”）与接地端导线（传感器端子“1”）之间的信号电压应为 3.8 ～ 4.2 V。

（4）起动发动机，怠速运转时，信号电压应为 0.8 ～ 1.3 V；增大节气门开度，信号电压应随节气门开度的增大而升高。

（5）进气温度传感器信号导线（传感器端子“2”）与接地端导线（传感器端子“1”）之间的电压应为 0.5 ～ 3 V。

4．维修

（1）若插头上各端子间导线的电阻值过大或为无穷大，说明线束与端子接触不良或断路，应清洁端子或更换线束。

（2）若检测到的信号电压不符合要求，说明传感器失效，应更换新件。

三、桑塔纳 GLi/2000GLi 型轿车霍尔传感器（CPS）的检测

1．故障现象

（1）发动机无法起动。

（2）发动机工作不稳。

（3）怠速不稳。

（4）间歇性熄火。

2．故障判断

霍尔传感器出现故障，发动机 ECU 检测不到故障信息，因此无法用故障诊断仪读取信息，只能根据故障现象，通过检测确定霍尔传感器是否有故障。

3．技术状态检测（图 8—1—6）

（1）点火开关置“ON”，测量传感器各端子的电压，应符合标准规定（表 8—1—3）。

（2）断路检测。点火开关置“OFF”，拔下控制器线束插头和传感器线束插头，测量两插头上各端子间导线的电阻，应符合标准规定（表 8—1—4）。

4．维修

（1）测量各导线的电阻值，若不符合要求，应清洁线头或更换线束。

（2）若测量到传感器电源电压和信号电压不符合要求，而各导线没有故障，说明传感器失效，应更换新件。

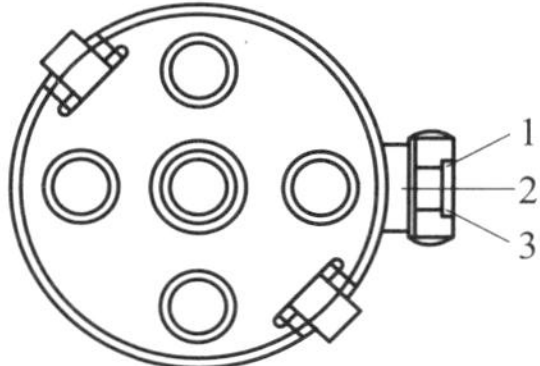

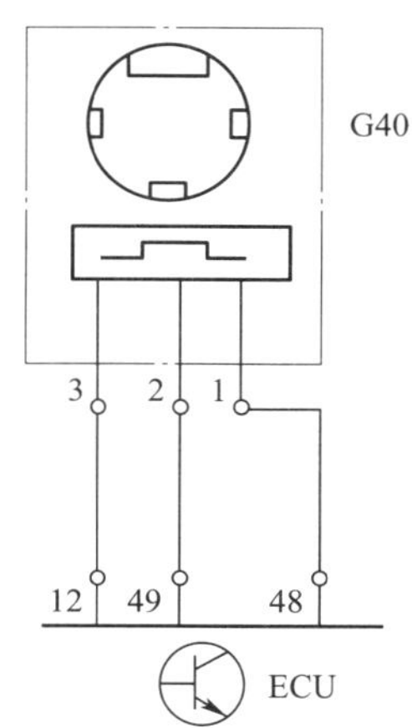

图 8—1—6　霍尔传感器与 ECU 的电路连接关系

1—接地端子　2—霍尔传感器电信号端子　3—霍尔传感器正极端子（+5 V）

表 8—1—3　桑塔纳 GLi/2000GLi 型轿车霍尔传感器（CPS）电压检测标准

检测项目	检测条件	检测部位	标准值
霍尔传感器电源电压	接通点火开关，发动机不起动	传感器正极端子“3”至接地端子“1”	5 V
霍尔传感器信号电压	插上传感器插头，取下高压线，接通点火开关，使发动机转动	传感器电信号端子“2”至接地端子“1”	电压变化量为 3 V

表 8—1—4　　桑塔纳 GLi/2000GLi 型轿车霍尔传感器（CPS）电阻检测标准

检测项目	检测条件	检测部位	标准值
霍尔传感器正极导线	拔下控制器、传感器插头	控制器端子“12”至传感器端子“3”	＜0.5 Ω
霍尔传感器信号线	拔下控制器、传感器插头	控制器端子“49”至传感器端子“2”	＜0.5 Ω
霍尔传感器负极导线	拔下控制器、传感器插头	控制器端子“48”至传感器端子“1”	＜0.5 Ω

表 8—1—5　　桑塔纳 GLi/2000GLi 型轿车霍尔传感器（CPS）绝缘检测标准

检测项目	检测条件	检测部位	标准值
霍尔传感器正极导线	拔下控制器、传感器插头	控制器端子“12”至传感器端子“1”和“2”	∞
霍尔传感器信号线	拔下控制器、传感器插头	控制器端子“49”至传感器端子“1”和“3”	∞
霍尔传感器负极导线	拔下控制器、传感器插头	控制器端子“48”至传感器端子“2”和“3”	∞

四、桑塔纳 2000GLi 型轿车曲轴位置传感器（CPS）的检修

1．故障现象

在发动机运行过程中，当曲轴位置传感器出现故障导致信号中断时，发动机将立即熄火而无法运转。

2．故障判断

桑塔纳 2000GLi 型轿车曲轴位置传感器的功能用故障诊断仪进行检查。ECU 能够检测到故障信号，利用解码器，通过故障诊断插座可以读取此故障的有关信息。

3．技术状态检测

（1）点火开关置“OFF”，拔下传感器线束插头。

1）测量插头上端子“2”与“3”之间信号线圈的电阻，阻值应为 480 ～ 1 000 Ω。

2）测量传感器屏蔽线端子“1”与信号线圈端子“2”或“3”之间的电阻，阻值应为无穷大。

（2）点火开关置“OFF”，拔下控制器线束插头和传感器线束插头，测量两插头上各端子间导线的电阻，应符合标准规定（表 8—1—6）。

表 8—1—6　　桑塔纳 GLi/2000GLi 型轿车曲轴位置传感器（CPS）绝缘检测标准

检测项目	检测条件	检测部位	标准值
传感器屏蔽线	拔下控制器、传感器插头	控制器端子“31”至传感器插头端子“1”	＜0.5 Ω
传感器信号线圈负极线	拔下控制器、传感器插头	控制器端子“63”至传感器插头端子“2”	＜0.5 Ω
传感器信号线圈正极线	拔下控制器、传感器插头	控制器端子“56”至传感器插头端子“3”	＜0.5 Ω
绝缘性测试	拔下控制器、传感器插头	控制器端子“63”和“56”至传感器插头端子“1”	∞

(3) 测量传感器信号转子凸齿与磁头间的气隙，应在 0.2 ~ 0.4 mm 范围内（图 8—1—7）。

4．维修

(1) 若屏蔽线端子 1 与信号线圈端子 2 或 3 之间的电阻不是无穷大，说明信号线圈短路，应更换传感器。

(2) 如信号线圈的电阻值无穷大，说明信号线圈断路，应更换传感器。气隙如有变化，必须按规定调整。

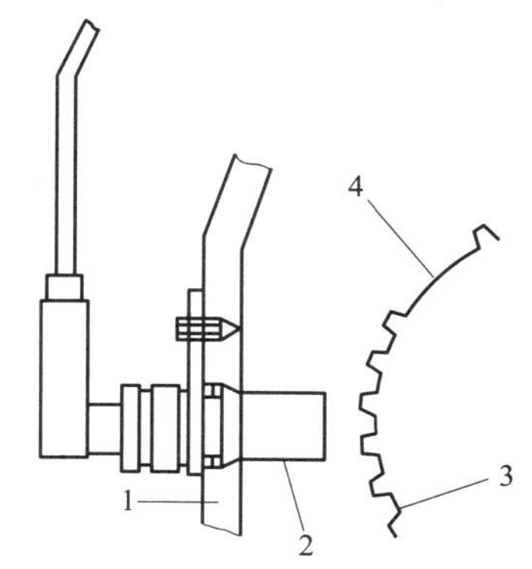

图 8—1—7 桑塔纳 2000GLi 型轿车 CPS

1—气缸体 2—传感器磁头 3—信号转子

4—大齿缺（基准信号标记）

五、凸轮轴位置传感器（CIS）的检修

1．故障现象

桑塔纳 2000GSi 型轿车凸轮轴位置传感器采用霍尔传感器。当传感器出现故障而导致信号中断时，发动机会继续运转，也能再次起动。

2．故障判断

当霍尔传感器信号中断时，ECU 能够检测到故障信息，如果故障代码显示霍尔传感器有故障，可用万用表测量传感器电源电压和导线电阻，进行故障判断和排除。

3．技术状态检测（图 8—1—8）

(1) 拔下霍尔传感器插座上的线束插头，接通点火开关，用万用表测量插头端子“1”与“3”，测得电压应高于 4.5 V。

(2) 点火开关置“OFF”，拔下控制器线束插头和传感器线束插头，检查导线是否短路或断路（表 8—1—7）。

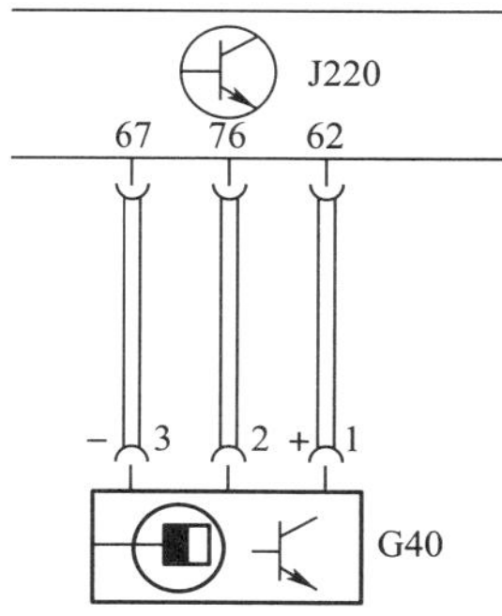

图 8—1—8 霍尔式凸轮轴位置传感器的结构

1—传感器电源正极 2—传感器信号输出

3—传感器电源负极

表 8—1—7 桑塔纳 2000GSi 型轿车 CIS 线束的检测标准

检测项目	检条件	检测部位	标准值
霍尔传感器电源正极导线	拔下控制器、传感器插头	控制器端子“62”至传感器插头端子“1”	< 1.5 Ω
霍尔传感器信号输出线	拔下控制器、传感器插头	控制器端子“76”至传感器插头端子“2”	< 1.5 Ω
霍尔传感器电源负极导线	拔下控制器、传感器插头	控制器端子“67”至传感器插头端子“3”	< 1.5 Ω
霍尔传感器电源电压	拔下传感器插头，接通点火开关	传感器插头端子“1”至“3”	>4.5 V
短路检测	拔下控制器、传感器插头	传感器端子“1”至控制器端子“76”和“67”	∞

4．维修

根据检测结果，判断故障部位。若线束导线无断路或短路故障，且传感器电源电压高于4.5 V，说明是霍尔式凸轮轴位置传感器故障，应予修理或更换。若线束导线无短路或断路故障，但传感器电源电压为0 V，则说明控制单元J220存在故障，需要更换控制单元。

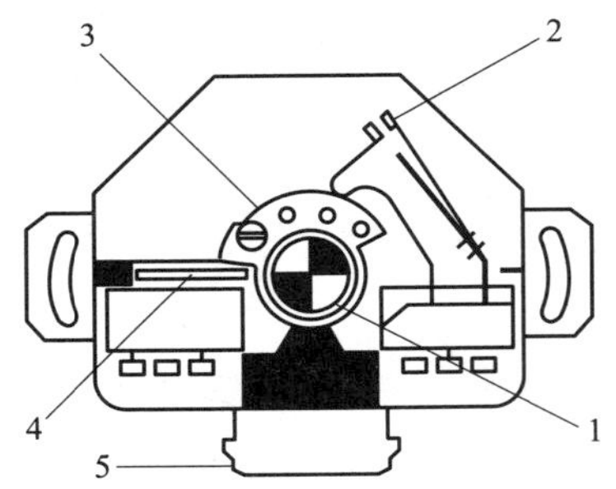

图8—1—9　触点开关式TPS的结构

1—节气门轴　2—功率触点（PSW）

3—凸轮　4—怠速触点（IDL）　5—接线插座

六、节气门位置传感器（TPS）的检测

1．故障现象

(1) 发动机起动困难。

(2) 怠速不稳。

(3) 发动机性能不佳。

(4) 容易熄火。

2．故障判断

桑塔纳2000GLi型轿车的节气门位置传感器属于触点开关式（图8—1—9）。当进气压力传感器发生故障时，作为故障应急措施，节气门位置传感器还可用来向ECU提供发动机负荷信号。当节气门位置传感器发生故障时，发动机ECU能够检测到故障信息，并能使发动机进入故障应急状态运行。利用解码器，通过故障诊断插座可以读取故障的有关信息。

3．技术状态检测（图8—1—10）

(1) 点火开关置“OFF”，拔下传感器线束插头，用万用表测量传感器的阻值，应符合标准规定（表8—1—8）。

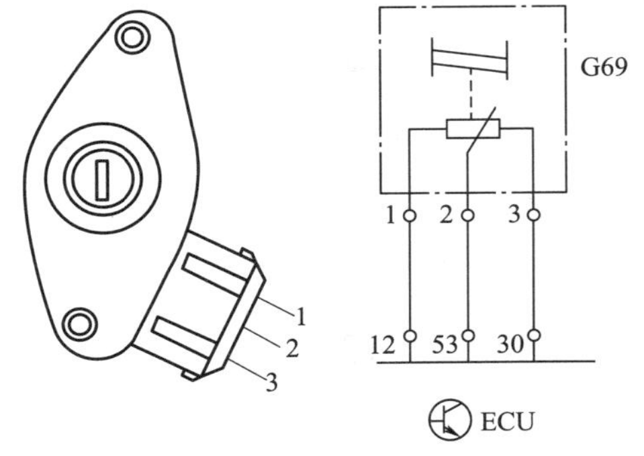

图8—1—10　节气门位置传感器与ECU电路

1—传感器电源（5 V）　2—节气门位置信号

3—传感器接地（0 V）

表8—1—8　桑塔纳GLi/2000GLi型轿车节气门位置传感器（TPS）检测标准

检测项目	检测条件	检测部位	标准值
传感器电源电压	接通点火开关，发动机不起动	传感器电源端子“1”至接地端子“3”	5 V
传感器触点接触电阻	点火开关置“OFF”，拔下传感器插头	传感器端子“1”至端子“3”	1.95 ~ 2 kΩ

续表

检测项目	检测条件	检测部位	标准值
动态电阻	点火开关置“OFF”，拔下传感器插头，节气门从全闭到全开	传感器端子“2”至端子“3”	1.1 ~ 2.8 kΩ
动态信号电压	点火开关置“ON”，拔下传感器插头，节气门从全闭到全开	传感器端子“2”至接地端子“3”	0.5 ~ 4.8 V
传感器电源导线	拔下控制器、传感器插头	控制端子“12”至传感器插头端子“1”	< 0.5 Ω
传感器信号导线	拔下控制器、传感器插头	控制端子“53”至传感器插头端子“2”	< 0.5 Ω
传感器接地导线	拔下控制器、传感器插头	控制端子“30”至传感器插头端子“3”	< 0.5 Ω

（2）点火开关置“ON”，用万用表测量传感器各端子间电压，应符合标准规定（表 8—1—8）。

（3）动态检测。转动节气门轴，使节气门由关闭到全开，测得电压及电阻值，应在标准值范围内（表 8—1—8）。

4．维修

（1）检测到的传感器各端子电压应符合标准，否则说明传感器损坏，应更换。

（2）传感器触点接触电阻过大，说明触点烧蚀而接触不良，应修磨或更换传感器。

七、冷却液温度传感器（CTS）的检修

1．故障现象

（1）发动机起动困难。

（2）怠速不稳。

（3）发动机性能不佳。

（4）容易熄火。

2．故障判断

当冷却液温度传感器发生故障时，发动机 ECU 能够检测到故障信息，并使发动机进入故障应急状态运行。利用解码器 V.A.G1551 或 V.A.G1552，通过故障诊断插座可以读取此故障的有关信息。

3．技术状态检测（图 8—1—11）

(1) 点火开关置“OFF”，拔下传感器插头，用万用表测量传感器在各温度下的阻值，应符合标准规定（表 8—1—9）。

表 8—1—9　　桑塔纳轿车冷却液温度传感器电阻值与温度的关系

温度（℃）	电阻值（Ω）	温度（℃）	电阻值（Ω）
−20	14 000 ~ 20 000	50	720 ~ 1 000
0	5 000 ~ 6 500	60	530 ~ 650
10	3 300 ~ 4 200	70	380 ~ 480
20	2 200 ~ 2 700	80	280 ~ 350
30	1 400 ~ 1 900	90	210 ~ 280
40	1000 ~ 1400	100	170 ~ 200

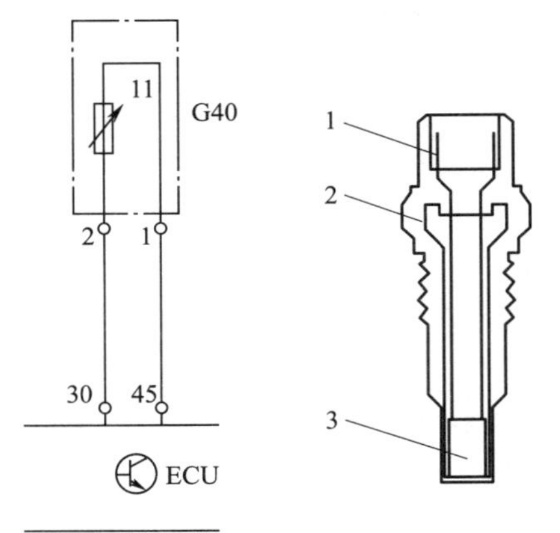

图 8—1—11　冷却液温度传感器与 ECU 的电路连接关系

1—冷却液温度信号　2—接地　3—热敏电阻

(2) 点火开关置“ON”，用万用表测量传感器端子“1”的电压为 5 V，端子“2”的电压为 0 V。若不符合标准规定，需检查传感器到 ECU 的线路是否短路或断路。

(3) 插上传感器插头，点火开关置“ON”，检查传感器插头两端子间的信号电压，应在 0.3 ~ 0.5 V 的范围内，温度高则电压低；温度低则电压高。

4．维修

(1) 如测得电压值不符合标准，说明传感器失效，应更换新件。

(2) 测得各温度下传感器的阻值并与标准阻值比较，如偏差过大说明传感器失效，应更换新件。

八、氧传感器（EGO）的检修

1．故障现象

(1) 发动机性能不佳。

(2) 怠速不稳。

（3）发动机油耗增大。

（4）排气污染增大。

（5）空燃比不正确。

2．故障判断

桑塔纳2000GLi型轿车氧传感器出现故障时，发动机ECU检测不到故障信息，但发动机仍能继续运转。

3．技术状态检测

（1）检测加热元件电阻。点火开关置“OFF”，拔下传感器插头（图8—1—12a），用万用表测量传感器加热线圈端子“1”与“2”之间的阻值应符合标准规定（表8—1—10），端子“3”与“4”之间的阻值应为0 Ω。

（2）检测加热元件电压。使发动机运转，用万用表测量传感器各端子电压，应符合标准规定（表8—1—10）；否则应检查传感器至ECU的线路连接情况，各线路阻值应不大于0.5 Ω。

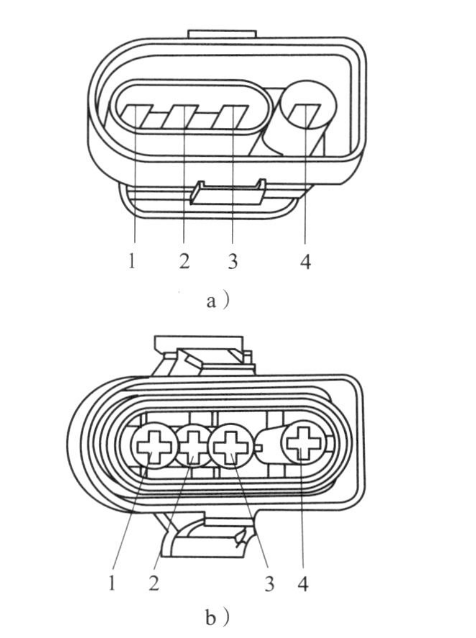

图8—1—12　氧传感器的插头和插座

a）插头　b）插座

1—加热元件正极　2—加热元件负极

3—信号电压负极　4—信号电压正极

表8—1—10　桑塔纳GLi/2000GLi型轿车氧传感器（EGO）检测标准

检测项目	检测条件	检测部位	标准值
氧传感器电源电压	发动机怠速运转	传感器端子“1”至端子“2”	12 ~ 14 V
氧传感器信号电压	发动机怠速运转	传感器端子“2”至端子“4”	0.1 V与0.9 V交替显示
加热元件电阻	点火开关置“OFF”，拔下传感器插头	传感器端子“1”至端子“2”	0.5 ~ 20 Ω
氧传感器信号正极线	拔下控制器、传感器插头	传感器端子“28”至端子“4”	< 0.5 Ω
氧传感器信号负极线	拔下控制器、传感器插头	传感器端子“10”至端子“3”	< 0.5 Ω
加热元件正极线	点火开关置“OFF”，拔下传感器插头	点火开关“15”至传感器“1”	< 0.5 Ω
加热元件负极线	点火开关置“OFF”，拔下传感器插头	传感器端子“2”至端子“31”	< 0.5 Ω

(3) 动态检测。使发动机运转，检测传感器端子“3”与“4”间（图 8—1—13）随混合气浓度变化时的电压变化，应符合标准规定：桑塔纳 2000GSi 型轿车，接通点火开关时，传感器端子“3”与“4”间的电压应为 0.45 ~ 0.55 V；当发动机运转并提供浓混合气（节气门开度最大）时，电压应为 0.7 ~ 1.0 V；当防冻剂运转并提供稀混合气（拔下空气流量传感器到发动机之间的真空管）时，电压应为 0.1 ~ 0.3 V。用解码器检测端子“3”与“4”间信号电压的变化频率，高低电平之间的变化应不低于 10 次 /min。

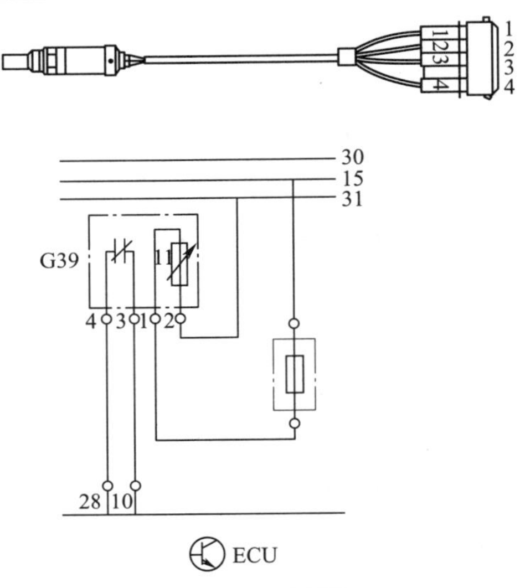

图 8—1—13 氧传感器与 ECU 的电路

1—加热元件正极 2—加热元件负极
3—氧传感器信号负极 4—氧传感器信号正极

4. 维修

(1) 起动发动机，检测连接器插座上端子“1”与“2”之间的电压，应不低于 11 V。若电压为 0 V，说明附加熔断器（30 A）断路或燃油泵继电器触点接触不良，分别检修即可。

(2) 若加热元件的电阻值在常温下为无穷大，说明加热元件断路，应更换氧传感器。

(3) 信号电压应符合标准，否则说明氧传感器失效，应予以更换。

(4) 信号电压的变化频率过低，则可能是加热元件失效、热负荷过重、氧传感器壳体上的透气孔堵塞或氧传感器因铅中毒而失效等，应更换氧传感器。

九、爆震传感器（DS）的检修

1. 故障现象

(1) 发动机工作不稳定。

(2) 加速时产生爆震。

(3) 点火正时不准。

2. 故障判断

爆震传感器发生故障时，发动机 ECU 能够检测到有关信息，并使发动机进入故障应急状态下运行。利用解码器，通过故障诊断插座可以读取此故障的有关信息。

3．技术状态检测（图 8—1—14）

（1）点火开关置“OFF”，拔下传感器插头，用万用表欧姆挡测量传感器端子“1”与“2”之间的阻值应符合标准规定（表 8—1—11），端子“3”和“2”与接地端间的阻值应为 0 Ω。

（2）点火开关置“OFF”，拔下传感器、控制器插头，用万用表测量两插头上各端子间的导线电阻，应符合标准规定（表 8—1—11）。

（3）动态监测。使发动机运转，端子“1”与“2”之间的电压应为 0.15 ~ 0.28 V。

4．维修

（1）如测得阻值过大或为无穷大，说明线束与端子接触不良或断路，应清洁线路或更换线束。

（2）爆震传感器固定螺栓的拧紧力矩必须准确（标准拧紧力矩为 20 N · m）。

（3）动态监测的电压值若不符合标准，说明传感器损坏，应更换传感器。

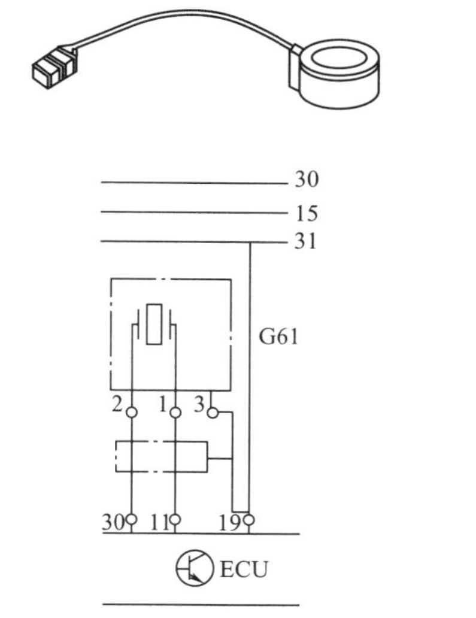

图 8—1—14　爆震传感器与 ECU 的电路

1—爆震传感器信号输入线

2—爆震传感器信号负极线

3—爆震传感器屏蔽线

表 8—1—11　　桑塔纳轿车爆震传感器检修标准

检测项目	检测条件	检测部位	标准值
爆震传感器的电阻	点火开关置“OFF”，拔下传感器插头	传感器插头端子“1”至“2”	＞1 MΩ
爆震传感器的电阻	点火开关置“OFF”，拔下传感器插头	传感器插头端子“1”至“3”	＞1 MΩ
爆震传感器的电阻	点火开关置“OFF”，拔下传感器插头	传感器插头端子“2”至“3”	＞1 MΩ
传感器信号正极线	拔下控制器、传感器插头	控制端子“11”至传感器端子“1”，控制端子“60”和“68”至传感器端子“1”（GSi 车型）	＜0.5 Ω
传感器信号负极线	拔下控制器、传感器插头	控制端子“30”至传感器端子“2”，控制端子“67”至传感器端子“2”（GSi 车型）	＜0.5 Ω
传感器屏蔽线	拔下控制器、传感器插头	控制端子“19”至传感器端子“3”，发动机接地端子（控制器模块旁）至传感器端子“3”（GSi 车型）	＜0.5 Ω

十、注意事项 1．发动机运转或点火开关置“ON”时禁止拆电插头。 2．检测电阻时，必须切断电源。 3．不准将指针式万用表或电瓶正极直接接到ECU上。 4．不同型汽车，传感器的结构原理基本相同，因此检测维修方法也基本相同。 5．故障排除后，一定要清除ECU中的故障码。	

课题二　汽油机电控燃油喷射系统电控单元检修

教学目标： 能正确检修电控单元（ECU）。 **训练器材：** ECU、万用表、解码器、常用工具等。	
操作步骤和技术要求及图示	
电控单元又称车载电脑或ECU，是一种电子综合控制装置。对于ECU和ECU外围电路及部件的故障可用电脑故障诊断仪诊断，但用万用表检测ECU各端子的技术参数（电阻或电压值）、外围电路的导通和技术参数、部件的技术参数则更经济、实用。 **1．用万用表对电控汽油喷射发动机进行检测应具备以下条件：** （1）电控汽油喷射系统简图。 （2）电控汽油喷射系统电路图。 （3）电控汽油喷射系统各端子连接标记与功用。 （4）电控汽油喷射系统技术参数（两端子间电压或电阻值）。	

2．检测时，应注意以下几点：

（1）在检测前，先检查熔丝和连接端子的状况，排除这些部位的问题后，再用万用表检测。

（2）不可在拔下发动机 ECU 连接器（插头）的情况下直接测量 ECU 各端子的电阻值，否则可能损坏 ECU。

（3）必须在 ECU 与插接器处于连接状态下，从线束插头的电线端（松开卡夹）插入万用表表笔，然后测量各端子的电压，如图 8—2—1 所示。

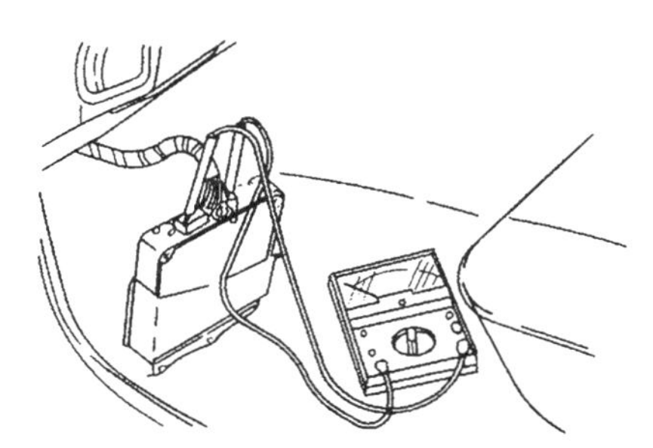

图 8—2—1　ECU 各端子电压的测量

（4）蓄电池的电压应不低于 11 V。

（5）万用表的内阻应不小于 10 kΩ。

（6）必须严格按照给定的测试条件检测 ECU 各端子的电压值和电阻值。

桑塔纳 2000GSi 型轿车发动机 ECU 有 80 个端子，它与一个 52 端子的插头（传感器的输入信号）和一个 28 端子的插头（控制执行元件的输出信号）相连接，如图 8—2—2 所示。发动机 ECU80 个端子中，有效端子 36 个，其余为备用端子，各端子与零部件的连接情况见表 8—2—1。

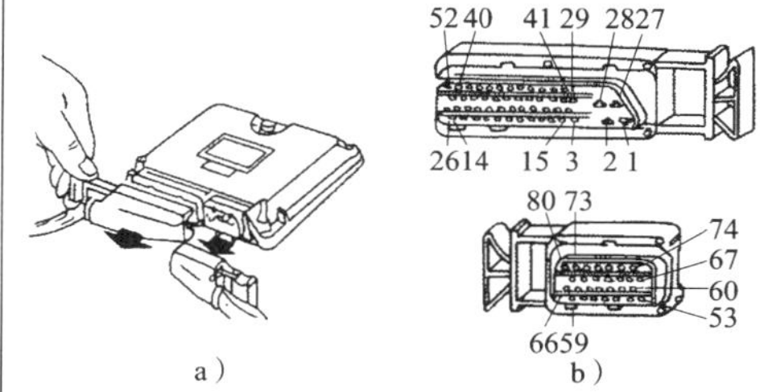

图 8—2—2　M3.8.2ECU 插座

a）拔下插头　b）插头端子

表 8—2—1　　桑塔纳 2000GSi 型轿车 J220 插座上各端子的连接情况

端子代号	连接部位	端子代号	连接部位
1	EFI 熔丝，受点火开关“15”端子控制	13	空气流量传感器信号正极
2	点火控制器接地线、爆震与曲轴位置传感器屏蔽线接地（在 J220 旁边）	15	活性炭罐电磁阀控制线
3	ECU 电源端子（连接电源“30”端子）	19	故障诊断触发信号线
4	电动燃油泵控制线	20	车速信号线
6	发动机转速信号线	25	氧传感器负极信号线
8	空调压缩机信号	26	氧传感器正极信号线
10	空调开关信号	27	氧传感器加热电源控制线
11	空气流量传感器电源信号线	53	冷却液温度传感器信号线
12	空气流量传感器负极	54	进气温度传感器信号线

续表

端子代号	连接部位	端子代号	连接部位
56	曲轴位置传感器正极信号	68	1、2 缸爆震传感器 G61 信号线
58	3 缸喷油器控制线	69	怠速开关信号线
59	怠速控制电动机电源负极	71	2、3 缸点火线圈初级电流控制线
60	3、4 缸爆震传感器 G66 信号线	73	1 缸喷油器控制线
62	凸轮轴位置传感器、节气门位置传感器、怠速节气门位置传感器电源线	74	怠速节气门位置传感器信号线
63	曲轴位置传感器负极信号线	75	节气门位置传感器信号线
65	4 缸喷油控制线	76	凸轮轴位置传感器信号线
66	怠速控制电动机电源正极	78	1、4 缸点火线圈电流控制线
67	凸轮轴位置传感器、冷却液温度传感器、进气温度传感器、怠速开关传感器、怠速节气门位置传感器、节气门位置传感器和爆震传感器负极信号线	80	2 缸喷油器控制线

第九单元 发动机总装和调试

课题一 发动机总装

<table>
<tr><td colspan="2">

教学目标：

1．熟悉发动机各主要部分的装配要点。

2．能进行发动机总成装配。

训练器材：

发动机总成、拆装台架、清洗检测工具、常用工具等。

</td></tr>
<tr><td>操作步骤和技术要求</td><td>图示</td></tr>
<tr><td>

一、发动机装配前的工作

1．清洗检查项目

（1）清洗曲轴箱、气缸盖、曲轴、连杆、凸轮轴、摇臂轴等关键零部件。

（2）清洗干净后用压缩空气将各零部件上的主油道、油孔、水道等吹干净。

（3）各零部件内外表面必须干净，无氧化皮、铁屑、灰尘等，不允许有碰伤、刮痕等。

2．发动机装配顺序

（1）缸体装配。

（2）曲轴装配。

（3）活塞连杆装配。

（4）安装后油封盖、封水端盖。

（5）机油泵装配。

（6）水泵总成、发电机支架装配。

（7）油底壳装配。

（8）装进水管总成、压缩机托架。

（9）装油位计导管、机油压力报警器。

（10）装飞轮齿圈总成、机油滤清器。

</td><td></td></tr>
</table>

(11) 装离合器从动盘总成。

(12) 气缸盖装配。

(13) 将气缸盖总成装配至曲轴箱上。

(14) 装燃油导轨总成、后罩壳焊接总成。

(15) 装氧传感器、凸轮轴、曲轴正时传动部件。

(16) 装前罩壳总成。

(17) 调整气门间隙。

(18) 装气缸盖罩总成，装火花塞。

(19) 装水泵传动带，拧紧支架、发电机相关螺栓。

(20) 装起动机、变速器总成、曲轴位置传感器。

(21) 装高压线圈，装发动机线束。

(22) 装左、右悬挂架总成、汽油机总成，下线。

二、发动机各主要部分的装配要点

1. 缸体的装配要点

选配主轴瓦，涂润滑油，各轴承盖顺序不能乱，注意轴承盖的箭头应朝向前端（图 9—1—1）。

(1) 按顺序把主轴承盖放好。

(2) 拆下主轴承盖。

(3) 将选配好的主轴瓦装入主轴承盖上。

(4) 将选配好的主轴瓦装入曲轴箱座孔上。

图 9—1—1　装入主轴瓦

2. 曲轴的装配要点

(1) 涂润滑油。主轴承盖按 5、4、3、2、1 的顺序依次装入曲轴箱，箭头指向发动机前端。注意装止推片一定要油槽对着曲柄臂（图 9—1—2）。

1) 主轴瓦内表面涂上润滑油。

2) 将曲轴装入曲轴箱轴承座中。

3) 曲轴主轴颈外表面涂上润滑油。

4) 装上曲轴止推片。

注意：不能装反。

图 9—1—2　装入曲轴

5）用塞尺测量曲轴的轴向间隙（0.08 ~ 0.20 mm）。

（2）按 3、2、4、1、5 的顺序逐渐均匀地拧紧螺栓，拧紧力矩为 43 ~ 48 N•m。曲轴轴向间隙应为 0.15 ~ 0.20 mm（图 9—1—3）。

1）将主轴承盖按 5、4、3、2、1 的顺序依次装入曲轴箱。

2）将主轴承盖螺栓拧入 2 ~ 3 牙。

3）将主轴承盖螺栓按 3、2、4、1、5 的顺序依次拧紧。

（3）拧紧螺栓后，要保证用手旋转时曲轴能顺利地转动。

3．活塞连杆的装配要点

（1）选同质量组的连杆、活塞（图 9—1—4）。挑选出四条同一质量组的连杆，选配四个同一质量组的活塞。

（2）装好活塞环（气环和组合油环），调整气环、组合油环开口的位置（图 9—1—5）。

1）装入活塞销和活塞销卡环。

2）将组合油环片环装入活塞环槽。

3）装第 1、第 2 道活塞环，调整气环、组合油环开口的位置（图 9—1—6）。

（3）选配好连杆瓦。活塞与连杆装配前，在活塞销和连杆小头孔涂上润滑油。

图 9—1—3　拧入主轴承盖螺栓

图 9—1—4　选同质量组的连杆、活塞

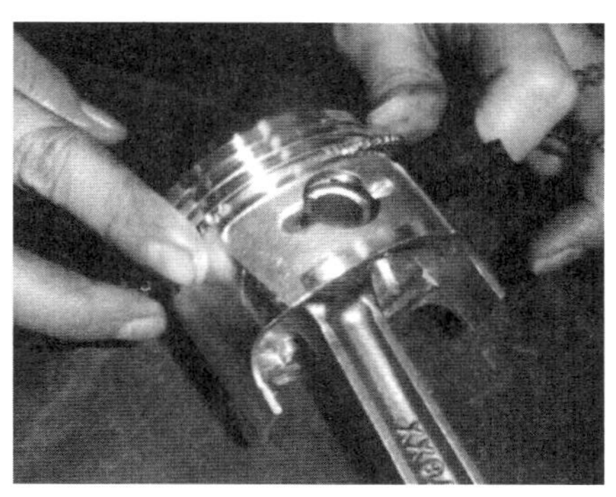

图 9—1—5　装活塞环

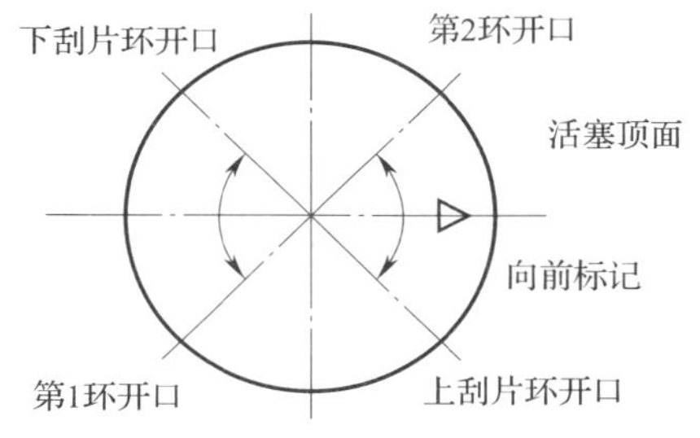

图 9—1—6　活塞环开口位置

1）在连杆大头孔内装连杆瓦（图 9—1—7）。

2）在连杆盖上装连杆瓦。

（4）活塞和连杆的相对位置：活塞顶部的箭头指向前端，油孔对着进气侧；安装连杆盖时，连杆盖的止口槽要对着连杆体的止口槽。

1）在活塞环外表面均匀涂上润滑油。

2）把专用工具从连杆大头套进活塞裙部。

3）活塞连杆总成入缸（图 9—1—8）。

（5）连杆盖螺栓的拧紧力矩为27.46 ~ 31.38 N•m。

注意：

◆ 把活塞放进缸孔时，要使用活塞环套筒，不能刮伤缸孔。

◆ 活塞顶部箭头指向缸体前端。

◆ 分解时写在活塞顶部的号码要与气缸号码一致。

◆ 把连杆轴瓦装上曲轴前，要用润滑油润滑轴瓦。

◆ 把活塞放进缸孔前，要加润滑油润滑缸孔。

4．气缸盖的装配要点

（1）装凸轮轴时涂上润滑油。

（2）进、排气门不能装错。

（3）注意装气门油封时要压装到位。

（4）气门弹簧装对（有色标一端朝上，即螺距小一端在底下）。

（5）凸轮轴油封不能被刮伤。

（6）装各运动部件时都要涂上润滑油。

（7）凸轮轴止推间隙为 0.05 ~ 0.15 mm。

（8）装摇臂轴时要注意检查进、排气侧摇臂轴油孔是否对正气缸盖油孔。

（9）在分电器座密封垫两面均匀涂上适量平面密封胶。

（10）凸轮轴位置传感器上两螺栓螺纹部位、真空助力接头和 PCV 阀螺纹部位均需均匀涂适量厌氧胶。

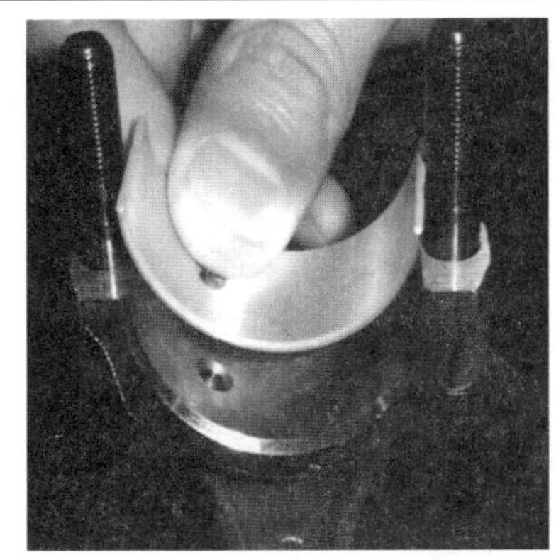

图 9—1—7　装连杆瓦

图 9—1—8　活塞连杆总成入缸

5．装配正时传动组件要点

（1）将凸轮轴正时带轮键槽对准凸轮轴及键套入凸轮轴，转动凸轮轴带轮，使凹点标记朝下对准标记。用螺栓 M12×1.5×28 预紧、拧紧，螺栓拧紧力矩 55 ～ 65 N • m。

（2）将挡片（卷边朝发动机后方）套入曲轴，将键 5×19（两个）轻轻敲入曲轴和凸轮轴键槽内。

（3）将曲轴正时带轮键槽对准曲轴及键套入曲轴。转动曲轴正时带轮，使键槽朝上对准标记（图 9—1—9）。

图 9—1—9　正时传动组件安装

（4）安装张紧轮总成。带肩螺栓 M8×40、M8×25 螺纹部位涂适量厌氧胶（螺栓前端 10 mm 螺纹部位）。分别预紧这两个带肩螺栓，螺栓拧入水泵螺纹孔 3 ～ 4 牙。使各标记在同一直线上，将正时传动带不靠张紧轮一侧拉紧后套进两个正时带轮。张紧轮总成带肩螺栓 M8×40 和 M8×25 的拧紧力矩为 18 ～ 28 N • m。

注意：*正时传动带背面的箭头标记朝向顺时针方向。*

（5）用旋具使扭簧一端钩挂于张紧轮支撑板缺口，另一端扭簧长拐钩挂于水泵左边的紧固螺栓头上，正时传动带依靠扭簧的作用自行张紧。检查正时传动带松紧度是否合适（对传动带施加 29.4 N 压力时，传动带挠度为 5.5 ～ 6.5 mm）。

注意：*装配后检查，旋转曲轴两周，确认安装标记在同一直线上。*

6．调整气门间隙的要点

（1）1、4 活塞处于上止点，调整发动机冷态气门间隙。

1）转动飞轮，确认凸轮轴正时带轮的“●”标记与后罩壳的“↑”标记对准（图 9—1—10）。

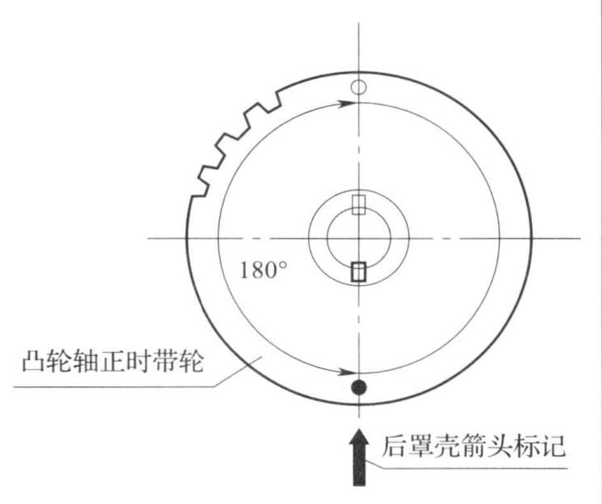

图 9—1—10　正时标记

2）用工具松开摇臂调整螺母，转动摇臂调整螺钉。

3）将塞尺插入到调整螺钉与气门杆端之间，调整1进、1排、2进、3排气门间隙（图9—1—11）。

4）确认气门间隙在0.13～0.18 mm之间，保持气门调整螺钉稳定，取出塞尺，拧紧螺母（拧紧力矩18～20 N • m）。

（2）转动飞轮，确认凸轮轴正时带轮的“•”标记与后罩壳的“↑”标记成180°角，按上述方法调整4进、4排、2排、3进气门间隙，并拧紧螺母。

（3）装配技术要求。调整螺钉与气门杆端的间隙为0.13～0.18 mm，且各气门间隙要均匀。气门间隙（冷态）：通0.13 mm塞尺，止0.18 mm塞尺。

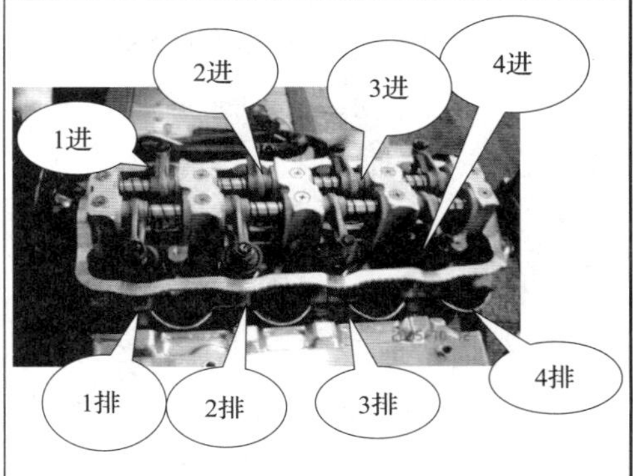

图9—1—11　进、排气门

7．气缸盖总成装配至曲轴箱上要点

（1）气缸垫上有“IN”标记的在进气侧，有“EX”标记的在排气侧，有“TOP”标记的一面朝上、朝前。

（2）油孔要对正。

（3）气缸盖装到曲轴箱上时要注意位置正确，关键是进气孔。

（4）螺栓拧紧顺序如图9—1—12图示，拧紧力矩为54～60 N • m。

图9—1—12　螺栓拧紧顺序

8．装发电机托架、支架要点

（1）拧紧托架螺栓时，必须先预紧靠端面的螺栓。

（2）发电机托架螺栓拧紧力矩值：30±2.5 N•m。

9．安装整体式交流发电机总成及水泵传动带要点

（1）水泵传动带不允许有油污。

（2）传动带张紧力应在400～700 N范围内。

（3）发动机及支架螺栓应按规定力矩拧紧。

10．发动机总成加油时的注意事项

（1）发动机润滑油为SF级15 W–40，加油量为3 L。

（2）发动机外部不允许有残留油液。

课题二 发动机气缸密封性检测

教学目标：

1. 能使用气缸压力表测量气缸压力。

2. 能对测量的气缸压力值进行分析。

训练器材：

发动机故障实训台、维修手册、气缸压力表、密封胶、专用工具、常用工具等。

操作步骤和技术要求及图示

气缸密封性与气缸体、气缸盖、气缸垫、活塞、活塞环和进、排气门等零件的技术状况有关。在发动机使用过程中，由于这些零件磨损、烧蚀、结焦或积炭，导致气缸密封性下降，使发动机功率下降，燃油消耗率增加，使用寿命大大缩短。气缸密封性是表征发动机技术状况的重要参数。

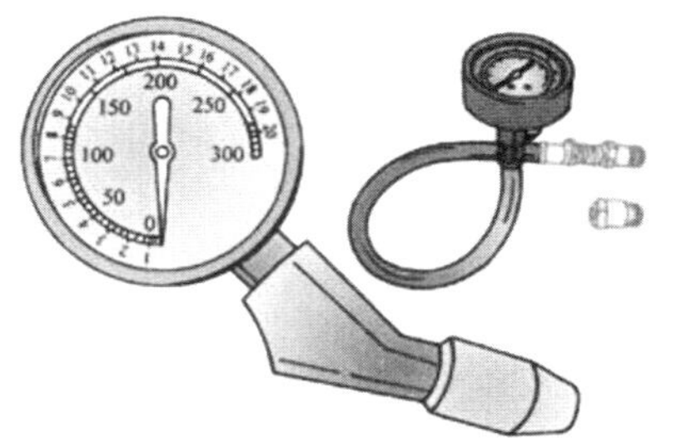

图 9—2—1 气缸压力表

一、气缸压缩压力的检测方法

将弹簧管式压力表配装一个止回阀和放气阀，就组成了测量气缸压缩压力的气缸压力表，如图 9—2—1 所示。用机械式压力表测量气缸压缩压力时，测量误差较大（测量结果不仅与气缸密封性有关，还与转速有关）。

1. 检测条件

将发动机预热至正常工作温度，用起动机带动发动机转动，转速应在生产厂家规定的范围内。

图 9—2—2 拆除点火线圈

2. 检测方法

(1) 拆除空气滤清器。

(2) 清理点火线圈周围的脏物，以防灰尘掉入气缸。拆下点火线圈，如图 9—2—2 所示。

(3) 拆下全部火花塞，如图 9—2—3 所示。

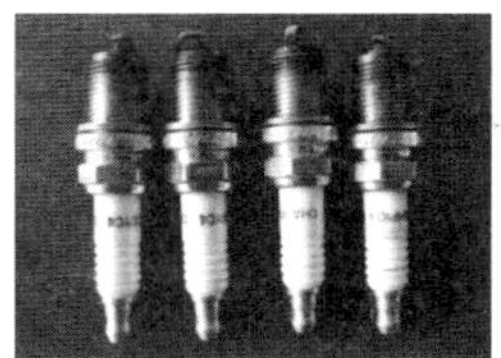
图 9—2—3 拆除火花塞

（4）使节气门处于全开位置，进气量最大化，如图 9—2—4 所示。

（5）把专用气缸压力表的锥形橡胶头插在被测量气缸的火花塞孔内，用手压紧，如图 9—2—5 所示。

（6）用起动机带动发动机转动 3 ~ 5 s，转速为 150 ~ 180 r/min，待气缸压力表指针指示稳定并保持最大压力读数时停止转动。

（7）取下气缸压力表，记下读数，按下单向阀使压力表指针回零。

（8）按此方法依次测量各缸的压缩压力。各气缸测量三次，取平均值。

（9）各缸的压力值不能低于规定压力值的 80%，各缸之间的压力差不得大于 5%。

图 9—2—4　节气门全开

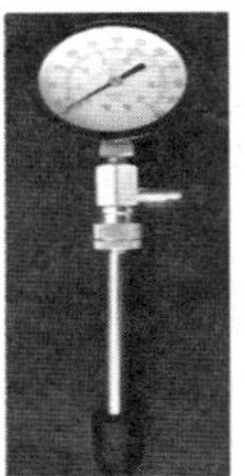

图 9—2—5　读取气缸压力

二、测量结果分析

表 9—2—1 为几种常见车型气缸压缩压力值。

表 9—2—1　　几种常见车型气缸压缩压力值

发动机型号	压缩比	气缸压缩压力值（kPa）	各缸压力差（kPa）
奥迪 100 1.8 L	8.5	新车：800 ~ 1 000 极限：650	≤ 300
捷达 EA827	8.5	900 ~ 1 100	≤ 300
桑塔纳 AJR 1.8 L	9.3	1 000 ~ 1 350	≤ 300
富康 TU3	8.8	1 200	≤ 300
解放 CA6102	7.4	930	≤ 230
东风 EQ6100	6.75	833	≤ 200
五十铃 4 JB1	18.2	3 100	≤ 650

1．测量结果大于规定值，表明燃烧室积炭过多或气缸衬垫过薄，缸体与缸盖接合平面磨损过大。气缸压力过大，会影响发动机的使用寿命。

2．检测结果小于规定值，可先向该缸火花塞（喷油器）孔内注入少量机油，然后重测气缸压力。如果第二次测量值比第一次高，并接近规定值，则表明活塞、活塞环磨损过大或活塞环对口、断裂、卡死及缸壁拉伤等原因造成气缸密封不良；如果第二次测量值仍达不到规定值，表明进、排气门或气缸衬垫等不密封。

三、用气缸压力表诊断发动机故障

在汽车发动机故障诊断中，通过观察气缸压力表的读数变化，就可以迅速准确地诊断出气缸内的一些机件故障。以下介绍四种判断方法：

1．方法一

现象：在起动机刚转动的瞬间，气缸压力表的指针上升很少；随着起动机转动时间的延续，指针又慢慢上升，但升高值不大；最终指针不动时，压力表的读数仍很低。

故障原因：该缸的气门不密封。可能是气门、气门座圈被烧坏，或气门间隙过小，或气门被积炭杂质卡住所致。

2．方法二

现象：在起动机刚转动的瞬间，气缸压力表的读数很低；随着起动机转动时间的延续，气缸压力由低逐渐升高，但最终读数要比该气缸压力的标准值低。

故障原因：活塞与气缸壁不密封。可能是活塞环严重磨损、折断、被胶质粘接、对口，或气缸壁磨损、拉伤，或活塞严重磨损所致。

3．方法三

现象：相邻两气缸的压力相等，且都偏低。

故障原因：相邻两缸串通。可能是相邻两缸的气缸垫被烧穿，或气缸盖、气缸体上下平面不平所致。

4．方法四

现象：各缸压力都低。

故障原因：凸轮轴正时齿轮的半圆键磨损过甚或移位所致。

课题三　发动机怠速的检查与调整

教学目标：

能检查和调整发动机怠速。

训练器材：

发动机故障实训台、解码器、万用表、维修手册、专用工具、常用工具等。

操作步骤和技术要求	图示

发动机怠速运转时，ECU根据各传感器输入的信息即时控制怠速电动机正转或反转，通过蜗轮蜗杆传动机构，使柱塞回缩或伸出，顶动ISC杠杆驱动节气门在怠速时的开度大小，从而即时控制发动机怠速运转，如图9—3—1所示。在柱塞顶部设有怠速触点开关，此开关信号输入ECU，感知发动机是否处于怠速工况。同时，电动机所处的即时位置，由电动机位置传感器反馈给ECU。

在调整怠速前，电气元件检测的参数值，必须满足规定技术条件。

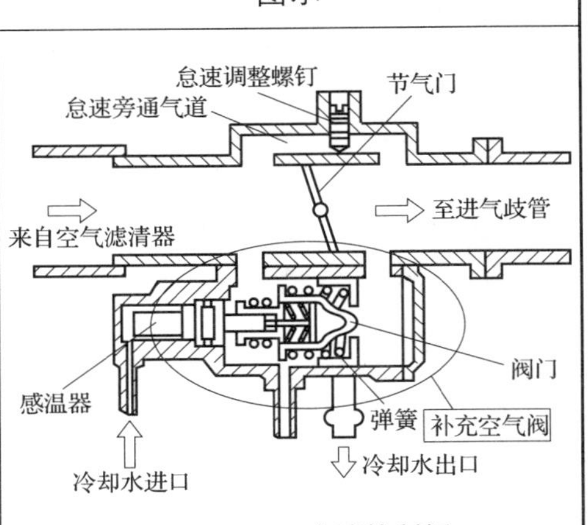

图9—3—1　怠速控制阀

一、调整怠速时的技术条件

1．发动机冷却水温须达到80～95℃。

2．所有的附属设备，如灯、空调、电动冷却风扇等关闭。

3．装有自动变速器的车辆，挡位应处于P或N位。

4．如有助力转向装置，转向盘应在中间位置。

5．点火正时正确。

6．检查节气门是否发卡。节气门拉索的自由行程AT为2～3 mm，MT为0～1 mm。

二、调整方法

1．设置怠速伺服机构的初始位置。点火开关置“OFF”，柱塞伸出至怠速位置，15 s后缓慢回缩，确保柱塞机构在完全缩回的位置上（图9—3—2）。

图9—3—2　设置怠速伺服机构初始位置

2．起动发动机，使其怠速运转；用怠速调节螺钉（图 9—3—3）将转速调整到 600 ～ 800 r/min 范围内；再把调整螺钉拧进，直到转速开始上升，然后拧出直到发动机转速开始下降，从此位置再拧出 1/2 圈。

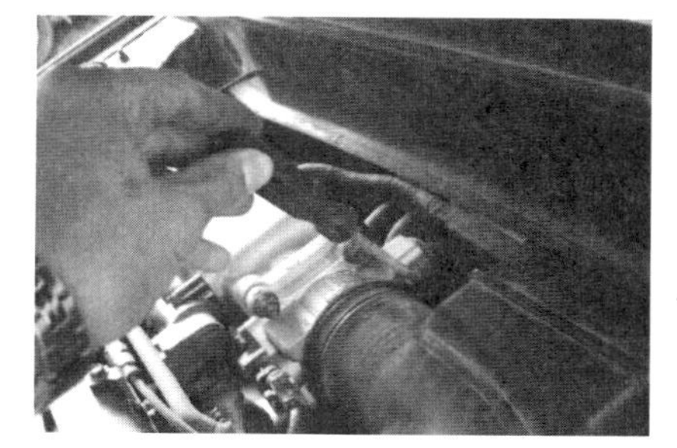

图 9—3—3　调整怠速调节螺钉

3．调整节气门位置传感器。点火开关置“ON”，用数字万用表检查节气门位置传感器输出电压是否在 0.48 ～ 0.52 V 范围，如不符，松开 TPS 安装螺钉进行调整，顺时针转动 TPS 电压增大，反之减小。

三、节气门拉索的检查

节气门拉索是驾驶员控制发动机的唯一环节。节气门拉索出现故障是相当危险的。拉索必须操作顺畅并应进行正确的调整，保持少量自由行程。节气门拉索检查如图 9—3—4 所示。

图 9—3—4　节气门拉索检查

节气门拉索过量偏移能导致加速反应迟缓，阻碍节气门完全开启。而偏移不足将会使加速反应过于迅速，造成车辆行驶不稳；此外，在出现较小的机械故障的情况下，偏移不足还会妨碍节气门关闭。

四、调整后的怠速转速检查

重新插上所有的插头，起动发动机，检查怠速转速。如怠速转速正确，清除调整期间 ECU 所储存的故障码。再次启动时，新的数据将储存在 ECU 中。

第十单元　离合器检修

课题一　膜片弹簧离合器检修

教学目标：

1．掌握离合器主要零部件的检修方法。

2．能进行膜片弹簧离合器装配及调整。

训练器材：

膜片弹簧离合器总成、变速器总成、拆装用夹具、常用工具和量具等。

操作步骤和技术要求及图示

一、离合器的拆卸（以桑塔纳轿车离合器为例，其他膜片式离合器操作方法相似）

1．从车上拆下离合器总成

（1）拆卸离合器时，首先要拆下变速器（图 10—1—1）。

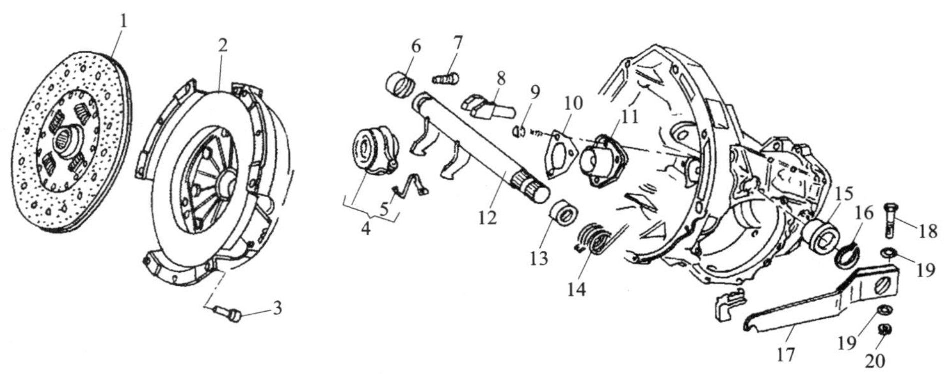

图 10—1—1　离合器结构

1—离合器从动盘总成　2—离合器压盘总成　3、9、18—螺栓　4—分离轴承　5—弹簧　6—分离叉轴衬套　7—固定螺钉　8—拉索　10、19—垫圈　11—分离轴承导向套管　12—分离叉轴　13—橡胶防尘套　14—回位弹簧　15—衬套座　16—卡簧　17—离合器驱动臂　20—螺母

（2）用专用工具将飞轮固定，然后将离合器的固定螺栓对角拧松，注意观察压盘和飞轮的装配标记（图 10—1—2）。取下压盘总成和离合器从动盘。

（3）用 A=23.5 ～ 78.5 mm 的内拉头拉出分离轴承。

（4）拆下分离轴承导向套、衬套座和回位弹簧。

（5）用尖嘴钳取出卡簧、衬套座和分离叉轴。

2．离合器压盘总成的分解

膜片弹簧离合器压盘总成的分解如图 10—1—3 所示。

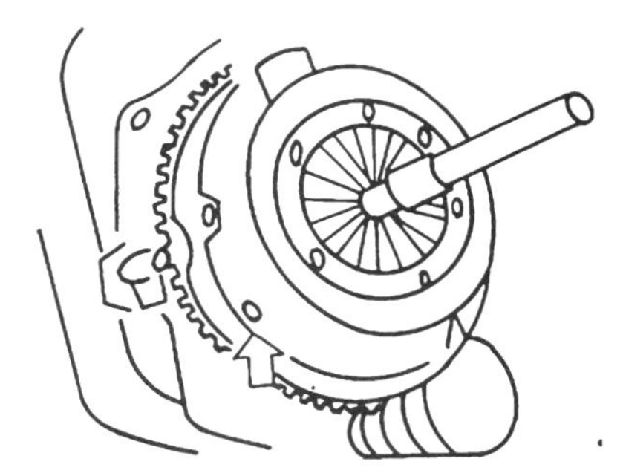

图 10—1—2　离合器的拆装

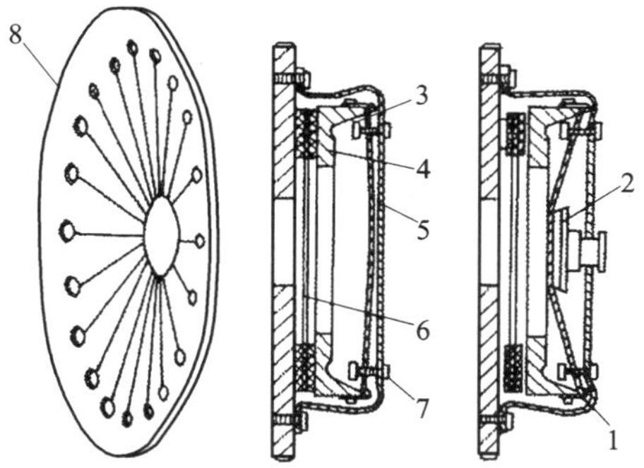

图 10—1—3　膜片弹簧离合器压盘总成的分解

1—分离钩（回位弹簧片）　2—分离轴承　3—支撑环　4—压盘　5—膜片弹簧　6—从动盘　7—支撑环定位螺钉　8—膜片弹簧

二、主要零部件检修

1．从动盘检修

从动盘是离合器的主要部件，其常见损伤有：花键套的键齿磨损，钢片和花键毂之间的减振弹簧过软或折断，钢片与花键毂铆钉松动，钢片翘曲破裂，摩擦衬片磨损、烧蚀、硬化和破裂，以及铆钉松动等，要认真检验与修理。

（1）从动盘摩擦衬片出现磨损、烧蚀、硬化、油污、破裂以及铆钉松动时，应更换从动盘总成。

（2）用游标卡尺检查铆钉沉入摩擦片表面的深度，应不小于 0.20 mm（磨损极限为 0.30 mm），否则应更换摩擦片。

（3）从动盘毂与变速器第一轴花键的配合间隙超过 0.60 mm 时，应更换从动盘毂或第一轴（检查方法与螺旋弹簧离合器从动盘相同）。

(4) 用百分表检查摩擦片的轴向跳动（图 10—1—4），在离外边缘 2.5 mm 处，从动盘端面摆差应不超过 0.4 mm，否则应更换摩擦片。

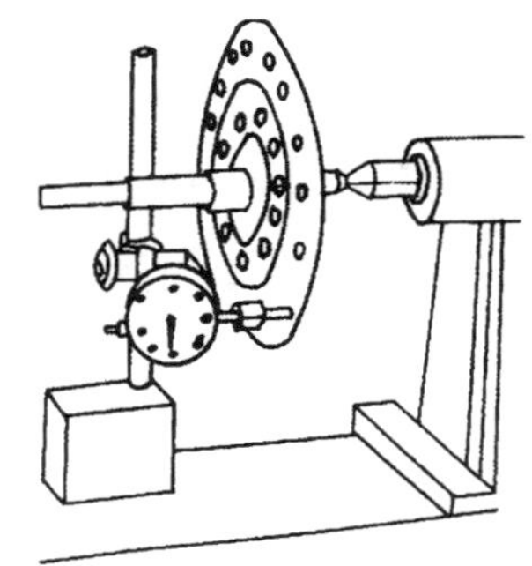

图 10—1—4 检查从动盘的轴向跳动

2. 膜片弹簧检修

膜片弹簧磨损的检查如图 10—1—5 所示。如磨损深度超过 0.6 mm、宽度超过 5 mm 时，必须更换膜片弹簧。

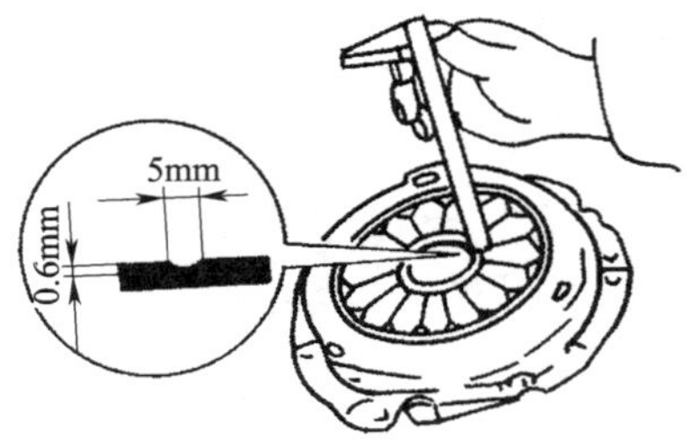

图 10—1—5 膜片弹簧磨损的检查

3. 飞轮平面度的检查如图 10—1—6 所示，如平面度误差大于 0.30 mm，接触面有偏磨损状态、裂纹、变色或拉伤沟槽深度超过 0.5 mm 时，应磨修或更换飞轮。

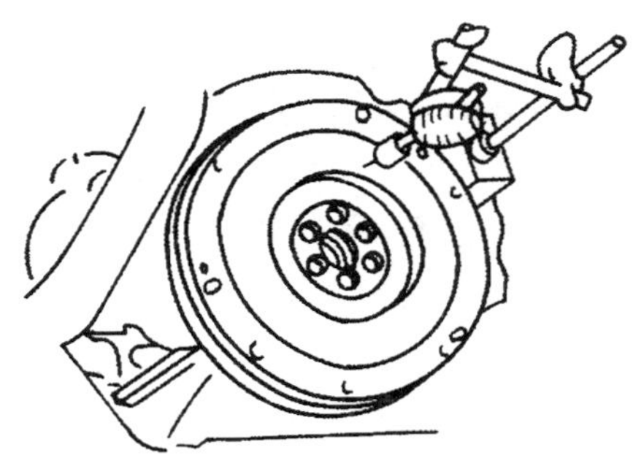

图 10—1—6 飞轮平面度的检查

4. 压盘检修

压盘工作平面烧蚀、龟裂、划伤不严重时，可用油石打磨光滑；沟槽深度超过 0.50 mm 或平面度误差超过 0.12 ~ 0.20 mm 时应磨削修复，但磨削总量不能超过限度，一般为 1 ~ 1.5 mm，磨削后需重新进行平衡。

5. 离合器盖检修

离合器盖端面的平面度误差超过 0.50 mm 时，应予以校正，裂纹应焊修。

三、离合器的装配与调整

1. 离合器的装配

(1) 离合器的各零件经检修后，清洁并摆放整齐。装配时一定要对准拆卸时的记号，不能装错。

(2) 离合器盖总成组装，用特制的压盘螺栓与螺母将压盘固定在夹紧板（即传动片）上，按规定的力矩拧紧。

(3) 离合器的安装，用专用工具（SST）把从动盘及离合器盖安装到飞轮上，如图 10—1—7 所示。注意从动盘上有（飞轮侧）标记的一面应朝向飞轮，如图 10—1—8 所示。对准飞轮上的装配记号，均匀、交叉地拧紧离合器的固定螺栓，拧紧力矩为 23 N • m。

（4）装上分离轴承，安装回位弹簧一端支撑在罩壳上，另一端与拨叉相连，如图 10—1—9 所示。

（5）装上橡胶防尘套，再将挡圈预压至 A = 18 mm 处锁死，分离轴承锁紧力矩为 15 N • m。

2．离合器的调整

（1）离合器踏板自由行程为 15 ~ 20 mm，总行程为（150±5）mm。

分离轴转动臂的安装位置如图 10—1—10 所示，VP 发动机的安装尺寸 a =（200±5）mm，JV 发动机分离轴转动臂应与分离装置罩壳的接触面在同一直线上。

（2）膜片弹簧尖头对位检查。如图 10—1—11 所示，用塞尺和专用工具之间的间隙，如所测量间隙超过 0.5 mm，应进行调整。

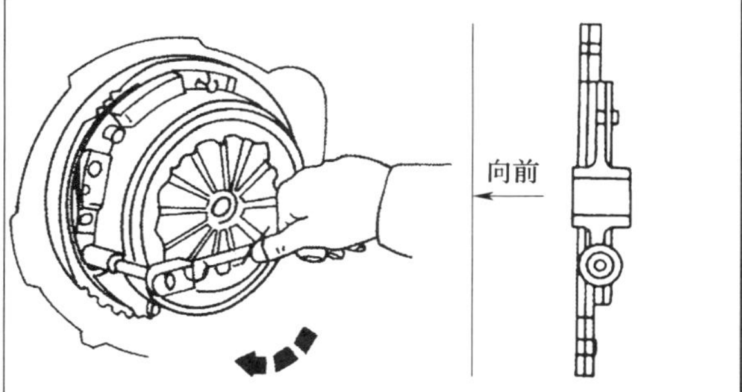

图 10—1—7　离合器安装　　图 10—1—8　从动盘安装

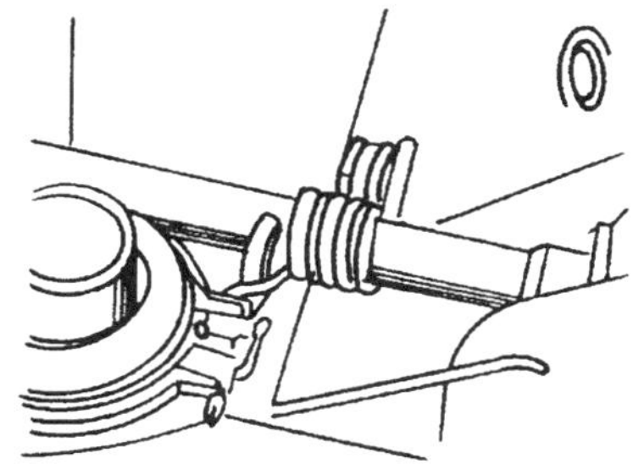

图 10—1—9　离合器回位弹簧的安装

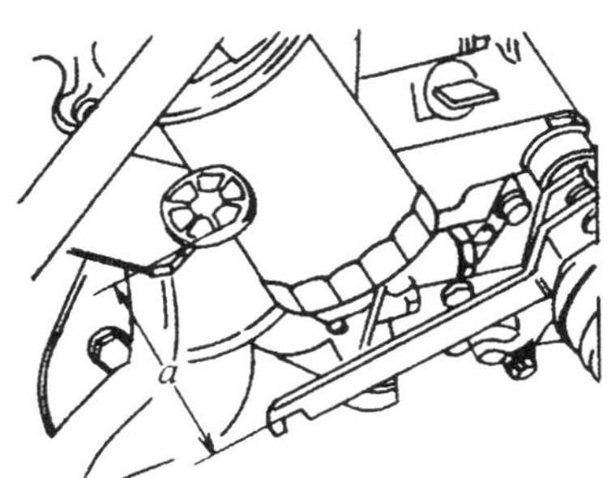

图 10—1—10　分离轴转动臂的安装位置

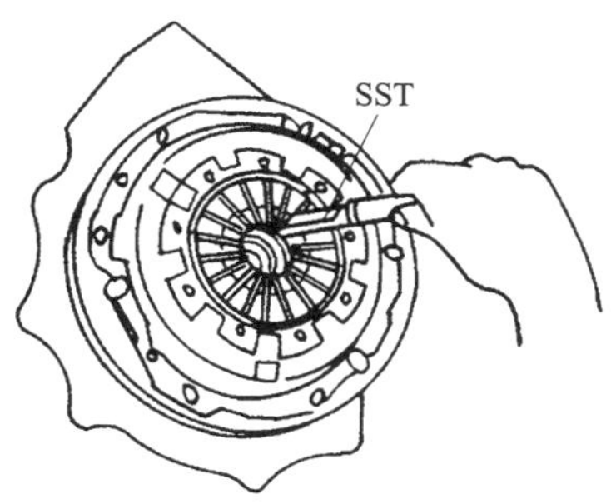

图 10—1—11　膜片弹簧尖头对位检查

课题二　周布螺旋弹簧式离合器检修与调整

教学目标：

1．掌握周布螺旋弹簧式离合器的检修方法。

2．能进行周布螺旋弹簧式离合器调整。

训练器材：

整车、周布螺旋弹簧式离合器总成、变速器第一轴、游标卡尺、离合器分解专用工具。

操作步骤和技术要求及图示

一、离合器的拆卸

1．在离合器压盘总成和飞轮上做好装配对合标记。

2．对角分别拧下离合器压盘总成紧固螺栓，卸下离合器压盘总成和从动盘总成。

二、离合器压盘总成的分解

1．把离合器压盘总成放在专用压具上（图 10—2—1），将离合器弹簧压缩，拆下分离杠杆调整螺钉的锁紧螺母与调整螺母，拆下传动片螺栓座上的螺栓，如图 10—2—2 所示。

2．慢慢卸去压具上的压紧力，取下离合器盖、弹簧等，如图 10—2—3 所示。

三、清洗

将所有的零件进行清洗，以备检查。

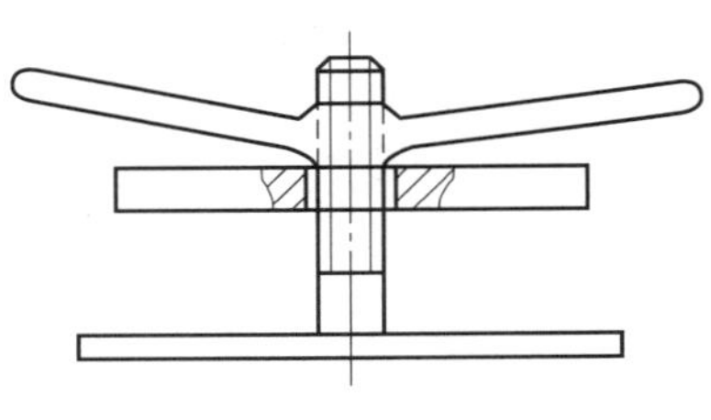

图 10—2—1　专用压具

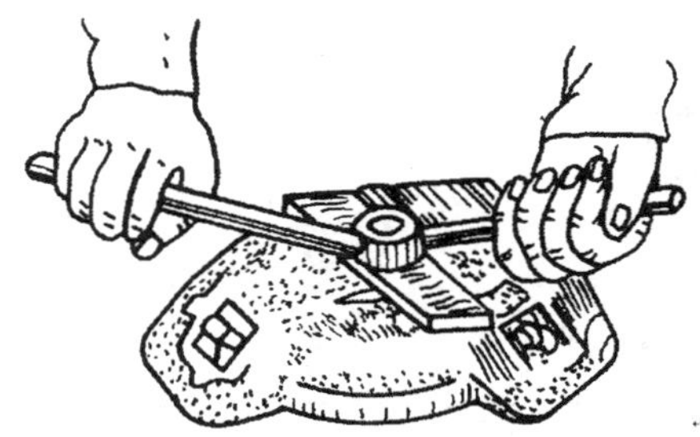

图 10—2—2　离合器压盘总成拆装

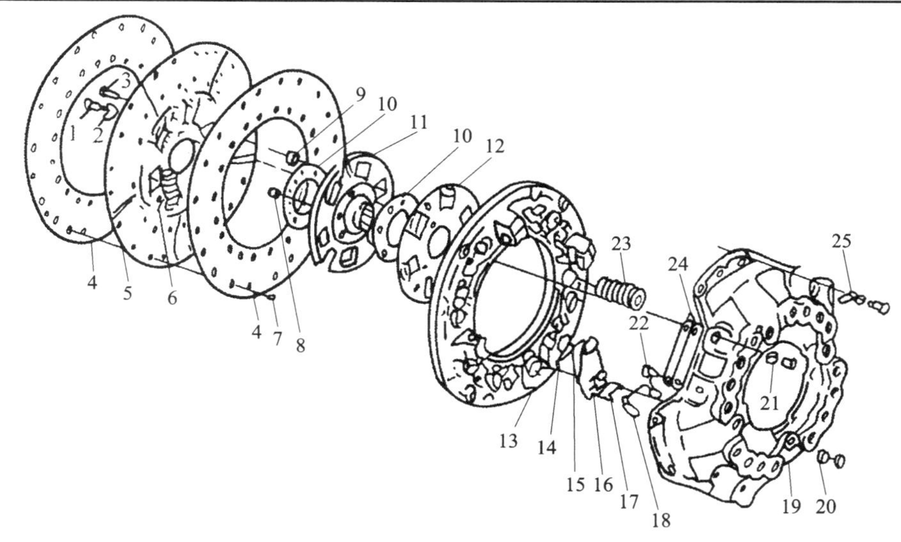

图 10—2—3　东风 EQ1090E 车型离合器分解图

1—减振器阻尼弹簧铆钉　2—减振器阻尼弹簧　3—从动盘铆钉　4—离合器摩擦片　5—离合器从动盘　6—减振器弹簧　7—离合器摩擦片铆钉　8—减振器阻尼片铆钉　9—从动盘铆钉隔套　10—减振器阻尼片　11—从动盘毂　12—离合器减振盘　13—离合器压盘　14—分离杠杆调整螺钉　15—分离杠杆浮动销　16—分离杠杆　17—分离杠杆摆动块　18—分离杠杆弹簧　19—离合器盖　20—分离杠杆调整螺母　21—压盘传动片螺栓座　22—传动片铆钉　23—压盘弹簧　24—压盘传动片　25—离合器平衡片

四、离合器零件的检修

1．从动盘

(1) 摩擦衬片。表面不能沾有油污，不能有烧蚀和硬化现象。从动盘钢片与接合盘铆钉不能松动或断裂，铆钉头应低于摩擦衬片表面 0.5 mm（EQ1090 车型要求不少于 1 mm），如图 10—2—4 所示。测量摩擦片厚度，应符合标准规定（表 10—2—1），否则应更换从动盘。

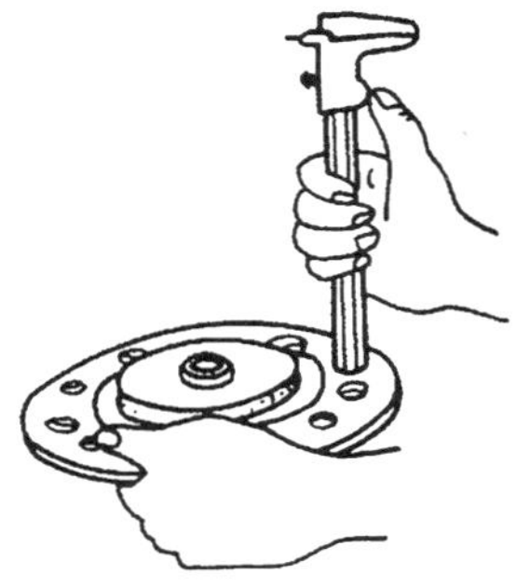

图 10—2—4　离合器摩擦衬片的检查

表 10—2—1　摩擦衬片单片厚度

车型＼厚度	摩擦衬片单片厚度（mm）	
	标准	极限
解放 CA1092	3.5	2.8
东风 EQ1090	3.6	3

（2）从动盘钢片。不能有翘曲现象，可用平板或专用检查设备检查（图 10—2—5）。若在钢片半径 120 ~ 150 mm 处偏摆超过 0.70 mm，应进行校正（图 10—2—6）。

（3）从动盘毂。铆钉不能松动，减振器工作正常，内花键与变速器第一轴外花键的配合应正常，否则应更换新件。CA1091、EQ1090E 车型的配合间隙为：原厂尺寸为 0.185 ~ 0.03 mm，许用尺寸为 0.03 ~ 0.35 mm，使用极限为 0.60 mm。

2．压盘

压盘若有裂纹、缺陷或修磨后的厚度小于极限尺寸，均应更换新件。修磨厚度不得减小 1.5 mm。如表面烧蚀、龟裂或磨损沟槽超过 0.5 mm，可以通过光磨法修平后使用。

3．压盘弹簧

检查其自由长度、弹力（图 10—2—7）、倾斜度（图 10—2—8）、折断情况，有隔热垫的应检查隔热垫的损坏和裂纹（避免热量传至弹簧）。压盘弹簧主要技术参数见表 10—2—2。对不符合技术标准的压盘弹簧应进行更换。

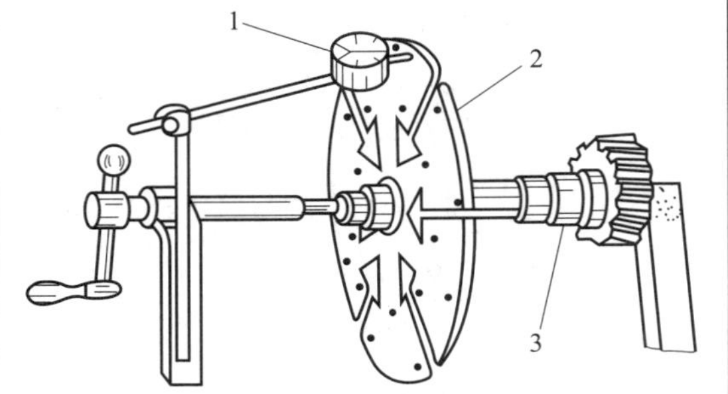

图 10—2—5 钢片端面圆跳动误差的检查

1—百分表 2—钢片 3—变速器第一轴

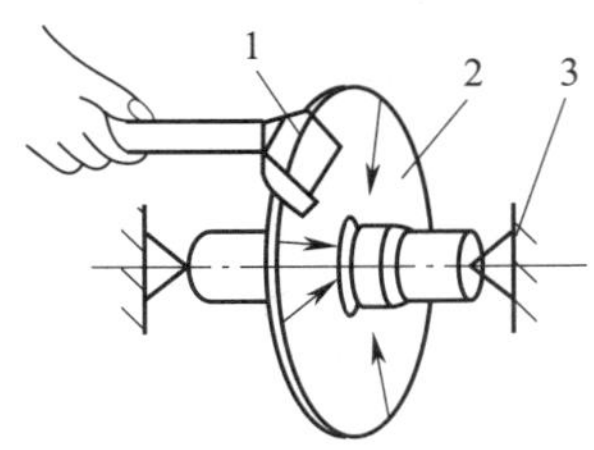

图 10—2—6 钢片校正

1—扳钳 2—钢片 3—支架

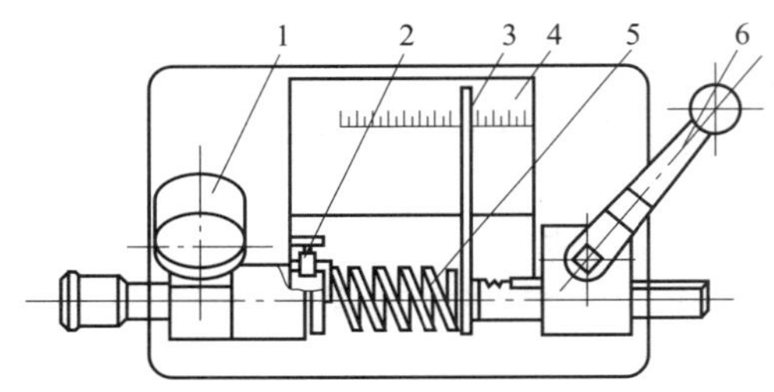

图 10—2—7 压盘弹簧弹力检查

1—油压表 2—螺钉 3—指针

4—刻度板 5—压盘弹簧 6—手柄

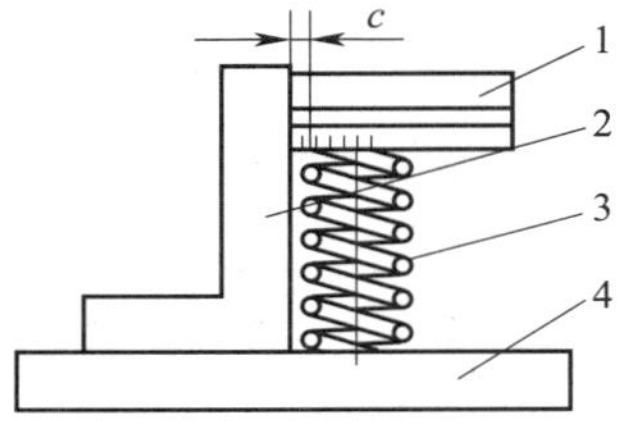

图 10—2—8 压盘弹簧倾斜度检查

1—钢直尺 2—直角尺 3—压盘弹簧 4—平板

表 10—2—2　压盘弹簧主要技术参数

车型	自由长度（mm）	压缩长度（mm）	压力（N）		
			原厂规定	大修允许	使用限度
解放 CA1092	70.5 ± 1.5	42	480 ~ 559	441 ~ 558.6	392
东风 EQ1090E	67	43	618 ~ 696	588 ~ 696	570

注：同一组弹簧自由长度差不大于 2 mm，压缩到规定长度时的压缩力差不大于 39 N。

4．分离杠杆

分离杠杆不得有裂纹和变形，内端面磨损量一般要求不大于 1 mm（图 10—2—9），超过时应进行焊修。

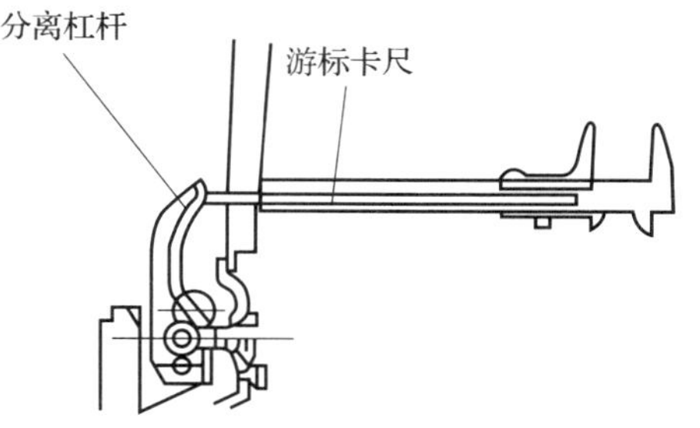

图 10—2—9　离合器分离杠杆测量

5．离合器盖

离合器盖不能有裂纹。变形检验如图 10—2—10 所示，变形超过 0.5 mm 时应进行修整。

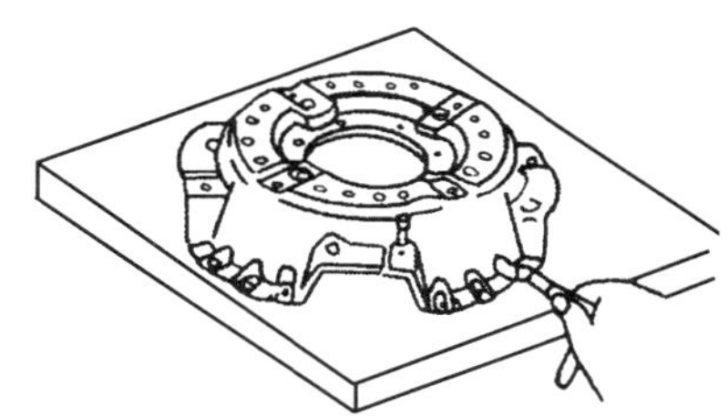
图 10—2—10　离合器盖变形检验

6．分离轴承

分离轴承转动应灵活，无尖锐的响声或卡滞现象，轴向间隙不得超过 0.60 mm，内座圈磨损量不得超过 0.30 mm（图 10—2—11），超过规定值应更换新件。密封式分离轴承不可用煤油或汽油清洗，否则轴承会失效，保养时用布擦去油污即可。

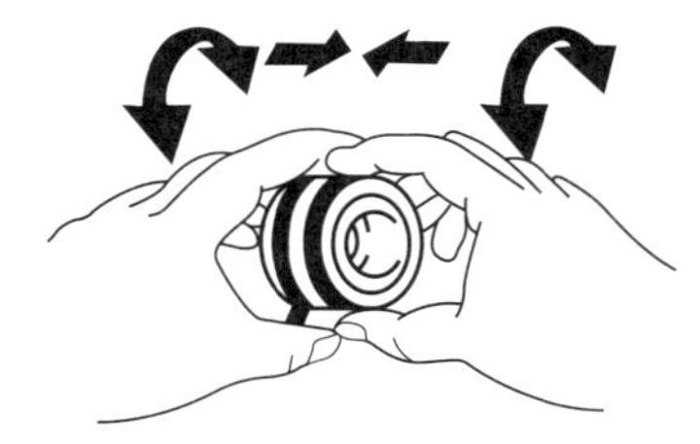
图 10—2—11　离合器分离轴承检查

五、离合器总成的装配

1．将压缩弹簧、离合器盖等零件装合为压盘总成。

2．将压盘总成装至飞轮上，将传动片置于飞轮与压盘间（短毂朝前）。用变速器第一轴作为导向杆，将压盘总成对准记号，然后用螺栓分批均匀地将其紧固在飞轮上。

3．注意事项

（1）从动盘毂不得装反。如 CA1091 车型两从动盘毂较短的一面应相对；JN1150、JN1151 车型两从动盘毂较短的一面朝前（飞轮）；BJ2021、EQ1090E 车型带减振器的一面朝后，应先装四只传动片螺栓以移动。

(2) 为了保证曲轴与从动盘的同轴度，以便安装变速器第一轴，一般应另取一个变速器第一轴，插入从动盘轴套与曲轴后端中心孔作为导向。 (3) 离合器与飞轮应对正记号（包括平衡块在相应的位置上）装配，以免影响平衡。 (4) 各紧固螺栓应分次对角拧紧，以免离合器盖发生变形。	

六、离合器分离杠杆高度的调整

按技术标准将分离杠杆端部至从动盘表面（或飞轮表面）的距离调整好[解放CA1092车型离合器分离杠杆上端面至压盘工作面之间的距离为（41±0.25）mm，东风EQ1090E车型离合器分离杠杆上端面至压盘工作面之间的距离为（35.4±0.2）mm]；并使杠杆端部位于同一平面内，误差值应符合要求（解放CA1092车型离合器不大于0.25 mm，东风EQ1090E车型离合器不大于0.20 mm）；将锁紧螺母或止推销锁好。

课题三　离合器踏板自由行程的检修

教学目标：

1．会检查离合器踏板自由行程。

2．会调整离合器踏板自由行程。

训练器材：

整车、钢直尺、常用工具等。

操作步骤和技术要求	图示
一、离合器踏板自由行程的测量 将钢直尺尽量与踏板平行且靠在踏板的内侧（图10—3—1），测量踏板完全放松时的高度L_1；用手轻轻推压踏板，直至刚刚消除分离轴承与分离杠杆之间的间隙，记下该处的高度L_2；则L_1-L_2 = a即为该处离合	 图10—3—1　离合器踏板自由行程的检查

器踏板的自由行程（图 10—3—2）。若不符合标准（表 10—3—1），应进行调整。

表 10—3—1　离合器踏板的自由行程

mm

车型	自由行程	分离轴承与分离杠杆间隙
解放 CA1092	25 ~ 35	2.7 ~ 3.8
东风 EQ1090E	30 ~ 40	3 ~ 4
BJ2020	32 ~ 40	2.5
桑塔纳	15 ~ 25	2.5

注意：离合器踏板自由行程的检查、调整，必须与分离杠杆的调整在同一平面上，在分离轴承、各连杆件之间无松动的条件下进行。

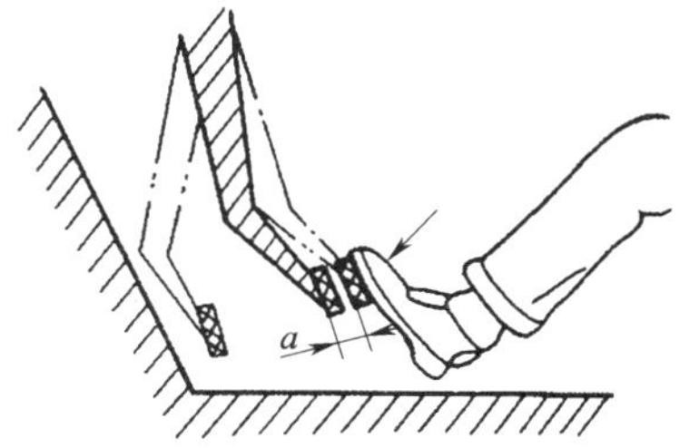

图 10—3—2　离合器踏板的自由行程

二、离合器踏板自由行程的调整

1．机械传动式

机械传动式（CA1091、EQ1090E 车型）离合器的踏板自由行程一般指驾驶员脚在踏板上的反映。踏板自由行程不当时，可旋转拉杆上的调整螺母（图 10—3—2）来调整分离轴承与分离杠杆之间的间隙，从而改变踏板自由行程。一般车辆旋进螺母，分离拉杆的有效长度变短，从而使行程变小；反之则增大。调整完毕后将锁紧螺母锁紧。

图 10—3—3　离合器踏板自由行程的调整

1—调整螺钉　2—拉杆　3—锁紧螺母

2．液压传动式

液压传动式（BJ2020 车型）的踏板自由行程是主缸推杆与活塞之间的间隙和分离杠杆之间的间隙的总和在踏板上的反映，故调整时只需改变上述两处间隙即可调整踏板自由行程。踏板自由行程为 32 ~ 40 mm。

（1）主缸推杆的调整。转动偏心螺栓，即可改变推杆与活塞之间的间隙（图 10—3—3）。推杆与活塞之间的间隙为 0.5 ~ 1.0 mm，测量反映到踏板上的行程为 3 ~ 6 mm。

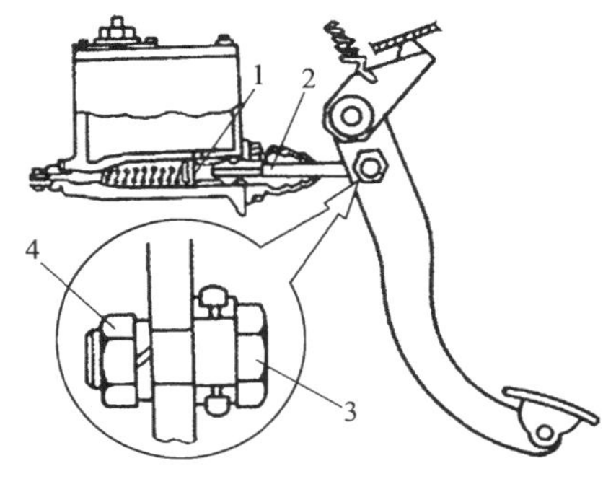

图 10—3—3　离合器主缸推杆与活塞之间间隙的调整

1—活塞　2—推杆　3—偏心螺栓　4—锁紧螺母

（2）工作泵推杆的调整是调整推杆的有效长度。旋入时推杆长度缩短，分离杠杆与分离轴承之间的间隙变大，则踏板自由行程增大；反之变小。分离杠杆与分离轴承的间隙为 2.2 mm，测量反映到踏板上的行程为 29 ～ 34 mm。自由行程调整完毕后，应将锁紧螺母锁紧（图 10—3—4）。

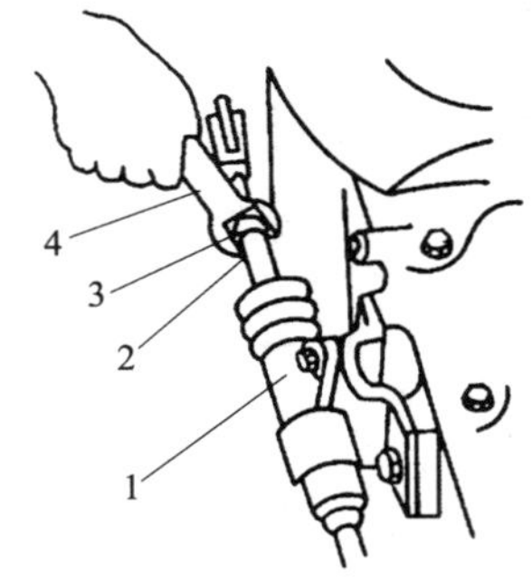

图 10—3—4　离合器工作泵调整

1—工作泵　2—工作泵推杆　3—锁紧螺母　4—扳手

3．机械拉索控制装置（如桑塔纳轿车）

机械拉索控制装置的踏板自由行程是拉索及分离装置各连接处的间隙在踏板上的反映。桑塔纳轿车离合器踏板的自由行程为 15 ～ 25 mm，总行程为（150±5）mm。可通过调整拉索长度来改变踏板自由行程（图 10—3—5）。

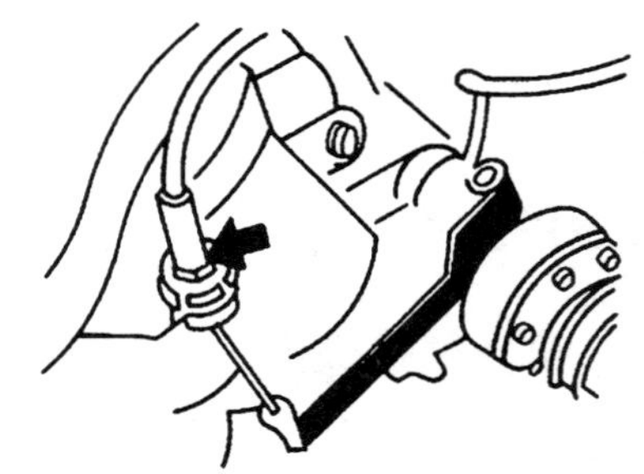

图 10—3—5　机械拉索控制装置踏板自由行程的调整

第十一单元　液力自动变速器检修

课题一　液力自动变速器拆检

<table>
<tr><td colspan="2">

教学目标：

1．掌握液力自动变速器的拆检内容和方法。

2．能进行液力自动变速器拆检。

训练器材：

液力变矩器总成、游标卡尺、塞尺、百分表、专用工具、常用工具等。

</td></tr>
<tr><td>操作步骤和技术要求</td><td>图示</td></tr>
<tr><td>

一、A340E 自动变速器外部零件的分解

1．拆下散热器进、回油管接头，如图 11—1—1 所示。

2．拆下手控阀摇臂，撬开锁止垫片，如图 11—1—2 所示。

</td><td>

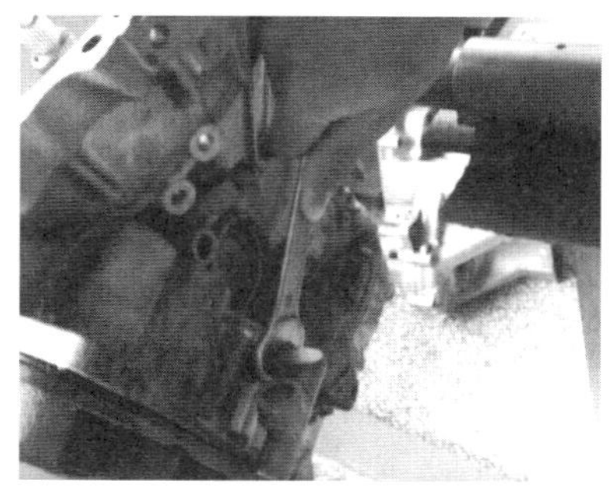

图 11—1—1　拆下散热器进、回油管接头

图 11—1—2　撬开锁止垫片

</td></tr>
</table>

3. 拆下锁紧螺母，如图 11—1—3 所示。

图 11—1—3　拆下锁紧螺母

4. 拆下垫圈，如图 11—1—4 所示。

图 11—1—4　拆下垫圈

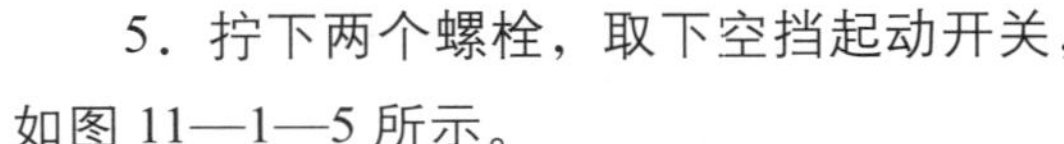

5. 拧下两个螺栓，取下空挡起动开关，如图 11—1—5 所示。

图 11—1—5　取下空挡起动开关

6. 断开连接器，拆下两个螺栓和锁止（SL）电磁阀，如图 11—1—6 所示。

7. 拆下节气门拉索支架和电磁阀线束固定螺栓。

图 11—1—6　拔下锁止（SL）电磁阀

8．断开连接器，拆下两个螺栓和保护支架，取下2号车速传感器，如图11—1—7所示。

图11—1—7　取下2号车速传感器

9．支起变速器，拆下15个油盘螺母，取下油盘和衬套，如图11—1—8所示。

注意：*不要翻转变速器，以免杂质进入阀体。*

10．检查油盘中的微粒杂质，并进行分析。

铁质（磁性的）：轴承、齿轮和压盘等磨损。

黄铜（非磁性的）：止推垫片磨损。

图11—1—8　拆下油盘螺母

11．拆下油管保护支架，如图11—1—9所示。

图11—1—9　拆下油管保护支架

12．拆下滤网，断开1号、2号电磁阀连接器，如图11—1—10所示。

图11—1—10　拆下滤网

13．用大螺钉旋具撬起油管两端，拆下四根油管，如图 11—1—11 所示。

图 11—1—11　拆下油管

14．拆下手控阀限位弹簧片，如图 11—1—12 所示。

图 11—1—12　拆下手控阀限位弹簧片

15．取出手控阀，如图 11—1—13 所示。

图 11—1—13　取出手控阀

16．旋松螺栓，拆下节气门拉索盒电磁阀线束，取下阀体，如图 11—1—14 所示。

图 11—1—14　取下阀体

17. 拆下蓄压器活塞上盖，如图 11—1—15 所示。

图 11—1—15　拆下蓄压器活塞上盖

18. 拆下蓄压器活塞，如图 11—1—16 所示。

图 11—1—16　拆下蓄压器活塞

19. 拆下蓄压器弹簧，如图 11—1—17 所示。

图 11—1—17　拆下蓄压器弹簧

二、A340E 自动变速器内部零件的分解

1. 检测 2 挡滑行（强制）制动器 B1 的活塞行程：标准值为 1.5 ~ 3.0 mm。若行程超限，应更换活塞推杆或制动带。

2. 拆下 2 挡滑行（强制）制动器 B1 的挡圈，如图 11—1—18 所示。

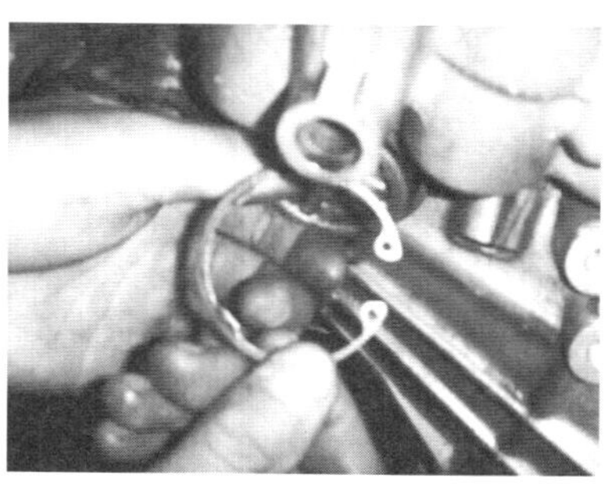
图 11—1—18　取下挡圈

3．拆下 2 挡滑行（强制）制动器 B1 的活塞，如图 11—1—19 所示。

图 11—1—19　取出活塞

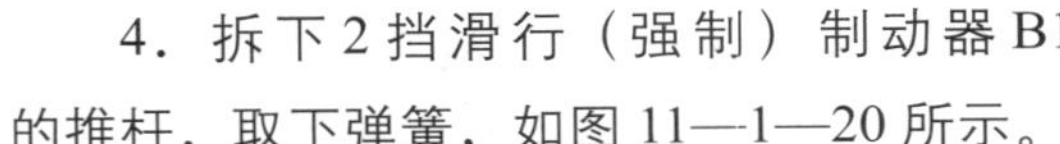

4．拆下 2 挡滑行（强制）制动器 B1 的推杆，取下弹簧，如图 11—1—20 所示。

图 11—1—20　拆下制动器 B1 的推杆

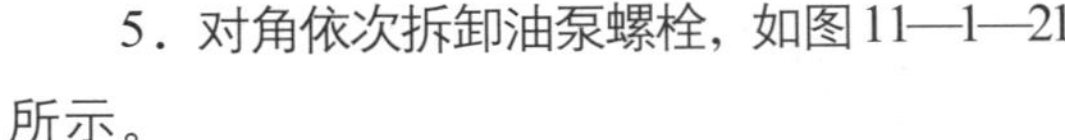

5．对角依次拆卸油泵螺栓，如图 11—1—21 所示。

图 11—1—21　拆卸油泵螺栓

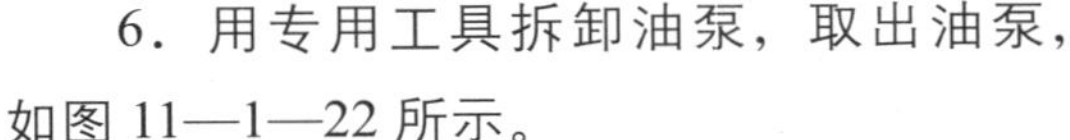

6．用专用工具拆卸油泵，取出油泵，如图 11—1—22 所示。

图 11—1—22　取出油泵

7．从油泵上取出高、倒挡离合器 C2，取出油泵后的座圈和离合器上的止推垫圈，如图 11—1—23 所示。

8．拆下前进离合器 C1，取下滚针轴承和座圈。

图 11—1—23 取出离合器 C2

9．用小旋具从油泵底座的螺栓孔中将销子推出，如图 11—1—24 所示。

图 11—1—24 将销子推出

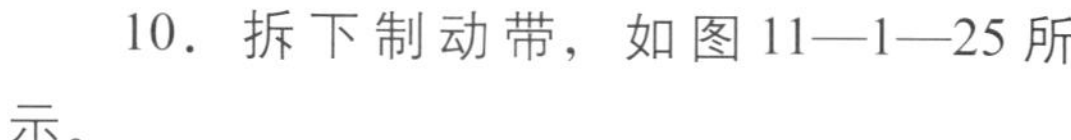

10．拆下制动带，如图 11—1—25 所示。

图 11—1—25 拆下制动带

11．拆下前排齿圈，如图 11—1—26 所示。

图 11—1—26 拆下前排齿圈

12．取出前排行星架，如图 11—1—27 所示。

图 11—1—27　取出前排行星架

13．取下滚针轴承和座圈，如图 11—1—28 所示。

图 11—1—28　取下滚针轴承和座圈

14．取出行星中心轮，如图 11—1—29 所示。

图 11—1—29　取出行星中心轮

15．取出单向离合器 F1，如图 11—1—30 所示。

16．竖起变速器壳体，拆下 2 挡制动器 B2 的导向装置。

图 11—1—30　取出单向离合器 F1

17．拆下2挡制动器B2制动鼓的挡圈（如果拆卸困难，可借助木锤轻轻敲打），如图11—1—31所示。

图11—1—31　拆下2挡制动器B2制动鼓的挡圈

18．取出2挡制动器B2的制动鼓，如图11—1—32所示。

图11—1—32　取出2挡制动器B2的制动鼓

19．拆出2挡制动器B2的活塞回位弹簧，如图11—1—33所示。

图11—1—33　拆出2挡制动器B2的活塞回位弹簧

20．取出压盘摩擦片和凸缘盘（图11—1—34），拆下2挡制动器B2的制动鼓定位销。

图11—1—34　取出压盘摩擦片和凸缘盘

21．拆下单向离合器F2外圈挡圈，取出单向离合器F2和后排行星架，取下两侧止推垫片，如图11—1—35所示。

图11—1—35　取出单向离合器F2

22．取出后排齿圈、滚针轴承及座圈，如图11—1—36所示。

23．检查低、倒挡制动器B3活塞的工况。从壳体油道吹入压缩空气，活塞应能正常工作，否则需要进行拆检。

24．拆下凸缘盘挡圈，取出凸缘盘、压盘和摩擦片。

图11—1—36　取出后排齿圈、滚针轴承

25．翻转变速器壳，拆下后端的11个螺栓，用塑料锤敲击超速排四周，拆下超速排总成，如图11—1—37所示。

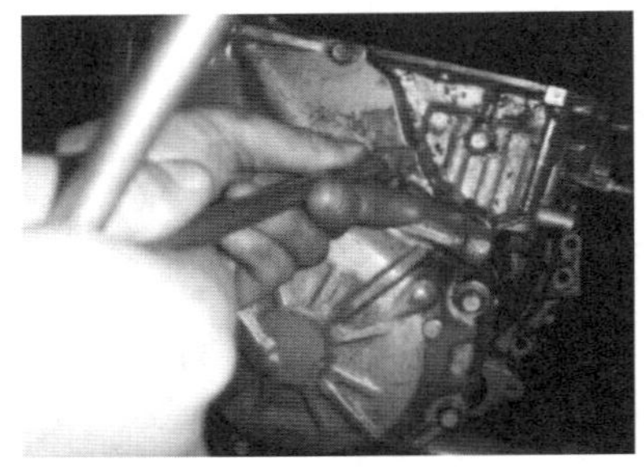

图11—1—37　拆下后端的螺栓

26．取出超速排制动器毂、超速排行星齿轮和中间轴总成，如图11—1—38所示。

图11—1—38　取出超速排制动器毂、超速排行星齿轮和中间轴总成

27．拆下活塞回位弹簧（图 11—1—39），从壳体油道吹入压缩空气，吹出低、倒挡制动器活塞。

注意：不要使活塞倾斜，若吹不出活塞，可用尖嘴钳将其夹出。

28. 取下超速离合器 C0 和超速制动器 B0 的密封垫圈，如图 11—1—40 所示。

图 11—1—39　拆下活塞回位弹簧

图 11—1—40　取下超速离合器 C0 和超速制动器 B0 的密封垫圈

三、自动变速器的组装

自动变速器的组装基本按照拆卸的相反顺序进行。组装时应注意以下几点：

1．组装自动变速器时应依据修理手册要求，安装时要加注润滑脂。

2．组装时要检查输入轴和输出轴间隙及各组件间隙，输入轴间隙一般为 0.8 ~ 1.5 mm，输出轴间隙为输入轴间隙的 1/2 左右。

3．自动变速器与发动机之间要安装定位销，使曲轴连接板与变矩器、油泵、输入轴在同一轴线上。

4．变矩器与曲轴连接板连接所用的螺栓必须是原车专用螺栓，不可随意更改其长度。

课题二　液力变矩器检修

教学目标：

1．掌握液力变矩器的检修内容和方法。

2．能进行液力变矩器检修。

训练器材：

液力变矩器总成、游标卡尺、塞尺、百分表、专用工具、常用工具等。

操作步骤和技术要求	图示
液力变矩器外壳都是采用焊接式的整体结构，不可分解。变矩器内部除了导轮的单向离合器和锁止离合器压盘外，没有互相接触的零部件，因此在使用中基本上不会出现故障。液力变矩器的维修工作主要是清洗和检查。 **一、液力变矩器的外部检查** 如有以下情况出现，应更换液力变矩器： 1．泵总成损坏，如图 11—2—1 所示。 2．油中有金属屑。 3．叶轮鼓焊接处泄漏。 4．曲轴导向轴承座损坏。 5．液力变矩器不平衡。 6．发动机冷却液被污染。 7．驱动油泵的轴承缺口损坏，如图 11—2—2 所示。 8．转动时有异响。	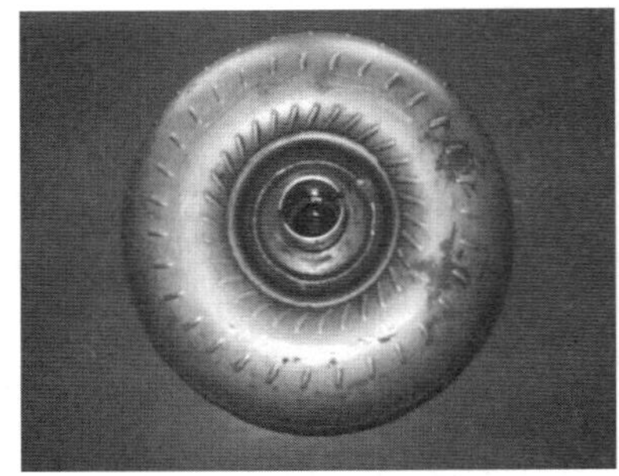 图 11—2—1　检查泵总成  图 11—2—2　检查驱动油泵的轴承缺口
二、导轮与涡轮轴向间隙检测 如图 11—2—3 所示，将液力变矩器轴向间隙夹具安装在液力变矩器上，同时安装好百分表，可通过百分表的读数测出轴向间隙，其标准值为 0 ～ 0.5 mm。	 图 11—2—3　测量轴向间隙

三、导轮的单向离合器检测

导轮的单向离合器在低速时应该锁住，使导轮固定，以增加扭矩。单向离合器检测如图 11—2—4 所示，装上维修专用工具，使其贴合在液力变矩器毂缺口和单向离合器的外座圈中，转动驱动杆，检查单向离合器工作是否正常（逆时针方向转动时应锁住，顺时针方向转动时应能自由转动）。如有异常，说明单向离合器损坏，应更换液力变矩器。

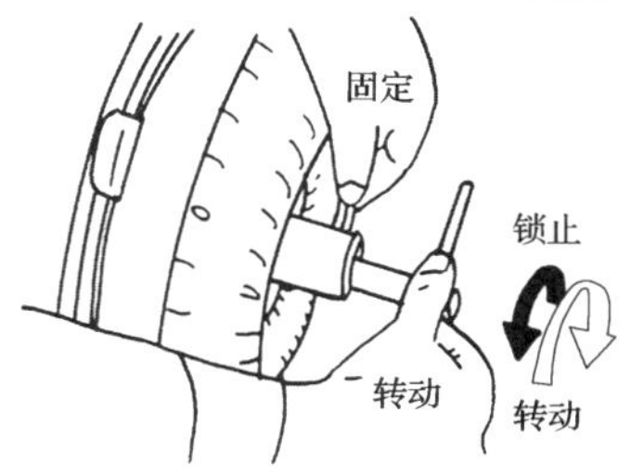

图 11—2—4　单向离合器检测

四、驱动盘与齿圈检测

用百分表测量传动板偏摆并检测齿圈：安装并测量传动板偏摆，其最大偏摆量不得超过 0.20 mm；检查齿圈有无变形和断齿。

五、液力变矩器轴套圆跳动检测

如图 11—2—5 所示，将液力变矩器装在传动板上，安装百分表测量轴套的圆跳动，如偏摆超过 0.30 mm，可通过重新调整液力变矩器的安装方位进行校正，并在校正后的位置上作一记号，以保证安装正确；若无法校正，应更换液力变矩器。

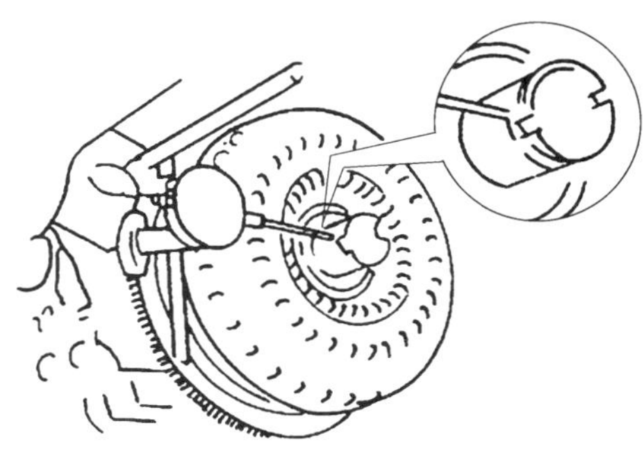
图 11—2—5　轴套圆跳动检测

六、导轮与泵轮的干涉（刮擦）检查

1．将专用的导轮内圈花键头部插入导轮内圈座花键孔中。

2．握住专用的导轮内圈花键头部，逆时针方向转动变矩器。

3．变矩器应能自由转动，有轻微的摩擦声为正常。若有明显的刮擦声，应更换变矩器。

七、导轮与涡轮的干涉（刮擦）检查

1．将变矩器摆放在工作台上。

2．装入涡轮连接花键头部。

3．一手扶住变矩器，一手握住花键头部左右转动，如图 11—2—6 所示。

4．花键头部应能自由转动，允许有轻微的摩擦声。若有明显的刮擦声，应更换变矩器。

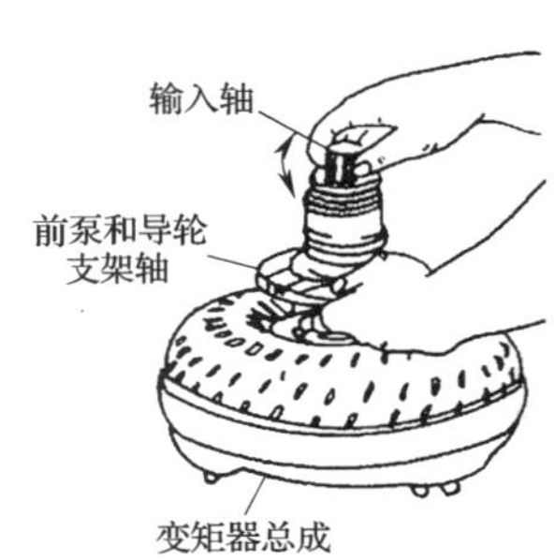

图 11—2—6　导轮与涡轮的干涉（刮擦）检查

八、变矩器的定期清洗

变矩器必须进行定期清洗，建议使用专业变矩器清洗机进行清洗，利用该机器可将变矩器内的残渣、污物彻底洗净并排出。如没有以上条件而需进行人工清洗，一定要反复多次清洗，直至清洗干净为止。带锁止离合器的变矩器只可用变速器油清洗，不可使用其他溶剂，以免损坏锁止片及黏结材料。

1．倒出液力变矩器中残余的变速器油。

2．向液力变矩器内加入 2 L 干净的变速器油，摇动液力变矩器，以清洗其内部，然后将变速器油倒出，如图 11—2—7 所示。

3．再次向液力变矩器内加入 2 L 干净的变速器油，清洗后倒出。

图 11—2—7　加入干净的变速器油

九、注意事项

1．拆下的变矩器泵轮毂孔口必须及时用干净的布堵塞与包扎，防止灰尘和杂物进入。

2．操作时，应用专用油盘盛放变矩器中的油液。

课题三　液力自动变速器油泵检修

教学目标：

1. 掌握液力自动变速器油泵的检修内容和方法。

2. 会进行液力自动变速器油泵的检修。

训练器材：

液力变矩器总成、油泵总成、游标卡尺、塞尺、百分表、专用工具、常用工具等。

操作步骤和技术要求	图示
一、油泵的分解 1. 将油泵放在变矩器上，注意保持工作台洁净，如图 11—3—1 所示。	 图 11—3—1　将油泵放在变矩器上
2. 拆下油泵后端轴颈上的两个油封环，如图 11—3—2 所示。	 图 11—3—2　拆卸油封环
3. 按照对称交叉的顺序依次松开油泵的连接螺栓，打开油泵，如图 11—3—3 所示。	 图 11—3—3　拆卸螺栓

二、油泵间隙及磨损的检测

1．测量油泵内齿轮外圈与油泵壳体之间的间隙。将内齿圈推向泵体一侧，用塞尺检测其间隙（图 11—3—4）。如测出的间隙大于规定的最大间隙，则应更换油泵壳体部分总成。

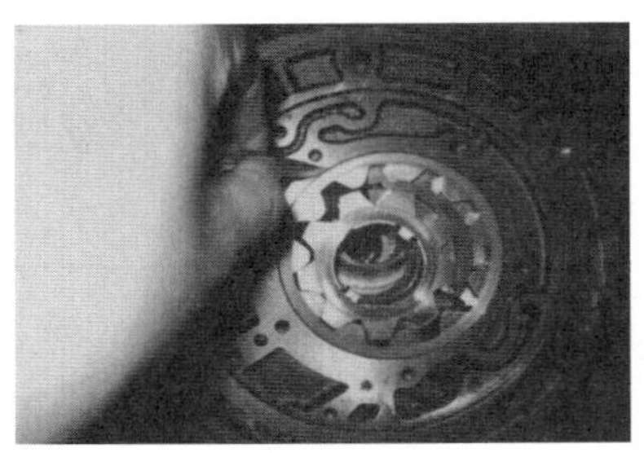

图 11—3—4　检测内齿圈与壳体之间的间隙

2．检测内齿轮的齿顶与月牙板之间的间隙（图 11—3—5）。如测出的间隙大于规定的最大间隙，则应更换整个油泵壳体分总成。

图 11—3—5　检测齿顶与月牙板之间的间隙

3．检测小齿轮及内齿轮端面与泵壳平面的端隙（齿轮端隙），将测量结果与表 11—3—1 数值对照，如不符合标准，应更换齿轮、泵壳或油泵总成，如图 11—3—6 所示。

图 11—3—6　检测齿轮端隙

表 11—3—1　油泵间隙标准　mm

项目	标准间隙	最大间隙
内齿圈与壳体间隙	0.07 ～ 0.15	0.3
齿顶与月牙板间隙	0.11 ～ 0.14	0.2
齿轮端隙	0.02 ～ 0.05	0.1

当检测出该间隙超过规定值时，可用厚度大于标准厚度规格的主动齿轮和从动齿轮进行配对，以达到规定的间隙值。

如果厚的齿轮不能使间隙符合标准，则需要更换油泵壳体分总成。

图 11—3—7　作标记

4．用油漆在小齿轮和内齿轮上做一安装记号，然后拆下齿轮，如图 11—3—7 所示。

5．检查油泵小齿轮、内齿轮、泵壳端面有无肉眼可见的磨损痕迹，如有，应更换，如图 11—3—8 所示。

图 11—3—8　检查齿轮磨损度

三、油泵衬套的检验

1．用百分表测量油泵体衬套内径

极限值：38.19 mm。

如衬套内径大于规定的最大值，应更换前油泵体分总成。

2．用百分表测量定子轴内径

极限值：前端 21.58 mm，后端 27.08 mm。

如定子轴内径大于规定的最大值，则应更换定轴轮。

四、油泵的装配

1．在油泵前端盖上装入新的油封（图 11—3—9）。用专用工具和锤子安装新的前油封，油封末端应与泵体外缘齐平。

注意：油封的开口角度。

图 11—3—9　安装油封

2．更换所有的 O 形密封圈，并在新的 O 形密封圈上涂上 ATF 油（自动变速器油），如图 11—3—10 所示。

图 11—3—10　安装 O 形密封圈

3．按与分解时相反的顺序组装油泵各零件。安装油泵主、从动齿轮，确保主、从动齿轮的顶部朝上，如图 11—3—11 所示。

图 11—3—11 安装主、从动齿轮

4．按照对称交叉的顺序依次拧紧油泵盖紧固螺栓（图 11—3—12），拧紧力矩为 10 N・m。

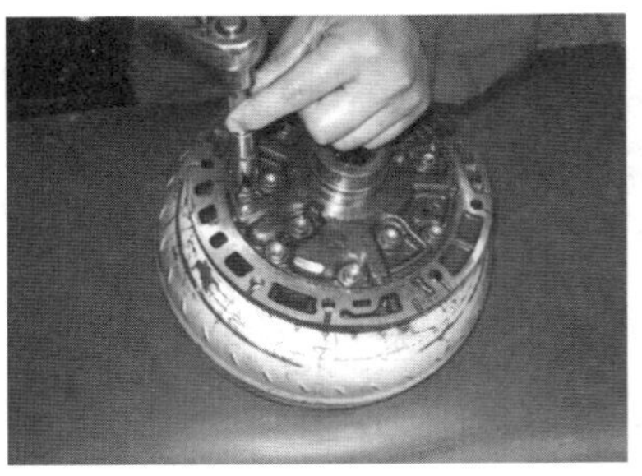
图 11—3—12 拧紧油泵盖紧固螺栓

5．安装新的导轮轴离合器鼓止推垫圈。在油泵后端轴颈上的密封环槽内涂上润滑脂，安装离合器鼓密封环。安装两个离合器鼓油封环到导轮轴背侧，检查它们能否平滑移动。

五、检查油泵运转性能

将组装后的油泵插入液力变矩器中，转动油泵，油泵齿轮转动应平顺、无异响，如图 11—3—13 所示。

图 11—3—13 检查油泵运转性能

课题四 液力自动变速器行星齿轮机构检修

教学目标：

1．掌握液力自动变速器行星齿轮机构的检修内容和方法。

2．能进行液力自动变速器行星齿轮机构的检修。

训练器材：

液力变矩器总成、行星齿轮机构、游标卡尺、塞尺、百分表、专用工具、常用工具等。

<table>
<tr><th>操作步骤和技术要求</th><th>图示</th></tr>
<tr><td>

一、超速排 F0 单向离合器锁止方向的检查

1. 将超速排离合器总成 C0 装到超速排行星架上，注意保持工作台洁净，如图 11—4—1 所示。

2. 握住超速排离合器 C0 并转动输入轴。

注意：输入轴顺时针方向应能自由转动，逆时针方向锁止，如图 11—4—2 所示。

二、D2 挡单向离合器 F1 锁止方向的检查

1. 将单向离合器 F1 和 2 挡制动器轮鼓装到太阳轮上（图 11—4—3）。

2. 用左手握住太阳轮驱动鼓，右手转动 D2 挡单向离合器 F1 外圈。

注意：外圈相对于内圈逆时针方向应锁止，顺时针方向能自由转动（图 11—4—4）。

</td><td>

图 11—4—1　将离合器总成 C0 装到行星架上

图 11—4—2　检查单向离合器

图 11—4—3　锁止方向的检查

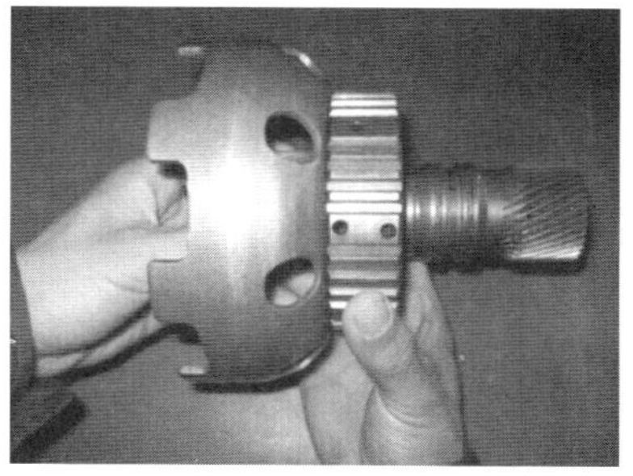

图 11—4—4　检查单向离合器 F1

</td></tr>
</table>

三、D1 挡单向离合器 F2 锁止方向的检查

1．拆卸单向离合器的两个挡圈（图 11—4—5）。

注意：确保单向离合器上导向器的开口端向上。

图 11—4—5 拆卸挡圈

2．拆卸两个托架，检查单向离合器保持架和锲块（图 11—4—6），安装离合器保持架、锲块和弹性挡圈。

图 11—4—6 检查单向离合器保持架和锲块

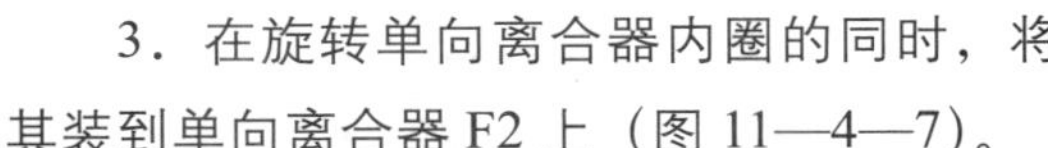

3．在旋转单向离合器内圈的同时，将其装到单向离合器 F2 上（图 11—4—7）。

图 11—4—7 装单向离合器内圈

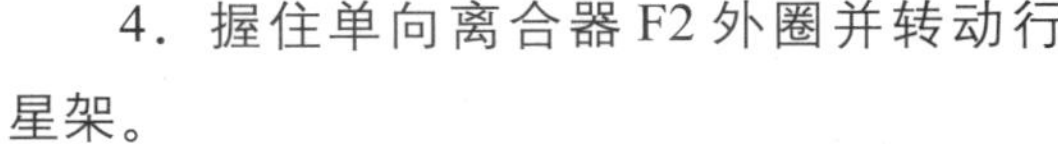

4．握住单向离合器 F2 外圈并转动行星架。

注意：逆时针方向应能自由转动，顺时针方向应锁止（图 11—4—8）。

图 11—4—8 检查间隙

四、行星排和单向离合器的检查

1．检查太阳轮齿面，如有磨损或疲劳剥落，应更换整个行星排（图 11—4—9）。

图 11—4—9　检查太阳轮齿面

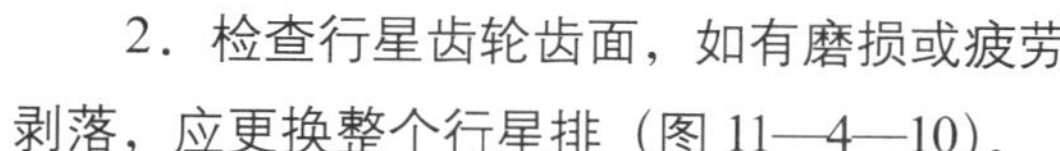

2．检查行星齿轮齿面，如有磨损或疲劳剥落，应更换整个行星排（图 11—4—10）。

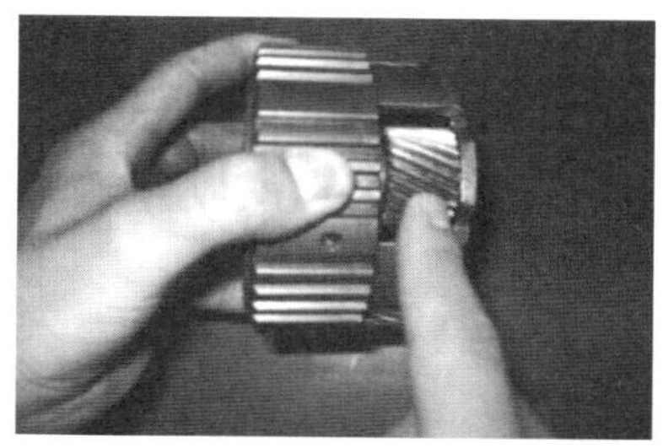

图 11—4—10　检查行星齿轮齿面

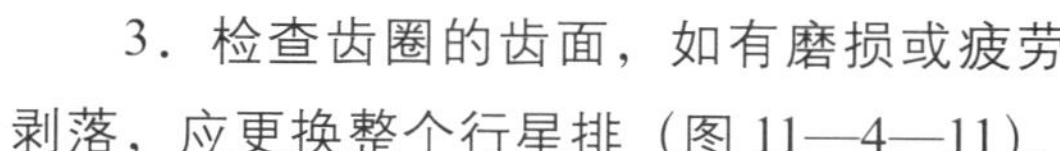

3．检查齿圈的齿面，如有磨损或疲劳剥落，应更换整个行星排（图 11—4—11）。

图 11—4—11　检查齿圈的齿面

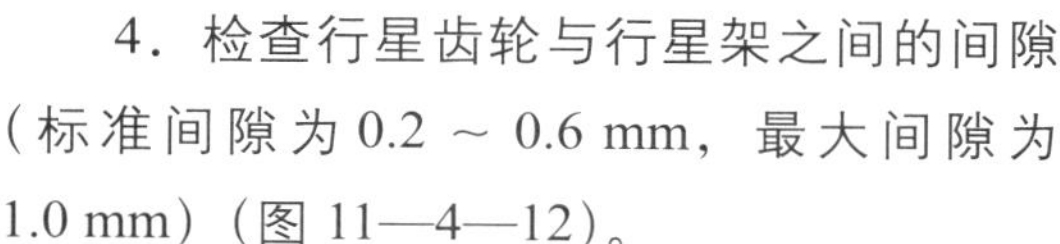

4．检查行星齿轮与行星架之间的间隙（标准间隙为 0.2 ~ 0.6 mm，最大间隙为 1.0 mm）（图 11—4—12）。

如果间隙超过规定的最大值，应更换止推垫片或行星排总成。

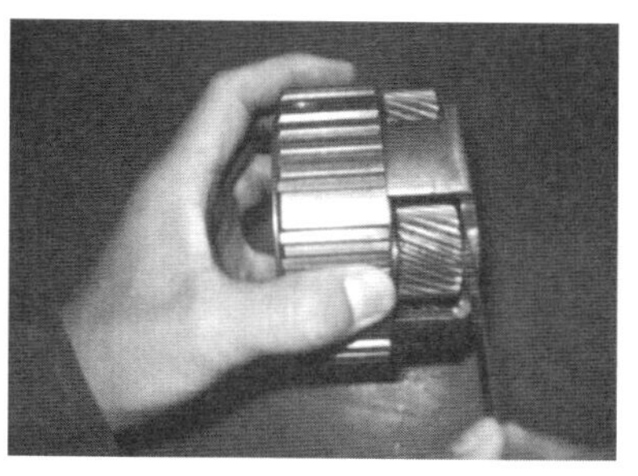

图 11—4—12　检查行星齿轮与行星架之间的间隙

5．检查太阳轮、行星架、齿圈等零件的轴颈或滑动轴承处有无磨损，如有异常，应更换新件（图 11—4—13）。

图 11—4—13　检查太阳轮

6．检查单向离合器，如滚柱破损，滚柱保持架断裂，内、外圈滚道磨损起槽，应更换新件（图 11—4—14）。如果在锁止方向上出现打滑或在自由转动方向上存在卡滞现象，也应更换新件。

图 11—4—14　检查单向离合器

五、行星排、单向离合器的装配

1．将行星排和单向离合器的所有零件清洗干净，涂上少许液压油，按与分解相反的顺序进行装配（图 11—4—15）。

图 11—4—15　装配行星排

2．装好单向离合器后应再次检查，保证其锁止方向正确，在自由转动方向上转动灵活（图 11—4—16）。

图 11—4—16　装配单向离合器

课题五　液力自动变速器制动器检修

教学目标：

1. 掌握液力自动变速器制动器的检修内容和方法。
2. 能进行液力自动变速器制动器的检修。

训练器材：

液力变矩器总成、制动器、摩擦片、游标卡尺、塞尺、专用工具、常用工具等。

操作步骤和技术要求	图示 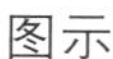
一、片式制动器的检查 1．检查制动器摩擦片有无烧焦、炭化、颜色变黑、表面粉末冶金层脱落或翘曲变形，若有应更换新片（图 11—5—1）。	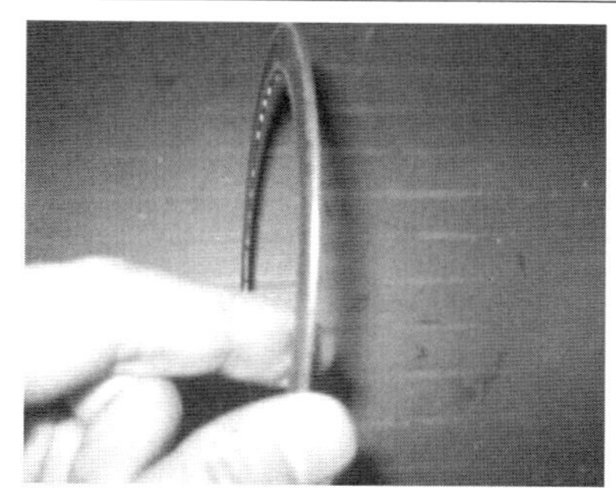 图 11—5—1　检查制动器摩擦片
2．许多自动变速器摩擦片表面印有符号，若这些符号已被磨去，说明摩擦片已磨损至极限，应更换新片（图 11—5—2）。	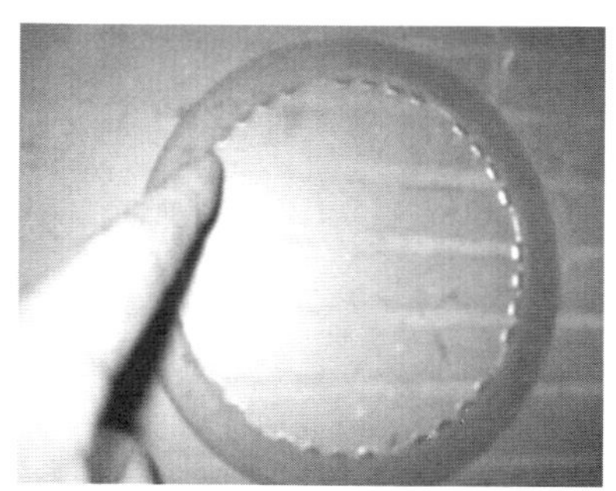 图 11—5—2　检查摩擦片表面的符号
3．测量摩擦片厚度，若小于极限厚度应更换新片（图 11—5—3）。	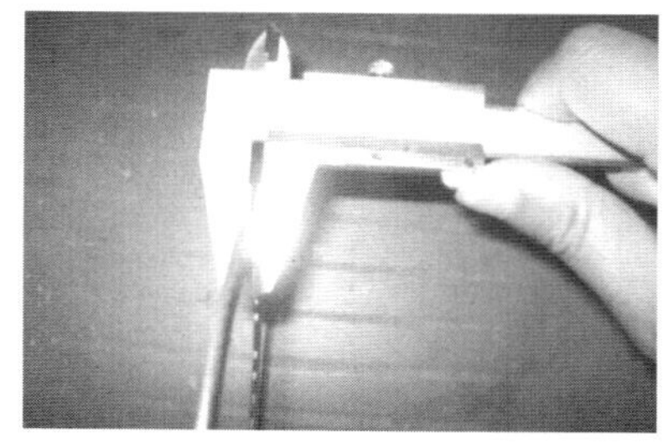 图 11—5—3　测量摩擦片厚度

4．检查钢片，如有烧蚀、磨损或翘曲变形，应更换新片（图 11—5—4）。

图 11—5—4　检查钢片

二、带式制动器的检查

1．检查制动器摩擦片有无烧焦、炭化、颜色变黑、表面粉末冶金层脱落，若有应更换制动器带。

2．检查表面符号有无磨去，若有应更换制动器带（图 11—5—5）。

图 11—5—5　检查制动器摩擦片

3．检查制动器伺服机构部件有无磨损或划痕（图 11—5—6）。

4．检查制动器的活塞，其表面应该无损伤或拉毛；检查液压缸内表面，应无损伤或拉毛。如以上检查结果有异常，则均应更换新件。

图 11—5—6　检查制动器伺服机构部件

三、挡圈、活塞回位弹簧等部件的检查

1．检查挡圈的摩擦面有无磨损，若有应更换新件（图 11—5—7）。

图 11—5—7　检查挡圈的摩擦面

2．测量活塞回位弹簧的自由长度，应符合技术标准（图 11—5—8）。若自由长度小于标准值或弹簧有变形，则应更换新弹簧。

3．更换所有制动器液压缸活塞上的 O 形密封圈及轴颈上密封圈。

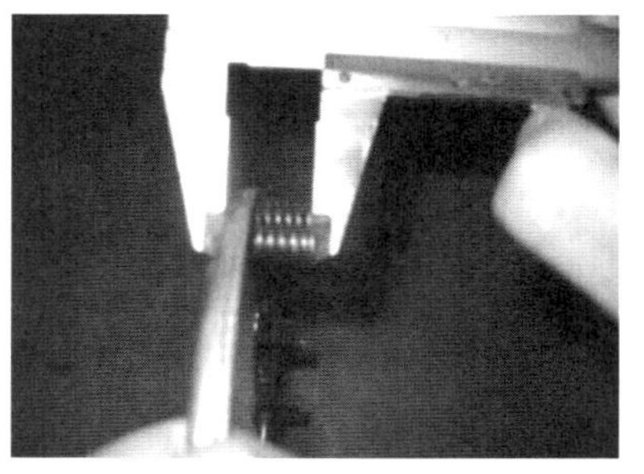

图 11—5—8　测量活塞回位弹簧的自由长度

四、测量离合器和制动器的自由间隙

如图 11—5—9 所示，用百分表测量离合器和制动器的自由间隙。若自由间隙不符合标准，可通过更换不同厚度的挡圈来调整。

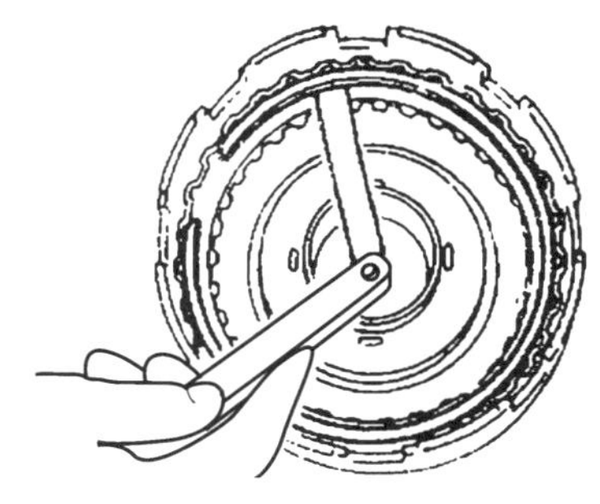

图 11—5—9　测量离合器和制动器的自由间隙

五、注意事项

1．注意拆装时各部件的顺序和相互关系。

2．注意更换所有 O 形密封圈及轴颈上的密封圈，新的密封圈或密封环装入时应涂上少许液压油。

3．每个离合器或制动器装配后，都应检查活塞的工作是否正常。

4．新的摩擦片或制动带应放在干净的液压油中浸泡 15 min 后再安装。

5．安装制动带时应按规定调整间隙及行程。

课题六　液力自动变速器离合器检修

教学目标：

1．掌握液力自动变速器离合器的检修内容和方法。

2．能进行液力自动变速器离合器的检修。

训练器材：

液力变矩器总成、游标卡尺、塞尺、专用工具、常用工具等。

操作步骤和技术要求	图示
一、离合器摩擦片的检查 1．检查离合器摩擦片，如有烧焦、表面粉末冶金层脱落或翘曲变形，则应更换新片。 2．许多自动变速器摩擦片表面印有符号，若这些符号已被磨去，说明摩擦片已磨损至极限，应更换新片（图 11—6—1）。	 图 11—6—1　检查摩擦片表面的符号
3．测量摩擦片厚度，若小于极限厚度应更换新片（图 11—6—2）。	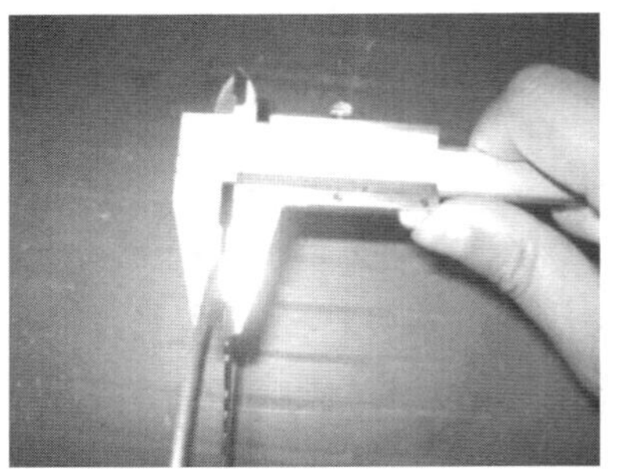 图 11—6—2　测量摩擦片厚度
4．检查钢片，如有烧蚀、磨损或翘曲变形，应更换新片（图 11—6—3）。	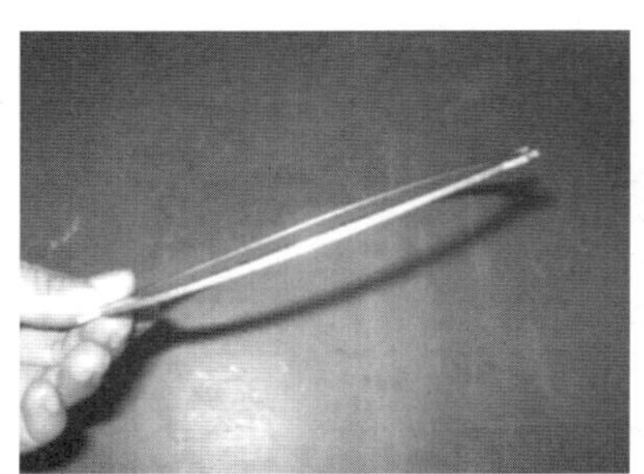 图 11—6—3　检查钢片
二、挡圈的检查 检查挡圈的摩擦面，如有磨损或翘曲变形，则应更换新片（图 11—6—4）。 **三、活塞的检查** 检查离合器和制动器的活塞，其表面应无损伤或拉毛，否则应更换新件。	 图 11—6—4　检查挡圈的摩擦面

四、单向阀的检查

1．检查离合器活塞上的单向阀，其球阀应能在阀座内自由活动。

2．检查单向阀的密封性，如图 11—6—5 所示。用压缩空气从液压缸一侧向单向阀吹气，密封应良好。如有异常，应更换活塞。

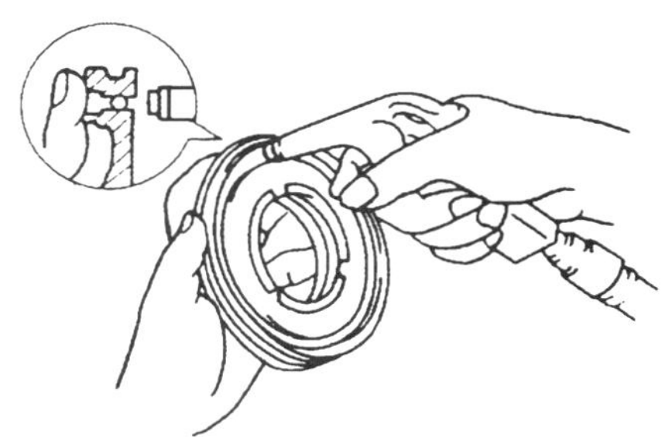

图 11—6—5　检查单向阀的密封性

五、离合器毂的检查

1．检查离合器毂及液压缸内表面，应无损伤或拉毛（图 11—6—6）。

2．与钢片配合的花键槽应无磨损。如有异常，应更换新件。

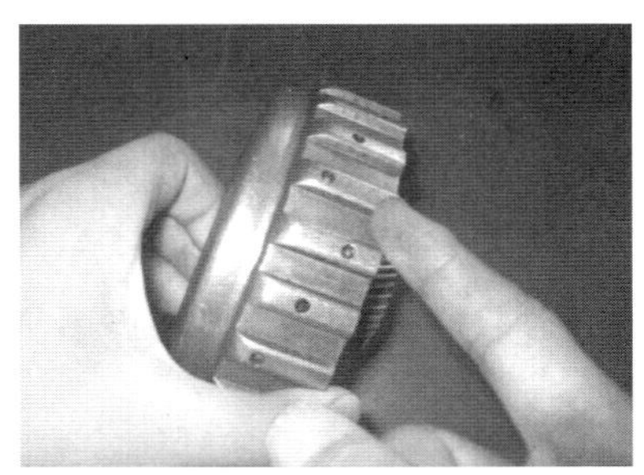

图 11—6—6　离合器毂的检查

六、活塞回位弹簧自由长度的检查

测量活塞回位弹簧的自由长度（图 11—6—7），若弹簧自由长度过小或有变形，则应更换新弹簧。

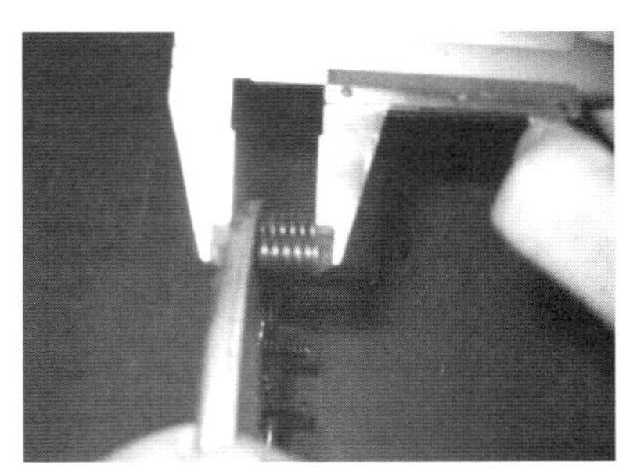

图 11—6—7　测量活塞回位弹簧的自由长度

七、注意事项

1．注意拆装时各部件的顺序和相互关系。

2．注意更换所有 O 形密封圈及轴颈上的密封圈，新的密封圈或密封环装入时应涂上少许液压油。

3．每个离合器或制动器装配后，都应检查活塞的工作是否正常。

4．新的摩擦片或制动带应放在干净的液压油中浸泡 15 min 后再安装。

5．安装制动带时应按规定调整间隙及行程。

课题七　液力自动变速器阀板检修

教学目标：

1．掌握自动变速器阀板检修的内容和方法。

2．能进行自动变速器阀板检修。

训练器材：

自动变速器、整车、液力自动变速器阀板总成、举升机、辅助设备、常用工具等。

操作步骤和技术要求及图示

A340E 自动变速器阀板总成的分解如图 11—7—1 和图 11—7—2 所示。阀板是自动变速器中最精密的部件之一，其性能的好坏直接影响自动变速器的换挡规律。在拆检自动变速器时，并非一定要拆检阀板，以免无谓的拆装破坏阀板内各个控制阀的装配精度；只有在自动变速器换挡规律失常或摩擦片严重烧损、阀板内沾有大量摩擦粉末时，才对阀板进行拆检修理。不论是液力式控制系统还是电液式控制系统，其阀板的检修方法是基本相同的。

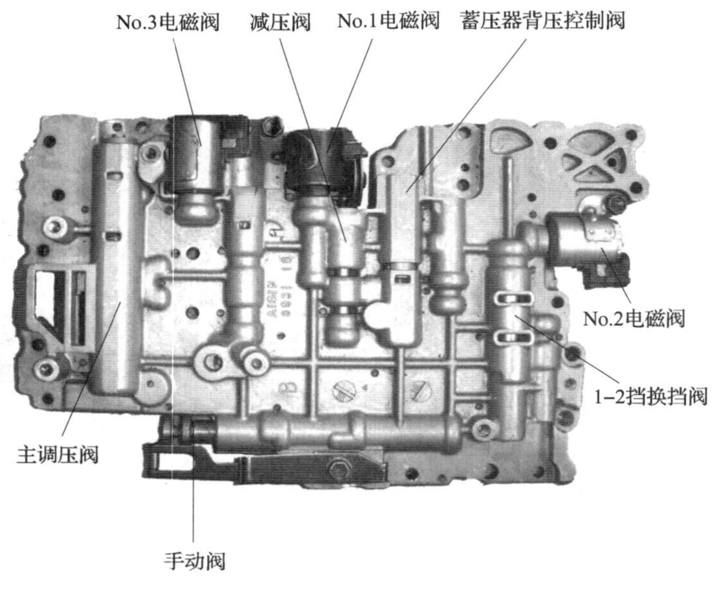

图 11—7—1　阀板总成

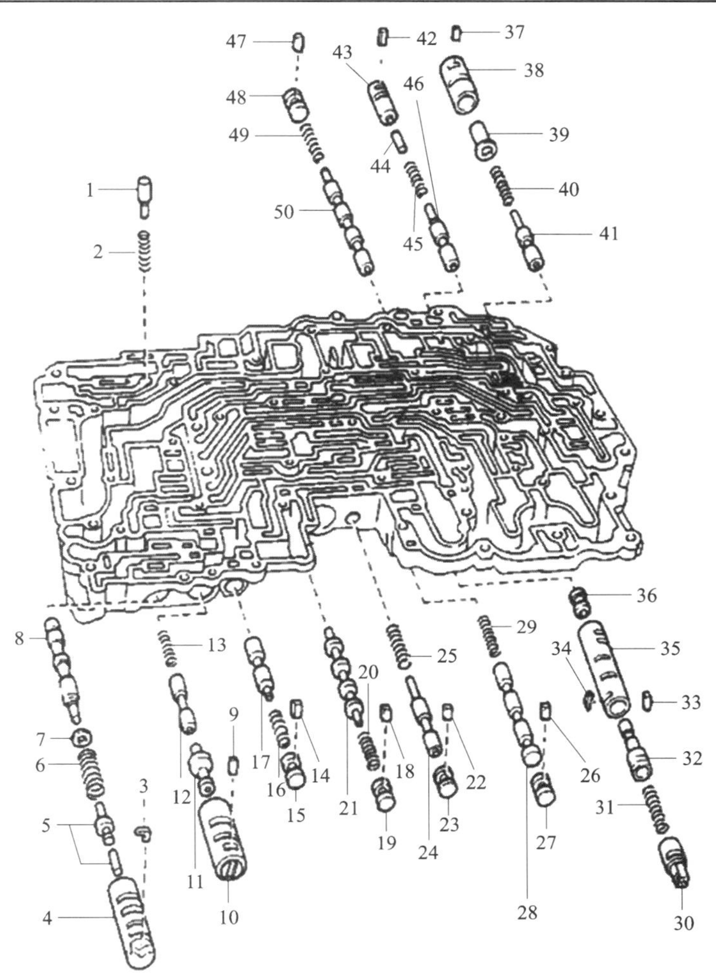

图 11—7—2　阀板油孔

1—止回阀　2、6、13、16、20、25、29、31、40、45、49—弹簧
3、9、14、18、22、26、33、34、37、42、47—锁销　4、10、35、38、43—阀套
5、11、36、39、44—阀杆　7—垫圈　8—主油路调压阀　12—锁止控制阀
15、19、23、27、30、48—挡塞　17—止回阀　21—电磁转换阀　24—电磁调节阀
28—截止阀　32—蓄压器控制阀　41、46—滑行调节阀　50—1、2 挡换挡阀

一、阀板零件的检修

1．将上、下阀板所有控制阀的零件用清洁的煤油或酒精清洗干净。
2．检查控制阀阀芯表面，如有轻微刮伤痕迹，可用金相砂纸抛光。
3．检查诸阀弹簧有无损坏，测量各阀弹簧的长度，如不符合规定要求，应更换。
4．检查滤油器，如有损坏或堵塞，应更换。
5．检查隔板，如有创伤或损坏，应更换。

6．更换隔板上的纸质衬垫。

7．更换所有塑胶球阀。

8．如控制阀卡死在阀孔中，应更换阀板总成。

二、检修阀板时的注意事项

由于阀板中各个控制阀的加工精度和配合精度都极高，不正确的检修方法往往会损坏控制阀，影响其正常工作。因此在检修阀板时，应注意以下几点：

1．拆检阀板时，切不可让阀芯等重要零件掉落，不要将铁丝、旋具等硬物伸入阀孔中，以免损伤阀芯和阀孔的精密配合表面。

2．阀板分解后的所有零件在清洗后可用压缩空气吹干，不允许用棉布擦拭，以免沾上细小的纤维丝，造成控制阀卡滞。

3．装配阀板时，应检查各控制阀阀芯是否能在阀孔中活动自如。如有卡滞，应拆下，经清洗后重新安装。

4．不能在阀板衬垫及控制阀的任何零件上使用密封胶或黏合剂。

5．在更换隔板衬垫时，要将新旧件进行对比，确认无误后再装入，以防止因零件规格不符而影响自动变速器的正常工作。有些自动变速器的修理包中没有阀板的隔板衬垫，在维修中如果旧衬垫破损，可用青稞纸（即电工用绝缘纸）自制，方法如下：将旧衬垫的形状画在青稞纸上，用割纸刀和圆冲照原样刻出。

6．在分解、装配阀板时，要有详细的技术资料（如阀板分解图），以作为对照。如果在检修时没有这些资料作参考，可以在分解之前先画出阀板的外形简图，然后每拆一个控制阀，就在阀板简图的相应位置上画下该控制阀的形状和排列顺序，同时测量并记下各个弹簧的外径、自由长度和圈数，以作为装配时的参考。拆下的各个控制阀零件要按顺序摆放，以便于安装。

另外，在分开上、下阀板时，要特别注意不要使阀板油道中的球阀、滤网等小零件掉出。在拿起上面的阀板时，要将隔板连同阀板一同拿起，待翻转阀板使油道一面朝上后，再轻轻敲打隔板，使各小球阀落位，最后拿开隔板。认清上、下阀板油道中所有球阀等零件的位置并画在简图上，同时测量并记下不同直径的球阀的位置，然后才能取出球阀等零件，做进一步分解及阀板清洗工作。

课题八 液力自动变速器油压试验

教学目标：

1．掌握自动变速器油压试验的内容和方法。

2．能进行自动变速器油压试验。

训练器材：

整车、液力自动变速器总成、举升机、油压表、常用工具等。

操作步骤和技术要求及图示

一、油压试验原理

1．油压试验是在自动变速器工作时，测量控制系统各个油路中的油压，为分析自动变速器的故障提供依据，以便有针对性地进行检修。

2．自动变速器正常工作的先决条件是控制系统的油压正常。油压过高，会使自动变速器出现严重的换挡冲击，甚至损坏控制系统；油压过低，会造成换挡执行元件打滑，加剧其摩擦片的磨损，甚至使换挡执行元件烧毁。

3．对于因油压过低而造成换挡执行元件烧毁的自动变速器，如果仅仅更换烧毁的摩擦片而没有找出故障的真正原因并加以修复，更换后的摩擦片经过一段时间的使用后往往会再次烧毁。因此，在分解修理自动变速器之前和自动变速器修复之后，都要对自动变速器做油压试验，以保证自动变速器的修理质量。

二、油压试验的内容和方法

油压试验的内容取决于自动变速器的类型及测压孔的设置方式。一般车型自动变速器油压试验的主要内容有以下几项：

1．主油路油压测试

测试主油路油压时，应分别测出前进挡和倒挡的主油路油压。

2．调速阀油压测试

大部分液力控制自动变速器都可以做这项测试。在测试调速阀油压时，可用举升机将汽车升起原地测试，也可以接上压力表后进行路试。

3．调速器油压测试

a——路试。

b——台架试验。

三、油压电磁阀

电子控制自动变速器常采用油压电磁阀来控制主油路油压或蓄压器背压。这种自动变速器可以在油压试验中人为地向油压电磁阀施加电信号，同时测量油路油压的变化，以检查油压电磁阀的工作是否正常。不同车型的电子控制自动变速器油压电磁阀的工作原理不完全相同，其检测方法也不一样。

四、主油路油压测试

1．将汽车停放在举升机上，前后车轮用三角木块塞住，举起汽车，如图 11—8—1 所示。

注意：*无发动机转速显示的，安装发动机转速表。*

图 11—8—1　汽车停放在举升机上

2．拆下自动变速器壳体上主油路测压孔或前进挡油路测压孔螺塞，接上油压表，如图 11—8—2 所示。

提示：*左脚用力踩住制动踏板。*

a）

b）

图 11—8—2　接上油压表

3．起动发动机，如图 11—8—3 所示。	 图 11—8—3　起动发动机
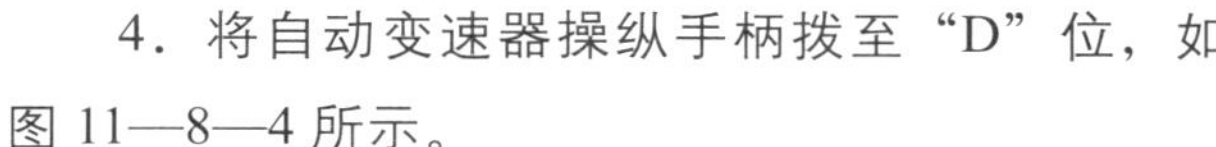 4．将自动变速器操纵手柄拨至“D”位，如图 11—8—4 所示。 5．读出发动机怠速运转时的油压，该油压即为怠速工况下的前进挡主油路油压。	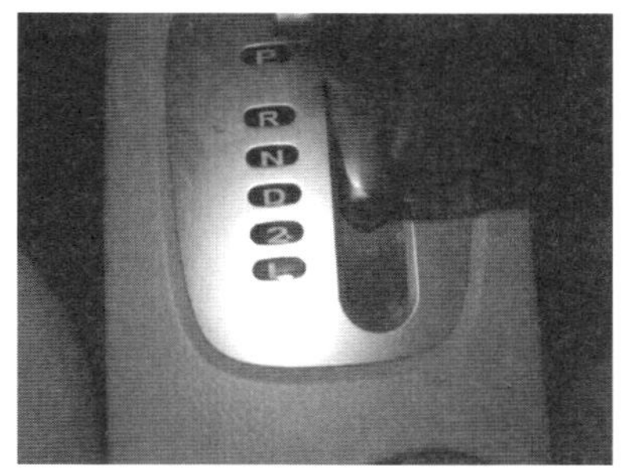 图 11—8—4　将操纵手柄拨至“D”位
6．用左脚踩紧制动踏板，同时用右脚将加速踏板踩到底，在失速工况下读取油压，该油压即为失速工况下的前进挡主油路油压，如图 11—8—5 所示。	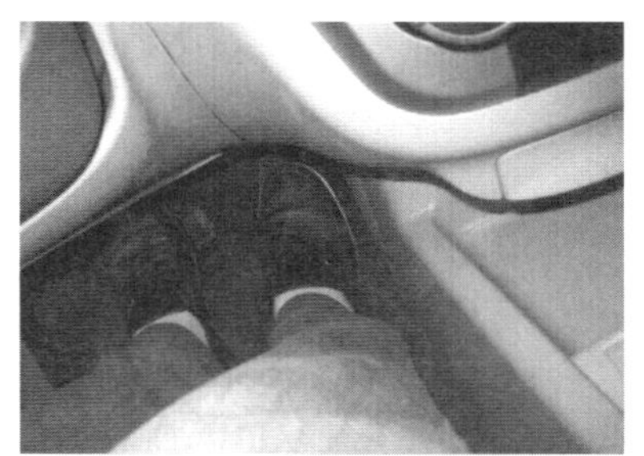 图 11—8—5　同时踩住踏板
7．将操纵手柄拨至空挡或停车挡位置，使发动机怠速运转 1 min 以上，如图 11—8—6 所示。	 图 11—8—6　将操纵手柄拨至空挡

<table>
<tr><td>

8．将操纵手柄拨至各个前进低挡（S 或 2）位置，重复 4 ~ 6 步骤，读出各个前进低挡在怠速工况和失速工况下的主油路油压，如图 11—8—7 所示。

9．将操纵手柄拨至各个前进低挡（L 或 1）位置，重复 4 ~ 6 步骤，读出各个前进低挡在怠速工况和失速工况下的主油路油压。

注：倒挡油压测试也按照以上步骤进行。

</td><td>

图 11—8—7　读出主油路油压

</td></tr>
</table>

课题九　液力自动变速器时滞试验

教学目标：

1．掌握自动变速器时滞试验的内容和方法。

2．能进行自动变速器时滞试验。

训练器材：

整车、液力自动变速器总成、举升机、辅助设备、常用工具等。

操作步骤和技术要求及图示

一、迟滞时间的概念

在发动机怠速运转时，将操纵手柄从空挡拨至前进挡或倒挡后，需要有一段短时间的迟滞或延时才能使自动变速器完成换挡工作，这一时间称为自动变速器换挡迟滞时间。

二、时滞试验的目的

时滞试验的目的是通过测量自动变速器换挡迟滞时间长短来判断主油路油压及换挡执行元件的工作是否正常。

三、时滞试验的注意事项

1．本试验器材比较贵重，未经指导教师允许，不允许乱动。

2．注意人身安全。

3．在时滞试验中，从加速踏板踩下到松开的整个过程的时间不得超过 5 s，否则会使油液温度过高而变质，甚至损坏密封圈等零件。

四、时滞试验分析

大部分自动变速器 N–D 迟滞时间小于 1.0 ～ 1.2 s，N–R 迟滞时间小于 1.2 ～ 1.5 s。若 N–D 迟滞时间过长，说明主油路油压过低，前进挡离合器摩擦片磨损过甚或前进挡单向离合器工作不良；若 N–R 迟滞时间过长，说明倒挡主油路油压过低，倒挡离合器或倒挡制动器磨损过甚或工作不良。

五、时滞试验过程

1．将自动变速器操纵手柄从“P”位拨至“N”位，如图 11—9—1 所示。

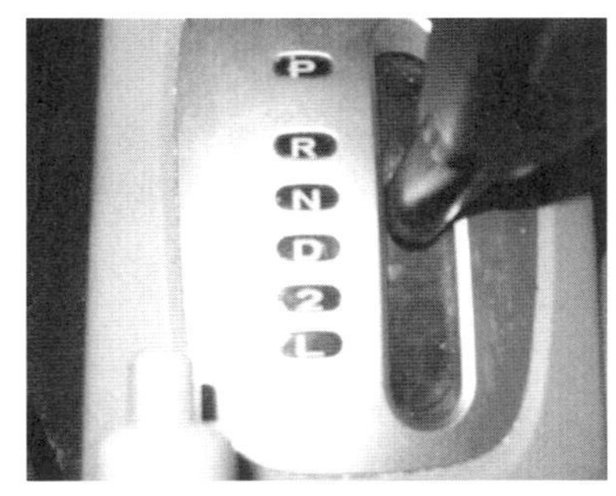

图 11—9—1　将操纵手柄拨至“N”位

2．将操纵手柄从空挡位置拨至前进挡位置，用秒表测量从拨动操纵手柄开始到感觉汽车振动为止所需的时间，该时间称为 N–D 迟滞时间。将操纵手柄拨至“N”位，让发动机怠速运转 1 min 后，再做一次同样的试验，如图 11—9—2 所示。

提示：上述试验进行三次，取平均值。

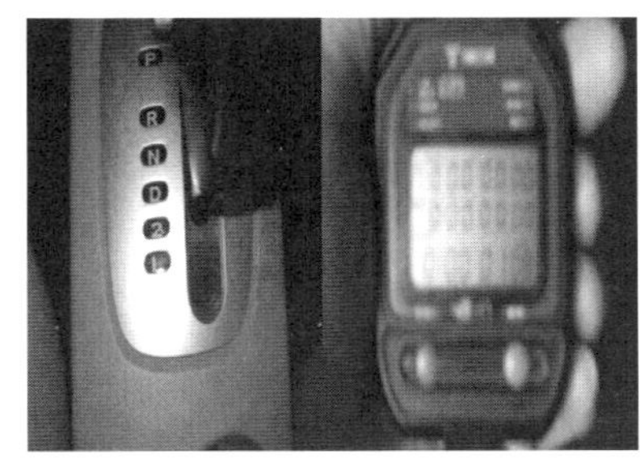

图 11—9—2　N–D 迟滞时间

3．将操纵手柄从空挡位置拨至倒挡位置，用秒表测量从拨动操纵手柄开始到感觉汽车振动为止所需的时间，该时间称为 N–R 迟滞时间。将操纵手柄拨至“N”位，让发动机怠速运转 1 min 后，再做一次同样的试验，如图 11—9—3 所示。

提示：上述试验进行三次，取平均值。

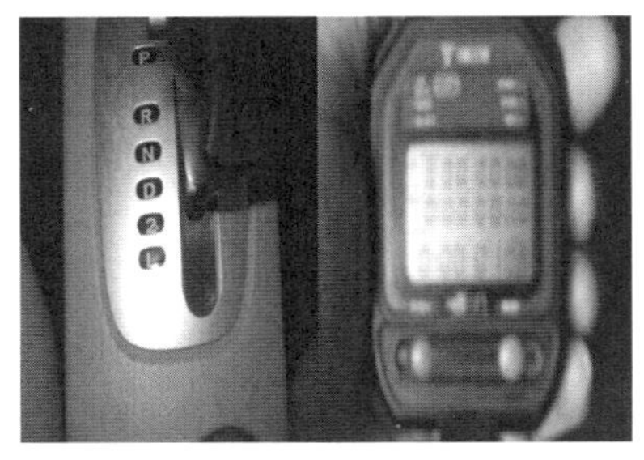

图 11—9—3　N–R 迟滞时间

课题十　液力自动变速器失速试验

教学目标：

1．掌握自动变速器失速试验的内容和方法。

2．能进行自动变速器失速试验。

训练器材：

整车、液力自动变速器总成、举升机、垫木、辅助设备、常用工具等。

操作步骤和技术要求及图示

一、失速的概念

在前进挡或倒挡中，踩住制动踏板并完全踩下加速踏板时，发动机处于最大转矩工况，此时自动变速器的输出轴及输入轴均静止不动，变矩器的涡轮不动，只有变矩器壳及泵轮随发动机一同转动，此工况称为失速工况，此时发动机的转速称为失速转速。

二、失速试验的目的

失速试验的目的是通过测量变速器在 D 位和 R 位时发动机的最高转速，来分析判断发动机输出功率、变矩器及自动变速器中制动器和离合器等换挡执行元件的工作是否正常。

三、失速试验的注意事项

由于在失速工况下，发动机的动力全部消耗在自动变速器油的内部摩擦损失上，自动变速器油的温度将急剧上升，因此在失速试验中，加速踏板从踩下到松开整个过程的时间不得超过 5 s，否则会使自动变速器油因温度过高而变质，甚至损坏密封圈等零件。在一个挡位试验完成之后，不要立即进行下一个挡位的试验，而要等油温下降以后再进行。试验结束后不要立即熄火，应将自动变速器操纵手柄拨入空挡或停车挡，让发动机怠速运转几分钟，以使自动变速器油温度正常。如果在试验中发现驱动轮因制动力不足而转动，应立即松开加速踏板，停止试验。

四、失速试验过程

1．将汽车停放在宽阔的地面上或举升机上，前后车轮用三角木块塞住，如图 11—10—1 所示。

注意：无发动机转速显示的，安装发动机转速表。

图 11—10—1　固定车辆位置

2．拉紧驻车制动，如图 11—10—2 所示。

提示：左脚用力踩住制动踏板。

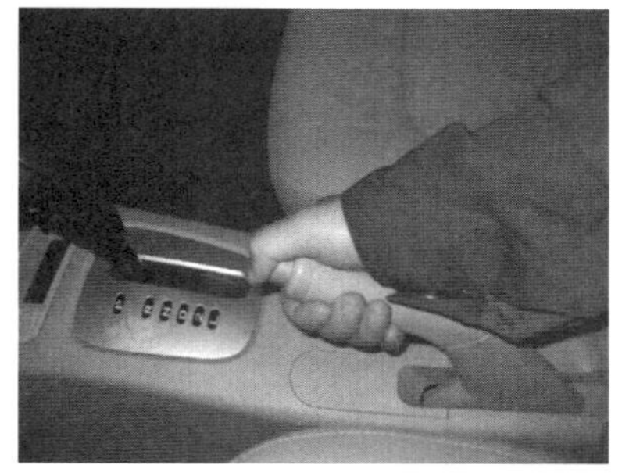

图 11—10—2　拉紧驻车制动

3．起动发动机，如图 11—10—3 所示。

图 11—10—3　起动发动机

4．将自动变速器操纵手柄拨至“D”位，如图 11—10—4 所示。

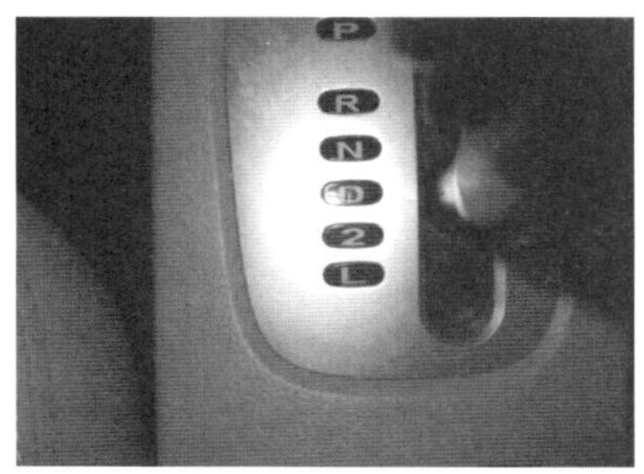

图 11—10—4　将操纵手柄拨至“D”位

5．用左脚踩紧制动踏板，同时用右脚将加速踏板踩到底（图 11—10—5），迅速读取此时发动机的最高转速（图 11—10—5）。

图 11—10—5　同时踩住踏板

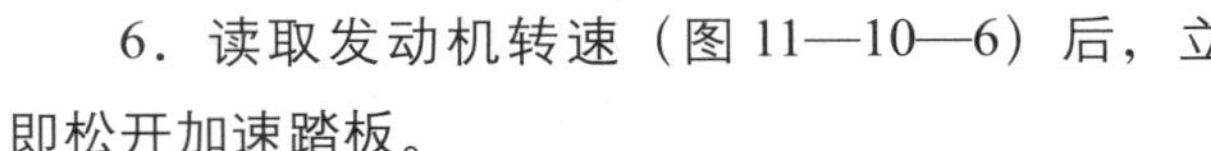

6．读取发动机转速（图 11—10—6）后，立即松开加速踏板。

图 11—10—6　读取发动机转速

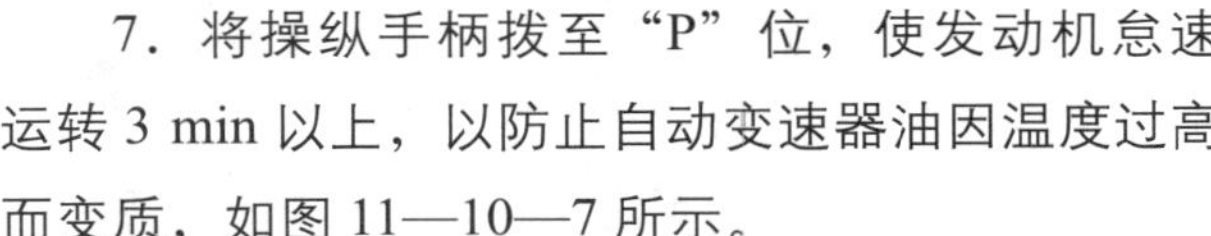

7．将操纵手柄拨至“P”位，使发动机怠速运转 3 min 以上，以防止自动变速器油因温度过高而变质，如图 11—10—7 所示。

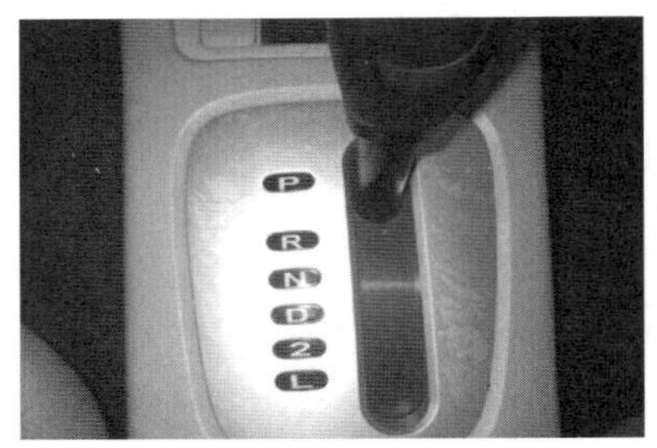

图 11—10—7　将操纵手柄拨至“P”位

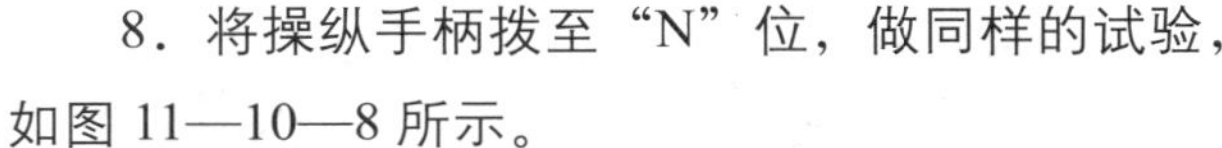

8．将操纵手柄拨至“N”位，做同样的试验，如图 11—10—8 所示。

图 11—10—8　将操纵手柄拨至“N”位

9．将操纵手柄拨至“R”位，做同样的试验，如图 11—10—9 所示。

图 11—10—9　将操纵手柄拨至“R”位

五、失速试验分析

不同车型的自动变速器都有其失速转速标准，若失速转速与标准值相符，说明自动变速器的油泵、主油路油压及各个换挡执行元件的工作基本正常。若失速转速高于标准值，说明主油路油压过低或换挡执行元件打滑。若失速转速低于标准值，则可能是发动机动力不足或液力变矩器有故障。例如，当液力变矩器的导轮单向离合器打滑时，液力变矩器在液力偶合器的工况下工作，其变矩比下降，从而使发动机的负荷增大，转速下降。下面以桑塔纳 2000 车型为例加以说明：

1．转速与标准值（表 11—10—1）相符，说明自动变速器的油泵、主油路油压及各个换挡执行元件的工作基本正常。

2．若失速转速高于标准值，说明主油路油压低或相关换挡执行元件打滑。

3．若失速转速低于标准值，则可能是发动机动力不足或液力变矩器有故障。

4．失速转速不正常的原因见表 11—10—2。

表 11—10—1　转速标准值

适用车型	适用的自动变速器	失速转速（r/min）
桑塔纳 2000	01N	2 000

表 11—10—2　失速转速不正常的原因

操纵手柄的位置	失速转速	故障原因
所有位置	过高	主油路油压过低 前进挡和倒挡的换挡执行元件打滑 低挡及倒挡制动器打滑
	过低	发动机动力不足 变矩器导轮的单向离合器打滑
仅在 D 位	过高	前进挡油路油压过低 前进挡离合器打滑
仅在 R 位	过高	倒挡油路油压过低 倒挡及高挡离合器打滑

课题十一　液力自动变速器道路试验

教学目标：

1．掌握液力自动变速器道路试验的内容和方法。

2．能进行自动变速器道路试验。

训练器材：

整车、液力自动变速器总成、举升机、辅助设备、常用工具等。

操作步骤和技术要求	图示

道路试验是诊断、分析自动变速器故障最有效的手段之一。此外，自动变速器在修复之后，也应进行道路试验，以检查其工作性能，检验修理质量。自动变速器道路试验的内容主要有：检查换挡车速、换挡质量，检查换挡执行元件有无打滑等。

一、升挡检查

1．将操纵手柄拨至前进挡“D”位，踩下加速踏板，让汽车起步加速，检查自动变速器的升挡情况，如图 11—11—1 所示。

注意：使节气门保持在 1/2 开度左右。

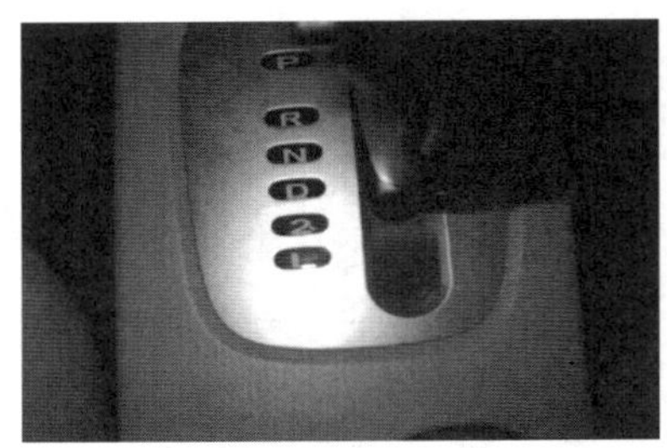

图 11—11—1　前进挡“D”位

2．自动变速器在升挡时发动机会有瞬时转速下降，同时车身有轻微的闯动感，如图 11—11—2 所示。

注意：正常情况下，汽车起步后随着车速的升高，试车者应能感觉到自动变速器能顺利地由 1 挡升入 2 挡，随后再由 2 挡升入 3 挡，最后升入超速挡。

图 11—11—2　瞬时转速下降

二、升挡车速检查

1．将操纵手柄拨至前进挡“D”位，踩下加速踏板，并使节气门保持在某一固定开度，让汽车起步并加速，当察觉到自动变速器升挡时，记下升挡车速。

2．一般 4 挡自动变速器在节气门开度保持在 1/2 时由 1 挡升至 2 挡的升挡车速为 25 ~ 35 km/h，如图 11—11—3 所示。

图 11—11—3　至 2 挡的升挡车速

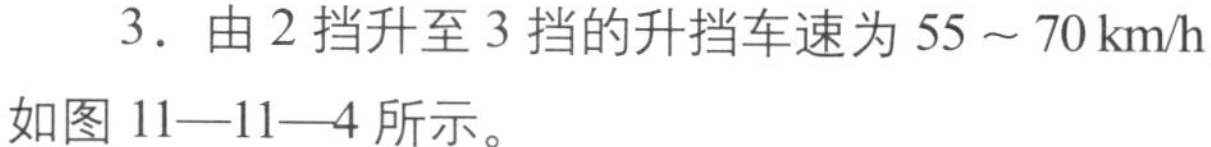

3．由 2 挡升至 3 挡的升挡车速为 55 ~ 70 km/h，如图 11—11—4 所示。

图 11—11—4　至 3 挡的升挡车速

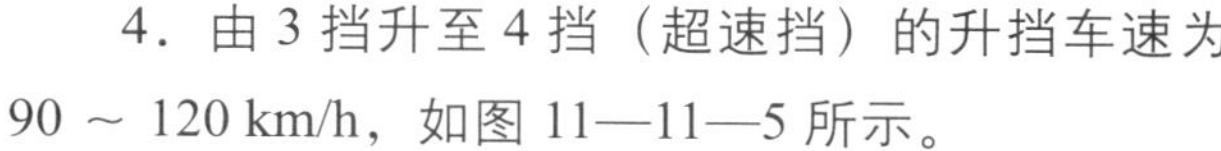

4．由 3 挡升至 4 挡（超速挡）的升挡车速为 90 ~ 120 km/h，如图 11—11—5 所示。

图 11—11—5　至 4 挡的升挡车速

由于升挡车速和节气门开度有很大的关系，即节气门开度不同时，升挡车速也不同。而且不同车型的自动变速器各挡位传动比的大小都不相同，其升挡车速也不完全一样。因此，只要升挡车速基本保持在上述范围内，而且汽车行驶中加速良好，无明显的换挡冲击，都可认为其升挡车速基本正常。若汽车行驶中加速无力，升挡车速明显低于上述范围，说明升挡车速过低（即过早升挡）。若汽车行驶中有明显的换挡冲击，升挡车速明显示高于上述范围，说明升挡车速过高（即太迟升挡）。

三、升挡时发动机转速的检查

1．在正常情况下，若自动变速器处于经济模式或普通模式，节气门保持在低于 1/2 开度范围

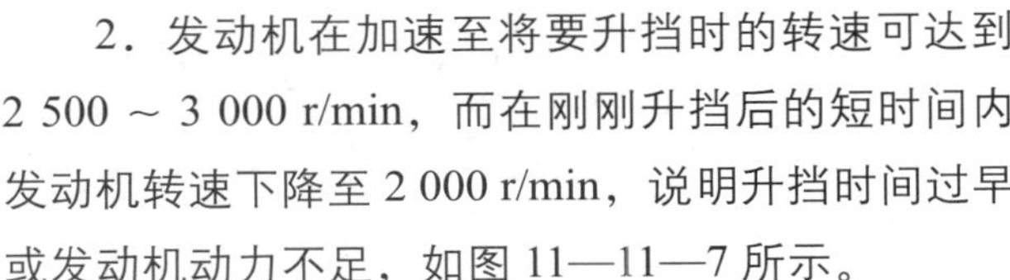

内，则汽车在由起步加速直至升入高速挡的整个行驶过程中，发动机转速都将低于 3 000 r/min，如图 11—11—6 所示。

图 11—11—6　节气门低于 1/2 开度范围时的发动机转速

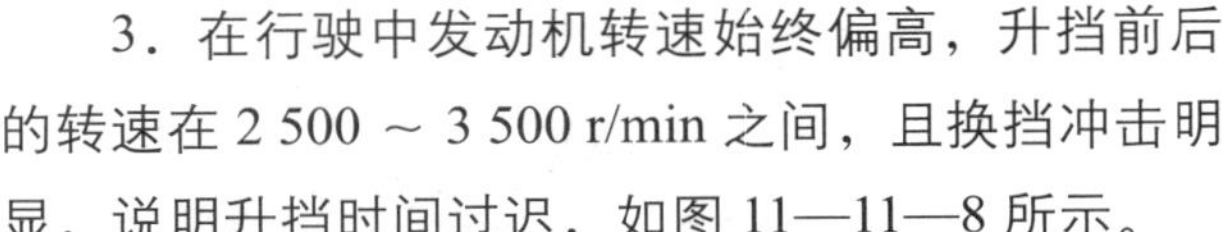

2．发动机在加速至将要升挡时的转速可达到 2 500 ～ 3 000 r/min，而在刚刚升挡后的短时间内发动机转速下降至 2 000 r/min，说明升挡时间过早或发动机动力不足，如图 11—11—7 所示。

图 11—11—7　升挡后的转速

3．在行驶中发动机转速始终偏高，升挡前后的转速在 2 500 ～ 3 500 r/min 之间，且换挡冲击明显，说明升挡时间过迟，如图 11—11—8 所示。

图 11—11—8　升挡转速偏高

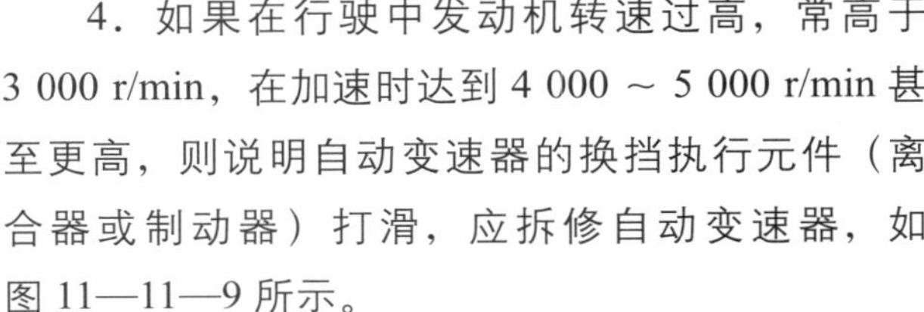

4．如果在行驶中发动机转速过高，常高于 3 000 r/min，在加速时达到 4 000 ～ 5 000 r/min 甚至更高，则说明自动变速器的换挡执行元件（离合器或制动器）打滑，应拆修自动变速器，如图 11—11—9 所示。

图 11—11—9　转速过高

四、锁止离合器工作状况检查

1．加速至超速挡，以高于 80 km/h 的车速行驶，并让节气门开度保持在低于 1/2 的位置，使变矩器进入锁止状态，如图 11—11—10 所示。

图 11—11—10　变矩器进入锁止状态时的车速

2．快速将加速踏板踩下至节气门为 2/3 开度，同时检查发动机转速的变化情况。

(1) 发动机转速没有太大的变化，说明锁止离合器处于结合状态。

(2) 发动机转速升高很多，则表明锁止离合器没有结合，其原因通常是锁止控制系统有故障。

五、发动机制动作用检查

1．将操纵手柄拨至前进低挡 S 或 2 位置，在汽车以 2 挡行驶时，突然松开加速踏板，检查是否有发动机制动作用，如图 11—11—11 所示。

图 11—11—11　在 2 挡位置松加速踏板

2．将操纵手柄拨至前进低挡 L 或 1 位置，在汽车以 1 挡行驶时，突然松开加速踏板，检查是否有发动机制动作用，如图 11—11—12 所示。

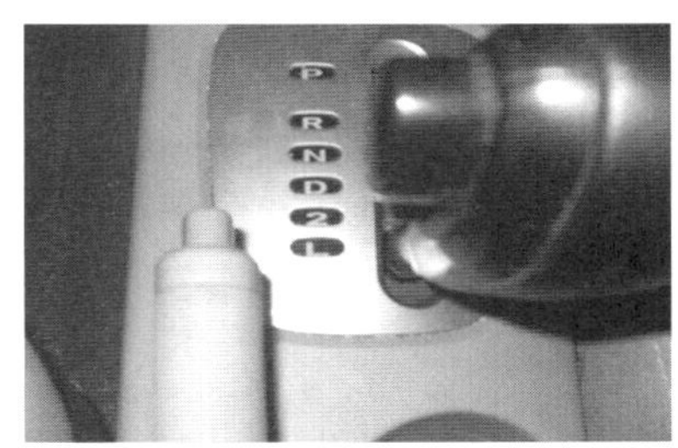

图 11—11—12　在低挡 L 或 1 位置松加速踏板

3．松开加速踏板后车速立即随之下降，说明有发动机制动作用；否则说明控制系统或前进强制离合器有故障。

六、强制降挡功能的检查

1．将操纵手柄拨至前进挡“D”位置，保持节气门开度为 1/3 左右，在以 2 挡、3 挡或超速挡行驶时突然将加速踏板完全踩到底，检查自动变速器是否被强制降低一个挡位，如图 11—11—13 所示。

图 11—11—13　检查强制降挡低位

2．强制降挡时，发动机转速会突然上升至 4 000 r/min 左右，并随着加速升挡，转速逐渐下降，如图 11—11—14 所示。

3．若踩下加速踏板后没有出现强制降挡，说明强制降挡功能失效。

图 11—11—14　检查强制降挡

4．在强制降挡时发动机转速升高反常，达 (5 000 ～ 6 000) r/min，并在升挡时出现换挡冲击，则说明换挡执行元件打滑，应拆修自动变速器，如图 11—11—15 所示。

图 11—11—15　强制降挡时发动机转速升高反常

七、P 位制动效果检查

1．将汽车停在坡度大于 9° 的斜坡上。

2．将操纵手柄拨至“P”位，松开驻车制动。

3．检查 P 位锁止效果，如图 11—11—16 所示。

注意：正常情况下，汽车不应该滑坡。

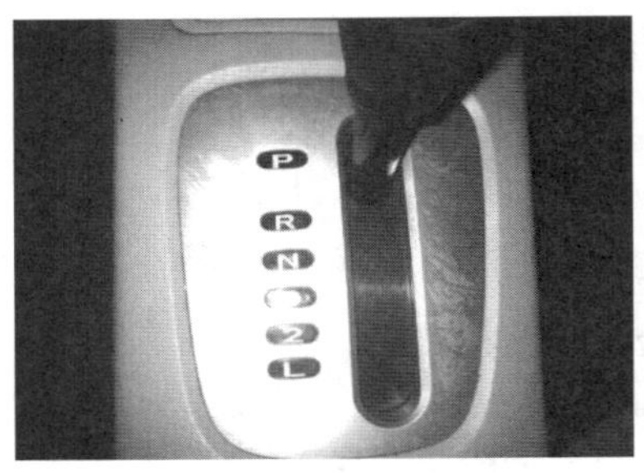

图 11—11—16　检查 P 位锁止效果

第十二单元　万向传动装置检修

课题一　等角速万向传动装置检修

教学目标：

1. 掌握拆装传动轴的操作方法。
2. 能对等角速万向传动轴总成进行检修。

训练器材：

整车、传动轴、举升机、扭力扳手、常用维修工具、量具等。

操作步骤和技术要求及图示

一、传动轴的拆卸

1. 拆卸前，应将汽车停在水平地面上，用止动块将汽车前后轮挡住，以防汽车溜动（图 12—1—1）。

图 12—1—1　车辆准备

2. 旋松车轮螺栓（图 12—1—2）。

提示：螺栓应对角松开。

3. 旋下传动轴与轮毂的紧固螺母。

图 12—1—2　旋松车轮螺栓

4. 将轮胎从车上取下（图 12—1—3）。

图 12—1—3　取下轮胎

5．旋下传动轴上的法兰螺栓（图 12—1—4）。

图 12—1—4 旋下法兰螺栓

6．拆下悬挂臂车轮轴承壳上的紧固螺栓（图 12—1—5）。

图 12—1—5 拆下紧固螺栓

7．用撬杠压出下臂球头（图 12—1—6）。

图 12—1—6 压出下臂球头

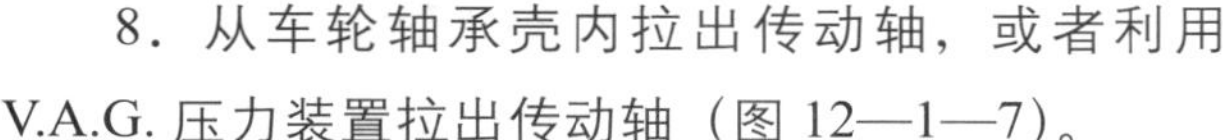

8．从车轮轴承壳内拉出传动轴，或者利用 V.A.G. 压力装置拉出传动轴（图 12—1—7）。

注意：拆卸传动轴时应使用拉具。拆掉传动轴后，应装上一根连接轴来代替传动轴，防止移动卸掉传动轴的车辆时损坏前轮轴承总成。

图 12—1—7 拉出传动轴

二、传动轴的分解

1．从传动轴上拆卸外万向节总成（图12—1—8）。

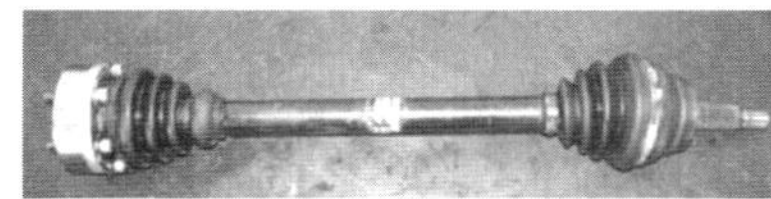

图 12—1—8　外万向节总成

（1）用钳子（或钢锯）将万向节防尘罩上的夹箍钳（锯）开（图 12—1—9）。

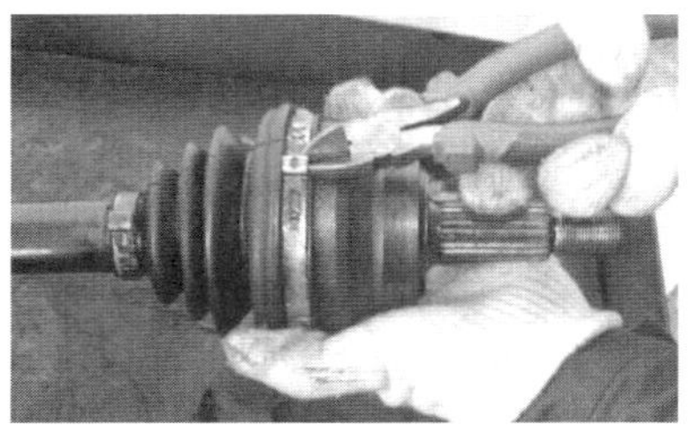

图 12—1—9　防尘罩上的夹箍

（2）用一把轻金属锤子用力从传动轴上敲下外万向节（图 12—1—10）。

图 12—1—10　敲下外万向节

（3）取出球笼总成（图 12—1—11）。

图 12—1—11　取出球笼总成

（4）取出碟形座圈、隔套圈（图 12—1—12）。

图 12—1—12　取出碟形座圈、隔套圈

（5）取下弹性挡圈（图 12—1—13）。

图 12—1—13　取下弹性挡圈

（6）取下外防护罩（图 12—1—14）。

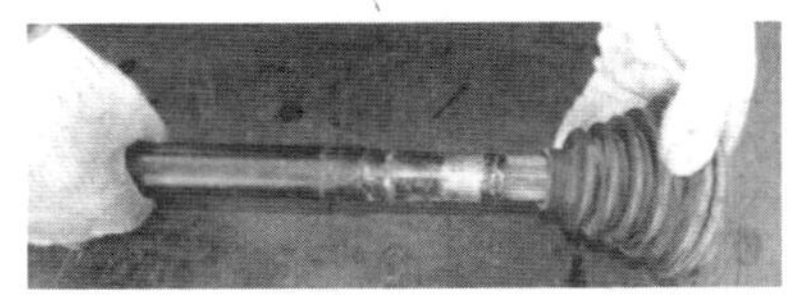
图 12—1—14　取下外防护罩

2．将拆卸下来的外万向节分解（图 12—1—15）

（1）分解前，用电子划线器或滑石标出球毂与球保持架和壳体的相对位置。

（2）转动球毂和球保持架。

（3）将球逐个拆掉。每个万向节的六个球，属于同一个公差级别。

（4）拆下带有毂的保持架。

图 12—1—15　外万向节分解

3．从传动轴上拆卸内万向节总成

（1）拆卸内万向节弹性挡圈（图 12—1—16）。

图 12—1—16　拆卸内万向节弹性挡圈

（2）压出内万向节（图 12—1—17）。

（3）取出万向节与碟形座圈。

图 12—1—17　压出内万向节

（4）取下外防护罩（图 12—1—18）。

图 12—1—18　取下外防护罩

4．将内万向节分解和检查

（1）检查转动毂和保持架，如图 12—1—19 所示。检查万向节、毂、保持架及球是否有凹坑及发卡现象。如果万向节内的游隙过大，换挡时能感到撞击作用，出现这种情况，必须更换万向节。

（2）把球压出球保持架。通过球的运行轨道，从保持架中压出球毂。

（3）将零部件清洗后置于工作台上，检查磨损情况。

图 12—1—19 检查保持架

5．内万向节安装

（1）通过两个倒棱，将球毂插入球保持架（图 12—1—20），安装位置任意。

注意：壳体上的宽边 a 与毂上的窄边 b 必须对齐，球毂内径（花键）上的凹槽必须面对万向节大直径端。

图 12—1—20 将球毂插入球保持架

（2）把球压入保持架。改变毂的方向，就能把毂从保持架下拿出来，因此球与壳体的轨道将有一定的距离。

（3）把毂、保持架、球垂直嵌入万向节。用力压保持架，就能把毂和球完全装进球毂。

（4）用压缩空气清洁万向节内部杂物，并加注润滑脂（图 12—1—21）。

图 12—1—21 加注润滑脂

6．外万向节安装（图 12—1—22）

（1）在传动轴上安装防护罩。

（2）安装弹簧挡圈。

（3）在防尘套内加注润滑脂。

（4）将外万向节装到传动轴上。

注意：在万向节上安装防尘罩时，防尘罩经常会受到挤压，因而在防尘罩内部就会产生一定的真空，车辆行驶中会产生一个内吸的折痕。因此，在安装防尘罩小口径之后，要稍微充点气，使压力平衡，不产生皱褶。

（5）用夹箍夹住防尘罩。

（6）检查转动是否灵活。

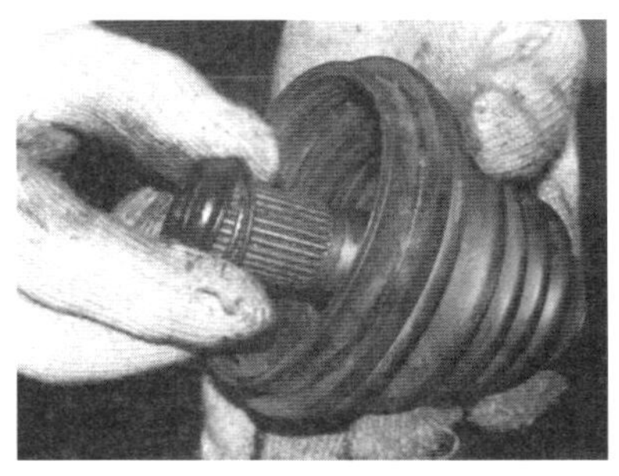

图 12—1—22 装外万向节

（7）检查万向节的工作状况，如果用手沿轴向范围能将球毂装进或移出，则说明万向节装配正确。

7．将内万向节装到传动轴上（图 12—1—23）

（1）在传动轴上安装防护罩。

（2）装入新碟形座圈并压上内万向节。

（3）加注专用润滑脂。

（4）装入内万向节弹性挡圈（图 12—1—24）。

（5）检查转动是否灵活（图 12—1—25）。

8．将传动轴总成装到车辆上

（1）装复前，应擦净传动轴与轮毂花键上的油污。

（2）将等速万向节的花键涂上一圈 5 mm 厚的润滑脂 D6，然后装上传动轴花键套。

提示：涂上润滑脂 D6 后，应停车 1 h 后方可使用汽车。

（3）将传动轴装复到变速器的凸缘轴上（图 12—1—26）。

提示：内球笼紧固螺栓的拧紧力矩为 40 N•m，对角拧紧。

（4）将球形接头装复到原位置，并拧紧螺母。

提示：球形接头拧紧螺母的拧紧力矩为 50 N•m。

（5）装上车轮。必要时，检查车轮外倾角。在前悬挂下壁上固定球形接头时，应注意不要损坏波纹管护套。

（6）放下汽车，拧紧轮毂螺母。

提示：轮毂螺母的拧紧力矩为 230 N•m。

图 12—1—23　装内万向节

图 12—1—24　装入弹性挡圈

图 12—1—25　检查转动是否灵活

图 12—1—26　装复传动轴

三、传动轴的检查

1．检查外等角速万向节时，各球节处的六个钢球要求一定的尺寸公差，并与球毂一起成为一组配合件。检查轴、球笼、球毂与钢球有无凹陷与磨损。若万向节游隙过大，则必须更换。

2．检查内等角速万向节时，检查球笼壳、球毂、球笼及钢球有无凹陷与磨损，如磨损严重应更换。内等角速万向节只能整体调换，而不允许单个更换。

3．检查传动轴是否有弯曲变形。传动轴径向跳动使用极限值为 1 mm，若超过此极限时应予校正或更换。校正后传动轴的径向跳动应不大于 0.50 mm，如弯曲变形严重则应予以更换。

4．万向传动装置的装配。安装外等角速万向节时，将约 22.5 g 的润滑脂注入万向节内，并将球笼连同球壳一起装入球笼壳体，对角交替地压入钢球，应保持球壳在球笼以及球笼壳内的原来位置。将弹性挡圈装入球毂，并将润滑脂压入万向节。装配内等角速万向节时，对准凹槽，将球毂嵌入球笼，将钢球压入球笼，将带钢球与球笼的球毂垂直装入壳体。安装时应注意：旋转之后球笼壳上的宽间隔应对准毂上的窄间隔，而且球壳内径上的倒角必须对准球笼的大直径端。扭转球毂，这样球毂就能转出球笼，使钢球在与壳体中的球槽配合有足够的间隙。而后用力揿压球笼（箭头）使装有钢球的球毂完全转入球笼壳内。

5．检查万向节功能，如果球笼壳组装正确，那么用手能将球毂在轴向范围内来回灵活推动。将碟形座圈装在带齿的内径与实心轴配合的位置上。使用专用工具压入万向节内圈，再将万向节压入轴座，使弹性挡圈贴合。在装配时，应将球壳内碟形座圈和间隔垫片的安装位置上的倒角面向传动轴靠肩。在万向节上安装防尘罩，在安装防尘罩小口径之后，要稍微充点气，然后夹紧软管箍或夹头。采取上述做法的原因是：在车辆运行中，防尘罩经常受挤压，罩内产生真空；事先充点气，可使压力平衡，不易产生皱褶。

6．安装传动轴。装配前应擦去传动轴、轮毂花键上的油污和防护剂残留物。将等速万向节的花键涂上一圈 5 mm 厚的防护剂 D6，然后装上传动轴花键套。注意对于涂防护剂 D6 后的传动轴，装车后应停车 1 h 以后才可使用。将球形接头重新装配在原位置，并拧紧螺母。

7．必要时，检查前轮外倾角。在前悬控下臂上固定球形接头时，应注意不能损坏波纹管护套。最后拧紧轮毂固定螺母。

课题二　十字轴式普通刚性万向节传动轴检修

教学目标：

1．掌握拆装传动轴的操作方法。

2．能对十字轴式普通刚性万向节传动轴总成进行检修。

训练器材：

装有十字轴式普通刚性万向节传动装置的车辆，常用拆装工具等。

<table>
<tr><th>操作步骤和技术要求</th><th>图示</th></tr>
<tr><td>

一、从整车上拆卸传动轴

1．拆卸传动轴前，应首先用挡块挡住汽车前后轮，防止汽车滑动造成事故。

2．拆卸传动轴应从后端开始，依次向前拆（图 12—2—1）。

二、传动轴总成的分解

1．分解总成前，按如图 12—2—2 所示的方法，在每个万向节叉的突缘上做好标记，以确保原位装复，否则极易破坏万向传动装置的平衡性，造成运转噪声和强烈振动。

2．滑动花键副的分解

拧开套筒叉油封盖，将花键轴从套筒叉里拔出来，取下油封、油封垫片和油封盖。

3．万向节分解（图 12—2—3）

（1）用卡簧钳将每个耳孔内的弹性挡圈取出。

（2）拆下十字轴。

注意：把十字轴转到油嘴在开挡大的地方，以防碰坏。

4．中间支承装置的分解

传动轴结构不同，其分解方法和步骤也不尽相同。

</td><td>

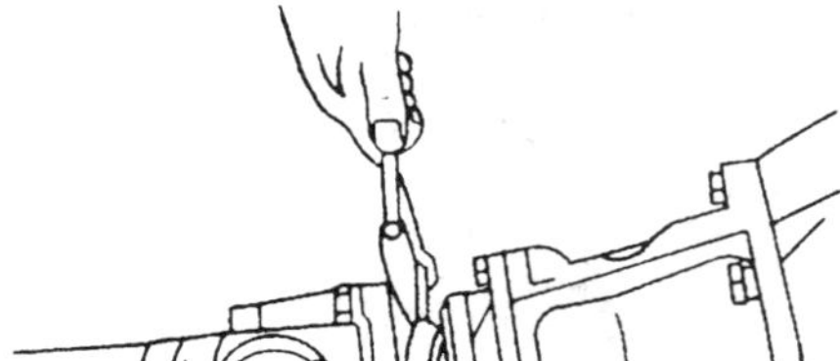

图 12—2—1　拆万向传动装置连接螺栓

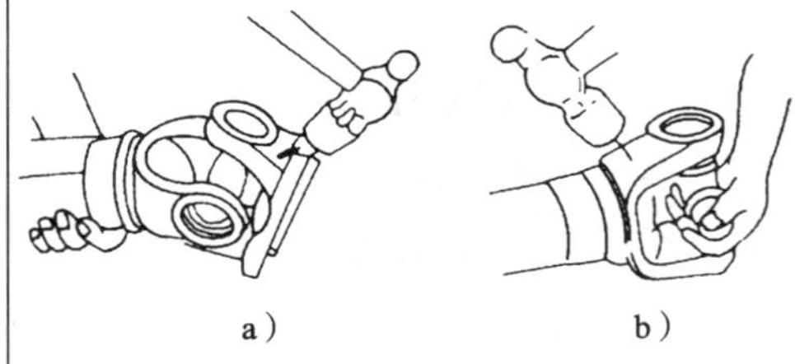

图 12—2—2　拆下十字轴

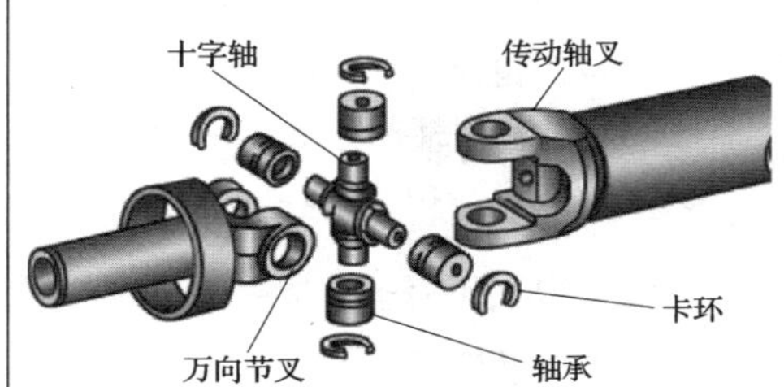

图 12—2—3　十字轴万向节分解图

</td></tr>
</table>

三、传动轴总成的检修

1．万向节的检修

(1) 万向节的十字轴不得有裂纹，轴颈表面若有金属剥落、磨损并有明显凹陷应更换，轴颈有轻微剥落时可用油石打光剥落表面后继续使用。十字轴与轴承配合应符合要求，其间隙为 0.02 ~ 0.14 mm，不得超过 0.25 mm。

(2) 万向节十字轴轴承壳如有磨损起槽或破损，应更换。

(3) 十字轴轴承滚针不得有严重烧蚀和疲劳剥落，否则应更换。

(4) 滚针轴承油封不能失效。

2．传动轴花键套与花键的检修

(1) 传动轴轴筒表面不得有明显的凹陷和任何性质的裂痕，轴管全长上的径向圆跳动误差超过标准时（全长小于 1 m 的传动轴径向圆跳动误差不超过 0.8 mm，全长大于 1 m 的传动轴不大于 1.0 mm），可采用冷压法校正。

(2) 传动轴花键轴、花键套的花键齿磨损不能过多，若二者配合间隙超过规定(0.025 ~ 0.030 mm)，可根据实际情况更换新件或采用局部更换法、压力加工收缩法、堆焊修复法等修复后继续使用。

(3) 检查传动轴万向节叉、凸缘叉平面的磨损情况，以及螺纹孔有无损伤。检查轴承壳轴承孔的磨损情况，轴承壳与万向节叉轴承孔的间隙为 −0.035 ~ +0.050 mm。

(4) 检查传动轴中间支承。检查油封和橡胶衬垫是否损伤，支承轴承转动是否灵活，若不符合要求应更换。中间支承的轴向间隙应不大于 0.5 mm，径向间隙应不大于 0.05 mm。

四、装复和润滑

1．装复

基本上按与分解相反的步骤，先装传动轴总成，然后再将它装到整车上，安装时应从前端开始，逐步往后装。装复时要注意以下事项：

(1) 传动轴总装配时应使两端的万向节叉位于同一平面内，同时应保证与传动轴两端通过万向节相连的两轴与传动轴的夹角相等。

(2) 传动轴装配时必须对正装配记号，以免改变动平衡。

(3) 为便于润滑，十字轴不可装反，油嘴必须朝向传动轴一边，三个十字轴、一个花键套上的油嘴应在同一直线上；中间支承轴承油封盖上有油嘴的应装在支架的后面，油嘴朝下。

(4) 传动轴的防尘罩必须完整，并用卡子紧固。两只卡子的锁扣应装在传动轴的径向相对位置上，以防失去平衡。

2．润滑

三个万向节、滑动花键副和中间支承共五处，通过油嘴注入 2 号工业锂基润滑脂。

第十三单元　驱动桥及主减速器、差速器检修

课题一　驱动桥主要零件拆装

教学目标：

1．掌握驱动桥的拆装方法、检修内容。

2．能对驱动桥主要零件进行检修。

训练器材：

驱动桥总成、调整垫片、扭力扳手、轴承拉力器、常用工具等。

操作步骤和技术要求及图示

桑塔纳2000系列轿车变速器为两轴式，其输出轴上的锥齿轮即为主减速器的主动锥齿轮。桑塔纳2000系列轿车主减速器为单级式，主减速齿轮是一对螺旋伞齿轮，齿面为准双曲面。主减速器传动比为4.444。差速器为行星齿轮式，车速表驱动齿轮安装于差速器壳体上。主减速器和差速器的分解如图13—1—1所示。

一、主动锥齿轮和从动锥齿轮总成的拆装

1．主动锥齿轮和从动锥齿轮总成的拆卸

(1) 拆卸变速器，将其固定在支架上，拆下轴承支座和后盖。

(2) 取下车速传感器，如图13—1—2所示。

(3) 锁住传动轴（半轴），拆下紧固螺栓，取下传动轴，如图13—1—3所示。

(4) 取下车速里程表的主动齿轮导向器和齿轮。

(5) 拆下主减速器盖（图13—1—4），从变速器壳体上取下差速器。

(6) 用铝质夹具将差速器壳固定在台虎钳上，拆下从动齿轮紧固螺栓，如图13—1—5所示。

注意：从动锥齿轮的紧固螺栓是自动锁紧的，一经拆卸就必须更换。

(7) 取下从动锥齿轮，如图13—1—6所示。

(8) 拆下并分解变速器输出轴。仔细检查所有零件，尤其是同步器环和齿轮，对于损坏和磨损的零件应进行更换。

2．主动锥齿轮和从动动锥齿轮总成的安装

(1) 在变速器输出轴上装上所有齿轮、轴承及同步器，计算输出轴的调整垫片S3的厚度。

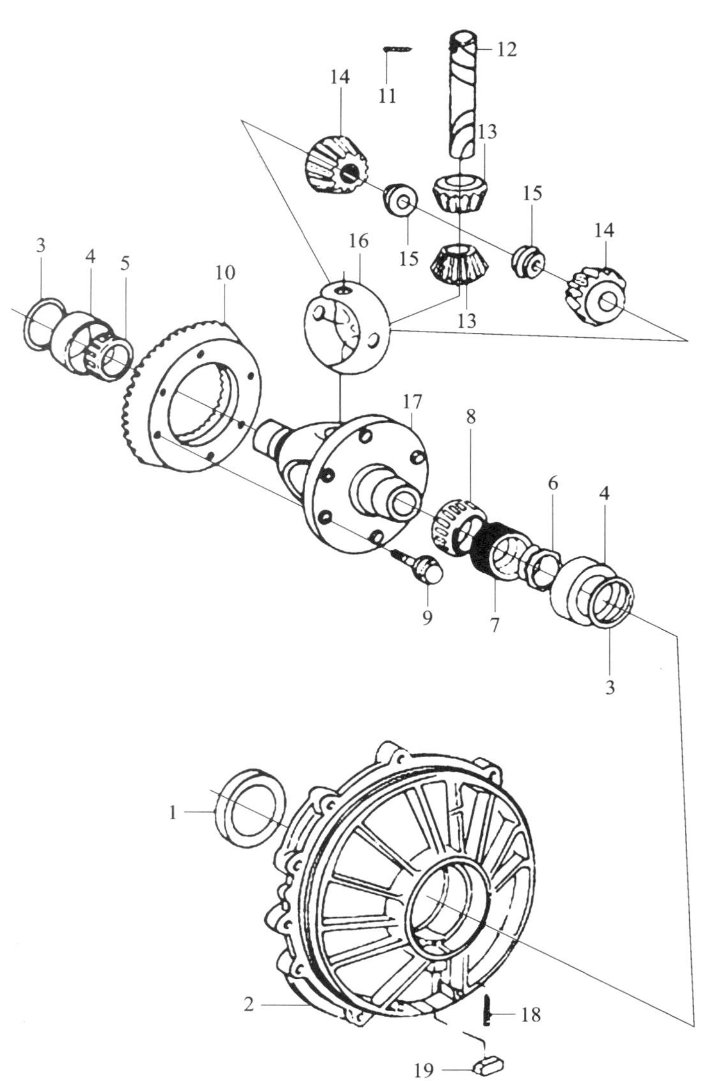

图 13—1—1　主减速器和差速器的分解图

1—密封圈　2—主减速器盖　3—从动锥齿轮的调整垫片（S1 和 S2）　4—轴承外圈　5—差速器轴承　6—锁紧套筒　7—车速表主动齿轮　8—差速器轴承　9—螺栓（拧紧力矩 70 N·m）　10—从动锥齿轮　11—夹紧销　12—行星齿轮轴　13—行星齿轮　14—半轴齿轮　15—螺纹管　16—复合式止推垫片　17—差速器壳　18—磁铁固定销　19—磁铁

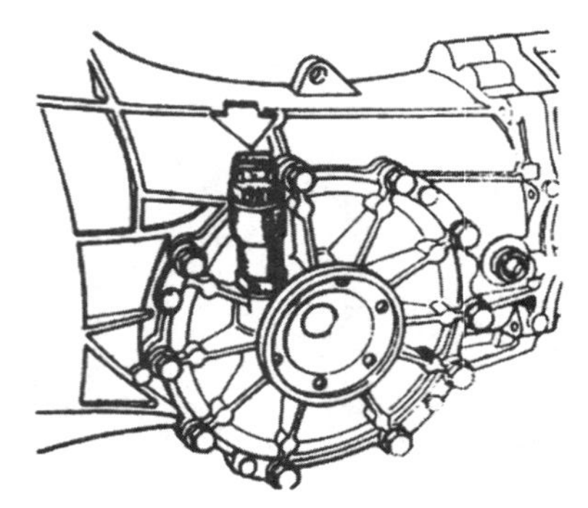
图 13—1—2　取下车速传感器

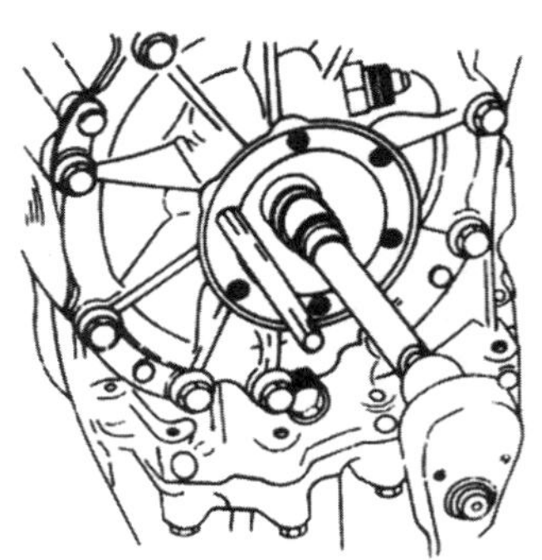
图 13—1—3　取下传动轴

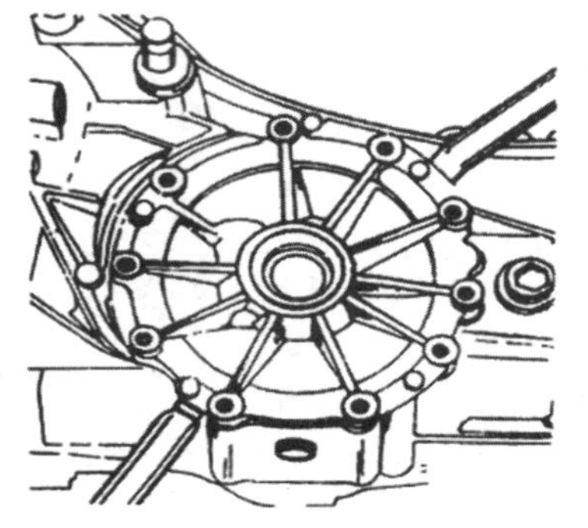
图 13—1—4　拆下主减速器盖

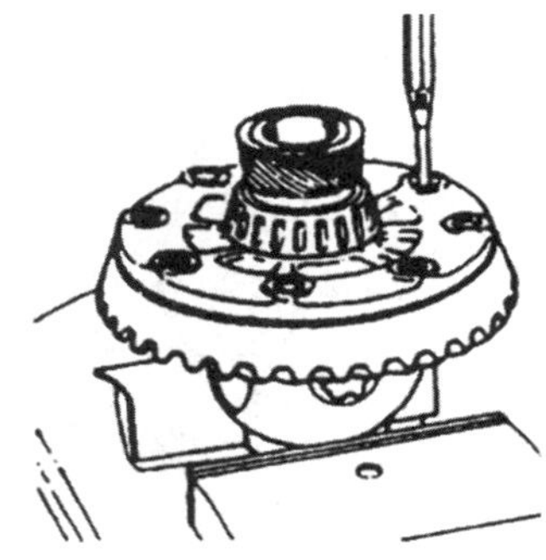
图 13—1—5　拆下从动齿轮紧固螺栓

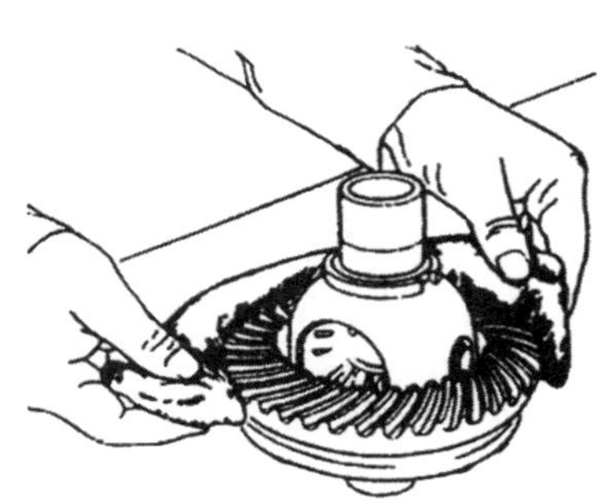
图 13—1—6　取下从动锥齿轮

（2）在 120℃温度下给从动锥齿轮加热，并将其装在差速器壳上，安装时用两个螺纹销作导向。

（3）装上新的从动锥齿轮螺栓，并用 70 N・m 的力矩交替旋紧。

（4）计算从动齿轮调整垫片 S1 和 S2 的厚度，把选择好的垫片装在适当位置上。

（5）将轴承支座装在变速器壳体上（要用新的衬垫），装上变速器后盖。

（6）将差速器装在变速器壳体上。将主减速器盖装在壳体上，用 25 N・m 的力矩旋紧螺栓。

（7）装上车速里程表的主动齿轮和导向器，装上车速传感器。

（8）装上一个半轴凸缘，用錾子将它锁住；装上螺栓，用 20 N・m 的力矩旋紧。装上另一个半轴凸缘。

（9）加注齿轮油并装上变速器。

二、半轴齿轮和行星齿轮的拆装

1．半轴齿轮和行星齿轮的拆卸

（1）拆卸变速器，拆下差速器，拆下从动锥齿轮。

（2）拆下行星齿轮轴的夹紧套筒。

(3) 取下行星齿轮轴，再取下行星齿轮和半轴齿轮。

2．半轴齿轮和行星齿轮的安装

在安装之前，检查复合式止推垫片有无损坏，如需要应进行更换。

(1) 通过半轴凸缘将半轴齿轮固定在差速器壳上。

(2) 将行星齿轮放在适当的位置上，接着转动半轴凸缘使行星齿轮进入差速器壳。

(3) 装上行星齿轮轴，在行星齿轮轴上装上夹紧销。

(4) 取下差速器半轴凸缘。在120℃温度下加热，将从动锥齿轮装在差速器壳上。

(5) 将差速器装在变速器壳体内。

(6) 装上半轴凸缘。

(7) 装上变速器。

课题二　主减速器差速器检修

教学目标：

1．掌握主减速器的调整方法。

2．能熟练地检查或调整轴承的预紧度。

训练器材：

驱动桥总成、调整垫片、百分表、扭力扳手、轴承拉力器、常用工具、专用工具等。

操作步骤和技术要求及图示

主动锥齿轮和从动锥齿轮的调整正确与否，对于主减速器的使用寿命和运转平稳性起着决定性作用。主减速器和差速器总成拆装后，特别是更换某些零部件后，必须通过精确的测量、计算，选出合适的调整垫片，通过改变垫片的厚度来轴向移动主动齿轮，求得平稳运转的最佳位置；通过改变垫片的厚度来轴向移动变速器输出轴上的从动齿轮，使其啮合承压表面（啮合印痕）在最佳位置，并使啮合间隙在规定的公差范围内。

从动锥齿轮和主动锥齿轮总成的调整部位如图13—2—1所示。与理论上的尺寸 R 成比例的偏差 r，在生产过程中已经测量好了，并刻在从动锥齿轮的外侧。主动锥齿轮和从动锥齿轮只能一起更换。

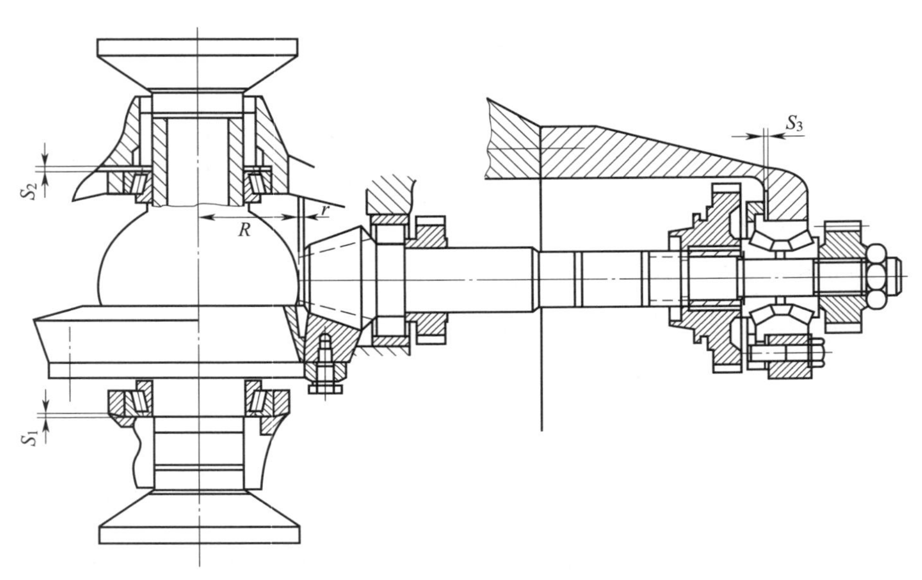

图 13—2—1　从动锥齿轮和主动锥齿轮的调整部位

S_1—调整垫片厚度（从动锥齿轮一边）　S_2—调整垫片厚度（与从动锥齿轮相对的一边）　S_3—输出轴的调整垫片厚度

R—主动锥齿轮理论上的尺寸（R=50.7 mm）

r—与理论上的尺寸 R 成比例的偏差（偏差 r 用 1/100 mm 来表示，例如，“25”表明 r=0.25 mm）

根据零件的排列情况，会出现“间隙”，这在调整主动锥齿轮和从动锥齿轮时应该考虑。因此，在拆卸变速器之前，最好测量齿面的平均间隙以及偏差 r。只要修理影响到主动锥齿轮和从动锥齿轮位置的零部件，必须重新选择调整垫片 S_1、S_2 和 S_3。

一、主动锥齿轮的调整

只要轴承支座、主动锥齿轮的后轴承、1 挡齿轮的滚针轴承外圈、输出轴的后轴承外圈被更换，就必须通过调整垫片 S_3 来调整主动锥齿轮。

1．装上轴承支座的后轴承外圈（无调整垫片）。装上轴承的保持架，并用 25 N • m 的力矩旋紧螺栓。

2．装上输出轴和外后轴承，如图 13—2—2 所示。

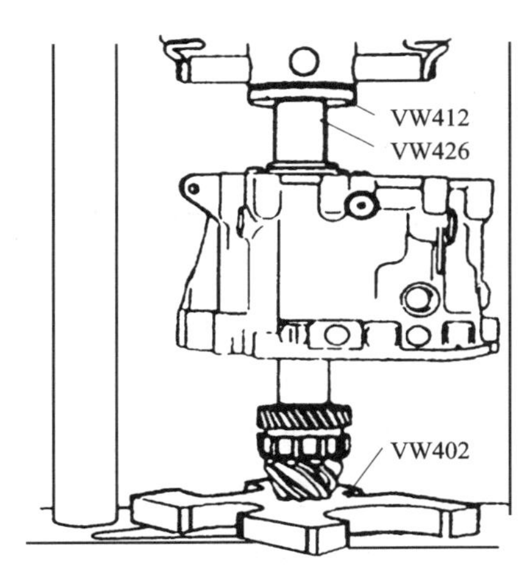

图 13—2—2　装上输出轴和外后轴承

3．将输出轴用铝质夹具固定在台虎钳上，装上螺母并用 100 N•m 的力矩旋紧，如图 13—2—3 所示。

4．将变速器后盖装在轴承支座上（要用新的衬垫），用四个螺栓将其固定（后轴承应往里放入至挡块）。

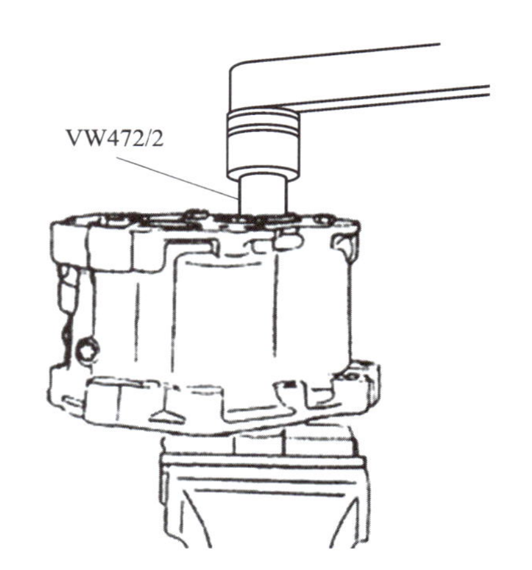

图 13—2—3　装上输出轴螺母

5．将专用工具 VW385/1 支撑在 VW406 上，通过调节环测量 *A* 尺寸，如图 13—2—4 所示。再装上专用工具 VW385/2，如图 13—2—5 所示。

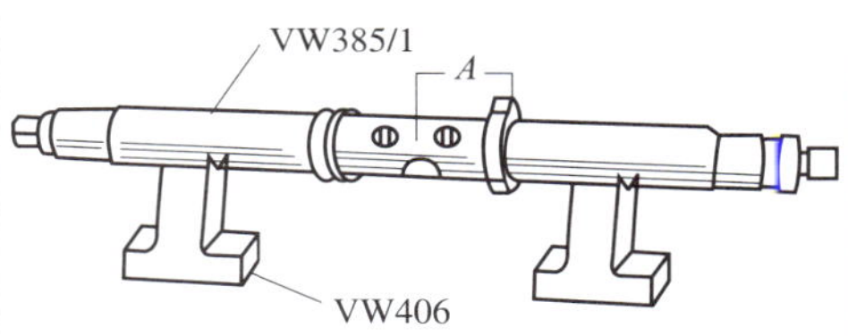

图 13—2—4　装上专用工具 VW385/1

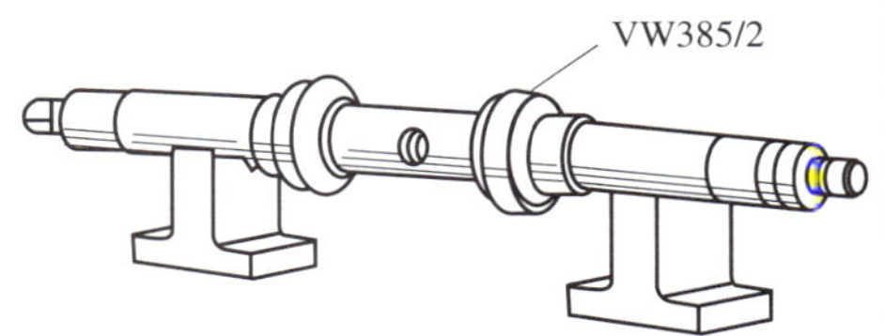

图 13—2—5　装上专用工具 VW385/2

6．将专用工具 VW5385/D 和 5385/C 装在 VW385/1 上，接着放上无调整垫片 S1 的主减速器盖。装上百分表，将百分表调到零，应考虑到起始压力与离开 2.0 mm 时相一致（百分表的表盘和 VW5385/D 应是同一方向，转动螺母将活动调节环移至中心），如图 13—2—6 所示。

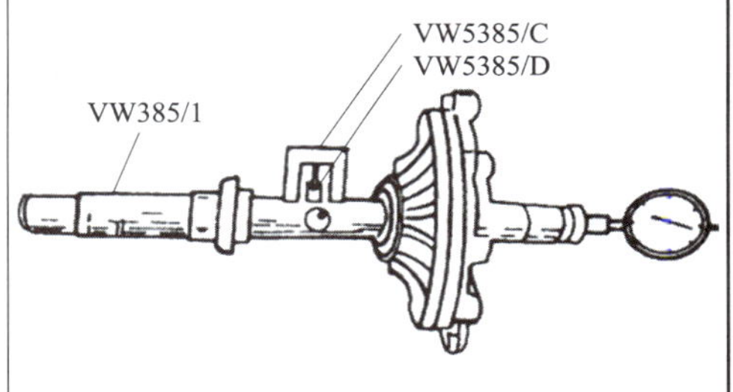

图 13—2—6　装上百分表

7．将专用磁铁VW385/17装在主动锥齿轮上，这样上面的缝隙朝向放油螺塞一边。将专用工具VW385/l放入变速器内部，如图13—2—7所示。

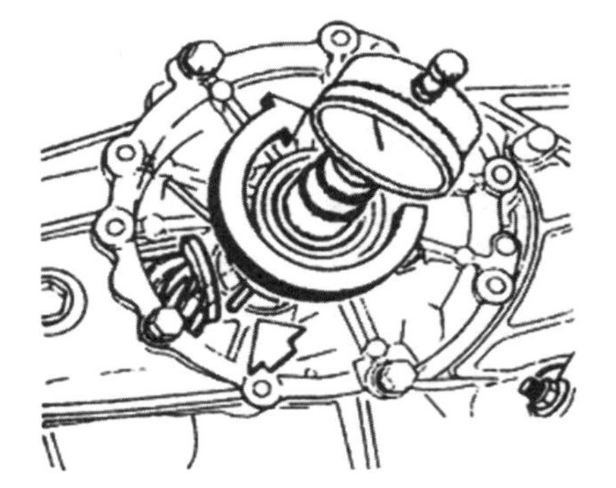

图13—2—7 将VW385/1放入变速器内部

8．装上垫片和主减速器盖的紧固螺栓，用25 N・m的力矩旋紧螺栓（不要在盖上敲打，因为这样可能使百分表失灵）。转动螺母调节VW385/1，保证装配正确。

9．将VW385/1转到表的测头碰到磁板，表的指针转动并达到最大偏差（倒转），所得的值即e尺寸（从逆时针方向读看），如图13—2—8所示。当转动VW385/1时，表的测头（VW385/C）应碰到磁板，而总是在缝隙的相对一边。

图13—2—8 读取e尺寸

10．取得e尺寸后，取下主减速器盖。将VW385/1放在VW406上，用VW5385/C标准样板检查表是否在零位上，要考虑起始压力与离开2.0 mm时一致。如果在测量中有误，应重新进行第5～9项。

计算主动锥齿轮调整垫片S_3的厚度：

$$S_3 = e-r$$

式中 e——测量的结果（用百分表的逆时针刻度检验出的指针最大偏差）；

r——偏差（用百分之一毫米刻在从动齿轮上）。

r值只用于新的从动锥齿轮和主动锥齿轮。

例如：e=0. 99 mm，r=0. 48 mm，则$S_3=e-r=$0. 99 mm-0. 48 mm=0. 51 mm。

如果有必要，可将两只调整垫片合在一起，取得需要的厚度，注意较薄的调整垫片应装在输出轴轴承外圈和较厚的调整垫片之间。下列厚度的调整垫片可供应：0.15 mm、0.20 mm、0.25 mm、0.30 mm、0.40 mm、0.50 mm、0.60 mm、0.70 mm、0.80 mm、0.90 mm、1.00 mm、1.10 mm和1.20 mm。

11. 装上输出轴和计算好的调整垫片 S_3，按上述第 5 ~ 9 项进行调节测量。如果调整垫片厚度计算是正确的，百分表现在应指在偏差 r（刻在从动齿轮）值上，公差为 ±0.04 mm。

12. 如果测量值在规定的公差范围之内，可继续完成变速器的安装；否则，应检查所有零件的状况，更换已损坏的零件，重新安装主动锥齿轮。

二、从动锥齿轮的调整

1. 从动锥齿轮调整的注意事项

(1) 最好在拆卸变速器之前测量齿面的平均间隙。记下这个值，用于从动锥齿轮调整垫片的计算。

(2) 当主动锥齿轮、从动锥齿轮总成、变速器壳体、主减速器盖、差速器罩壳或轴承更换时，必须对从动齿轮进行调整。

2. 从动锥齿轮调整整片总厚度的测量步骤

(1) 拆下主减速器盖。

(2) 拆下密封圈和差速器轴承外圈，取出调整垫片。

(3) 将轴承外圈装在变速器壳体上，同时装上厚度为 1.2 mm 的标准（样板）垫片（外圈应装入到挡块）。

(4) 将轴承的外圈装在主减速器盖上，不用调整垫片（外圈应装入至挡块）。

(5) 将没有车速里程表主动齿轮的差速器装在变速器壳体上。将主减速器盖装在变速器壳体上，用 25 N·m 的力矩旋紧螺栓。

(6) 如图 13—2—9 所示，装上专用工具，调节百分表，使其预压缩量为 1.0 mm 以上。

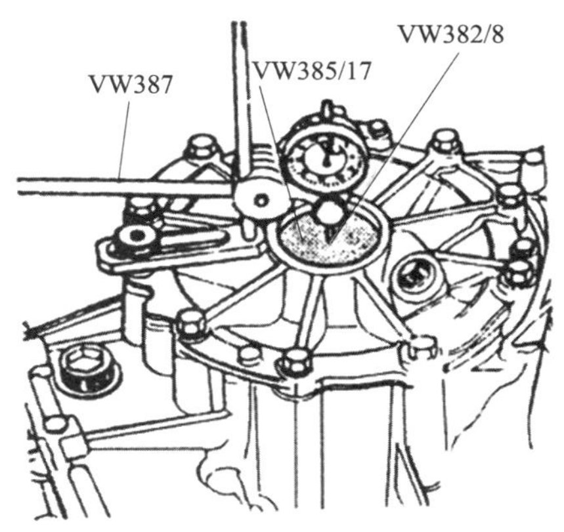

图 13—2—9　调节百分表

（7）将专用工具 VW521/8 装在与从动锥齿轮相对的一边，如图 13—2—10 所示。A 为 1. 20 mm 厚的标准（样板）调整垫片。

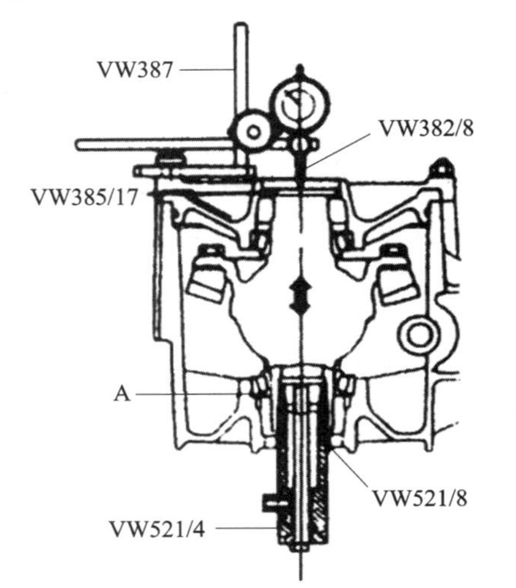

图 13—2—10　装专用工具 VW521/8

（8）用专用工具 VW521/4 将差速器向上和向下（箭头）移动（图 13—2—11），记下百分表产生的变化（例如记下的间隙测量结果为 0. 50 mm）。测量时不要转动差速器，因为这样可能影响测量的结果。

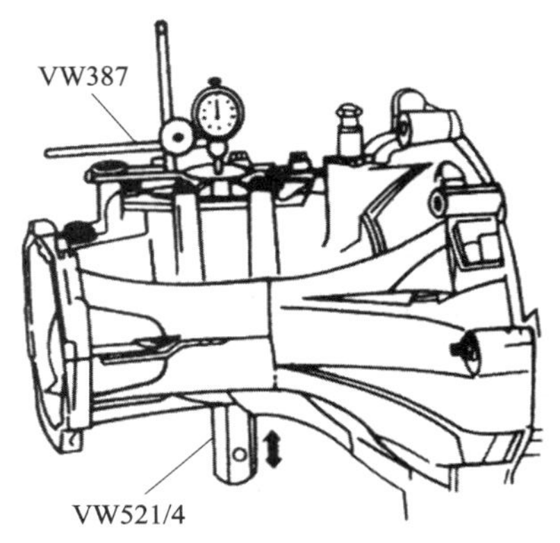

图 13—2—11　装专用工具 VW521/4

（9）将测量结果记录下来，并将记录的间隙测量结果加上 0. 04 mm 安装压力稳定值（例如 0. 50 mm+0. 40 mm=0. 90 mm）。这个值再加上标准（样板）调整垫片的厚度（1. 20 mm），结果就是 $S_{合计}$。本例中，$S_{合计}$= 标准（样板）调整垫片的厚度 1. 20 mm+ 测量结果 0. 50 mm+ 安装压力稳定值 0. 40 mm=2. 10 mm。

（10）拆下主减速器盖和工具。拆下主减速器盖的轴承外圈。

（11）将按测量结果与安装压力稳定值的和（0. 50 mm+0. 40 mm=0. 90 mm）选择的调整垫片连同外圈一起装在盖上。

（12）装上主减速器盖。将装配好的输入轴装上变速器壳体，用 4 个螺栓将其固定并用 20 N•m 的力矩旋紧。

（13）按下列方法调整从动锥齿轮和主动锥齿轮的齿面间隙：

1）如图 13—2—12 所示装上专用工具。安装位置：尺寸 A 为 71 mm，角 α 约为 90°。

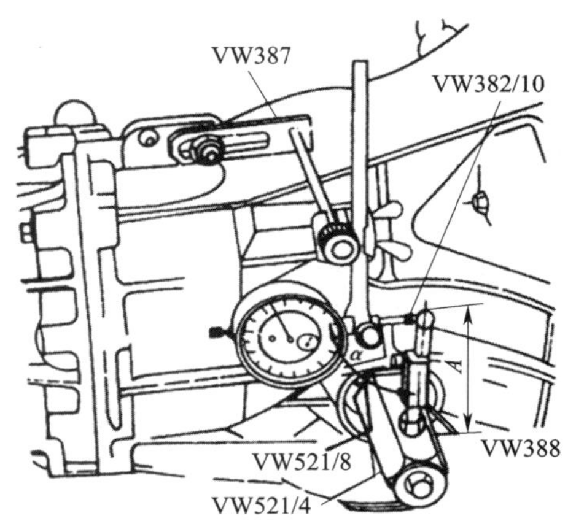

图 13—2—12　测量齿面间隙 1

2）锁住输入轴，如图 13—2—13 所示。将从动锥齿轮转至挡块位置，将百分表的指针对零，倒转从动锥齿轮，读出齿面间实际的间隙，将取得的值记录下来。

3）松开输入轴，转动专用工具 VW521/4 和 VW521/8 约 90°（结果差速器也转动约 90°），重新锁住输入轴。

4）旋松 VW521/4 的螺栓，将其退回约 90°，直至 VW521/8 碰到百分表的测头，旋紧 VW521/4 的螺栓。

5）将上述第 2 ～ 4 项反复操作四次，并记录取得的值。

如果在以上测量中，测量的值偏差超过 0. 05mm，可能从动锥齿轮没有装对或者从动锥齿轮和主动锥齿轮总成状况不好。在这种情况下，如需要应更换从动锥齿轮和主动锥齿轮总成。

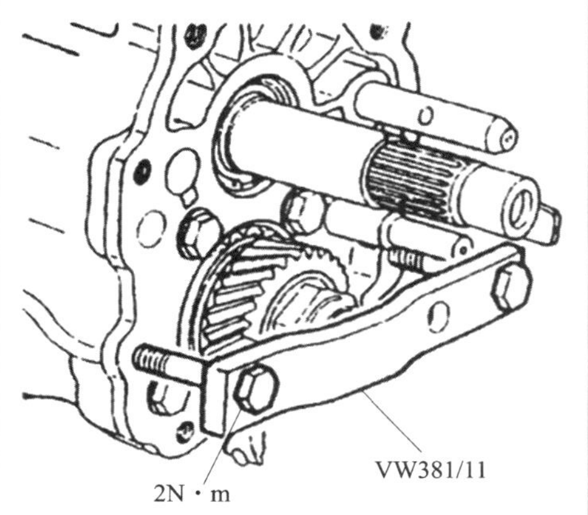

图 13—2—13　测量齿面间隙 2

（14）计算齿面间隙的平均值。例如：第一次测量 0.39 mm+ 第二次测量 0.40 mm+ 第三次测量 0.39 mm+ 第四次测量 0.42 mm=1.60 mm，则平均值 =1.60 ÷ 4=0.40 mm。

（15）计算调整垫片 S_2 的厚度（与从动锥齿轮相对的一面）。S_2= 标准（样板）调整垫片厚度 – 平均间隙值 + 抬起稳定值。

例如：S_2= 标准（样板）调整垫片厚度 1.20 mm– 平均间隙值 0.40 mm+ 抬起稳定值 0.15 mm=0.95 mm。

如果不更换从动锥齿轮和主动锥齿轮总成，使用在拆下前测得的平均间隙值。

（16）计算调整垫片 S_1 的厚度（从动锥齿轮一面）。$S_1=S_{合计}-S_2$，即 S_1=2.10–0.95=1.15 mm。

下列厚度的调整垫片可供选择：0.15 mm、0.20 mm、0.25 mm、0.30 mm、0.40 mm、0.50 mm、0.60 mm、0.70 mm、0.80 mm、0.90 mm、1.00 mm、1.10 mm 和 1.20 mm。

（17）拆下差速器和差速器轴承外圈。将调整垫片 S_1 装在主减速器盖上，将 S_2 同轴承外圈一起装在壳体上。

(18) 将密封圈装在主减速器盖和壳体上。

(19) 装上车速里程表的主动齿轮和锁紧套筒。

(20) 装上差速器，重新测量齿面间隙。按照上述第 13 项的步骤，检查四个不同位置上的间隙。各次测量的间隙偏差不得超过 0.05 mm。如果调整垫片 S_1 和 S_2 装配正确的话，齿面间的平均间隙应在 0.10 ～ 0.20 mm 之间。

课题三　主减速器主、从动锥齿轮啮合印痕和啮合间隙的检查与调整

教学目标：

1．掌握主、从动锥齿轮啮合印痕的检测与调整方法。

2．掌握主、从动锥齿轮啮合间隙的检测与调整方法。

训练器材：

主减速器总成、百分表、塞尺、红丹油、扭力扳手、拉力器、常用工具等。

操作步骤和技术要求及图示

一、主、从动锥齿轮啮合印痕的检查与调整

1．啮合印痕的检查

一般检查方法是采用两面涂色法，可在从动锥齿轮 3 ～ 5 个齿的工作面上正反两面均匀涂上一层薄薄的红丹油，然后转动锥齿轮（要求正反各转几圈）至从动锥齿轮的轮齿凹面和凸面观察红色接触印痕的接触区域，若不符合要求，则应进行调整。如图 13—3—1 所示，齿轮接触痕迹要求：达到齿长的 60% 以上，其位置控制在齿的中偏小端，离小端 2 ～ 4 mm；齿高方向的接触痕迹应不小于有效齿高的 50%，一般应离齿顶 0.8 ～ 1.6 mm。

2．啮合印痕的调整

(1) 双曲线型主、从动锥齿轮啮合印痕调整（EQ1090 车型）。该车型主、从动锥齿轮啮合印痕的调整，主要是利用增大或减小主动锥齿轮轴承与主减速器壳接合面间隙垫片厚度来调整的。

1) 增大该处垫片的厚度，啮合印痕向从动锥齿轮大端移动。

2) 减小该处垫片的厚度，啮合印痕则向从动锥齿轮小端移动。

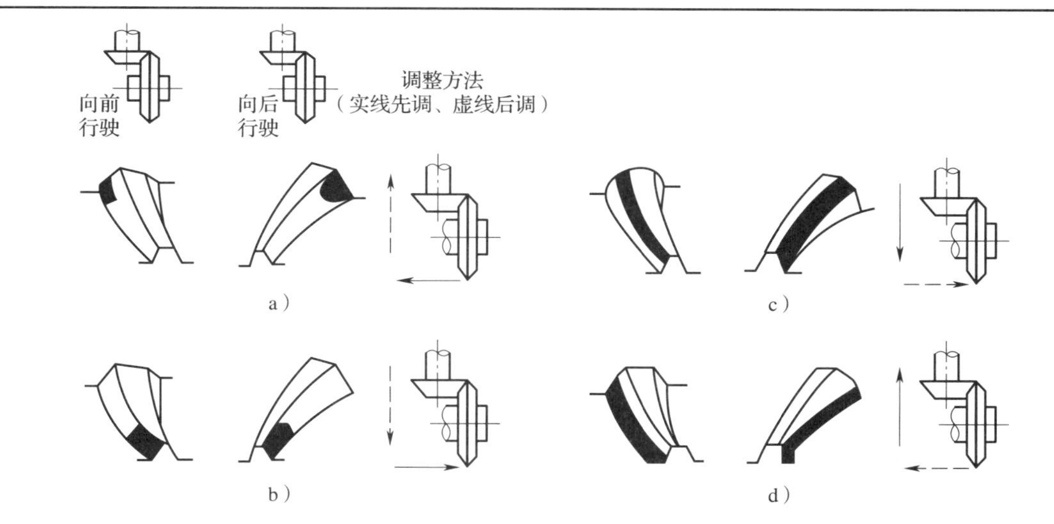

图 13—3—1　齿轮接触痕迹要求

(2) 螺旋型主、从动锥齿轮啮合印痕调整（CA1091 车型）。锥齿轮的正确啮合由主、从动锥齿轮的轴向位移来调整。主动锥齿轮的轴向位移，通过改变主动锥齿轮轴承座与减速器外壳端面之间的调整垫片的厚度来调整。从动锥齿轮的轴向位移，在不改变减速器壳左、右轴承盖下的调整垫片总厚度的情况下（即不改变已调整好的从动锥齿轮轴承的预紧度），通过把适当厚度的调整垫片从一边移到另一边来调整。

二、主、从动锥齿轮啮合间隙的检查与调整

1．啮合间隙的检查

(1) 将塞尺插入啮合的主、从动锥齿轮间测量齿隙。

(2) 不解体检查，可用百分表测头抵在主动锥齿轮凸缘边缘上，左右转动凸缘，测量自由摆动量。

(3) 用百分表测头抵在从动锥齿轮的轮齿边缘上，测量自由摆动量。测出的啮合间隙应符合要求，否则应进行调整。

2．啮合间隙的调整

主、从动锥齿轮啮合间隙的调整应与啮合印痕的调整一起配合进行，如 CA1091 车型减速器，啮合间隙过小，可将主动锥齿轮移开一定距离（调整垫片使之产生位移）。

在进行调整时，应注意不能改变已调好的从动锥齿轮的轴承预紧度。如 EQ1090 车型减速器调整时，两边调整螺母的旋出量必须相等；CA1091 车型减速器调整时，两边调整垫片的总厚度不能改变。

当啮合间隙与啮合印痕发生矛盾时，应以啮合印痕为主要矛盾，适当放大啮合间隙。当前进面与倒车面啮合印痕相矛盾时，应以前进面为主要矛盾。调整后，主、从动锥齿轮的啮合印痕、啮合间隙应符合要求，否则应成对更换主、从动锥齿轮后再装复调整。

第十四单元　转向系检修

课题一　前桥与前悬架检修

教学目标：

1．掌握前桥（转向桥）的检修内容和方法。

2．掌握前悬架的检修内容和方法

训练器材：

整车、前桥总成、前悬架总成、拆装工具、测量尺等。

操作步骤和技术要求及图示

一、前桥（转向桥）的检修

汽车经长期使用后，车桥在各种力的作用下，转向节与主销等各轴颈表面会产生严重磨损、疲劳裂纹或断裂，前轴会出现弯、扭变形，这些都会直接影响汽车行驶的稳定性与安全性。因此，在汽车维护和大修中，必须认真地对前桥（转向桥）进行检验与修理。如图 14—1—1 所示，转向桥的维修包括前轴、转向节和轮毂三部分的维修。

1．钢板弹簧座定位销孔的检修

前轴上钢板弹簧座定位销孔的磨损不得大于 1 mm，钢板弹簧座平面若有显著磨损应修磨平整。修磨后钢板弹簧座横断面的厚度不得小于基本厚度尺寸 2 mm，否则应予焊修后重新钻孔修复。

2．前轴裂纹隐伤的检修

前轴不得有任何性质的隐伤与裂纹。对隐伤、裂纹的检验方法有超声波和磁力探伤两种。如果不具备条件，用浸油敲击方法也较为准确。最简便的方法是目测检查，但隐伤不易发现。对较小的裂纹可给予修复，其方法一般是焊修。前轴的裂纹若发生在两钢板座之间且裂纹深度不大于前轴高度的 1/4 又不多于两条时，可将裂纹处开成 V 形槽，然后采用焊条电弧焊进行修复。焊修时为了防止前轴温度过高，要用直流反接法，电流为 160 ～ 180 A（最好选用直径 4 mm 的焊条焊接），焊后焊缝的凸出高度应不超过基体 2 mm。若裂纹深度超过前轴高度的 1/4，或裂纹在弯颈上时，前轴应报废。

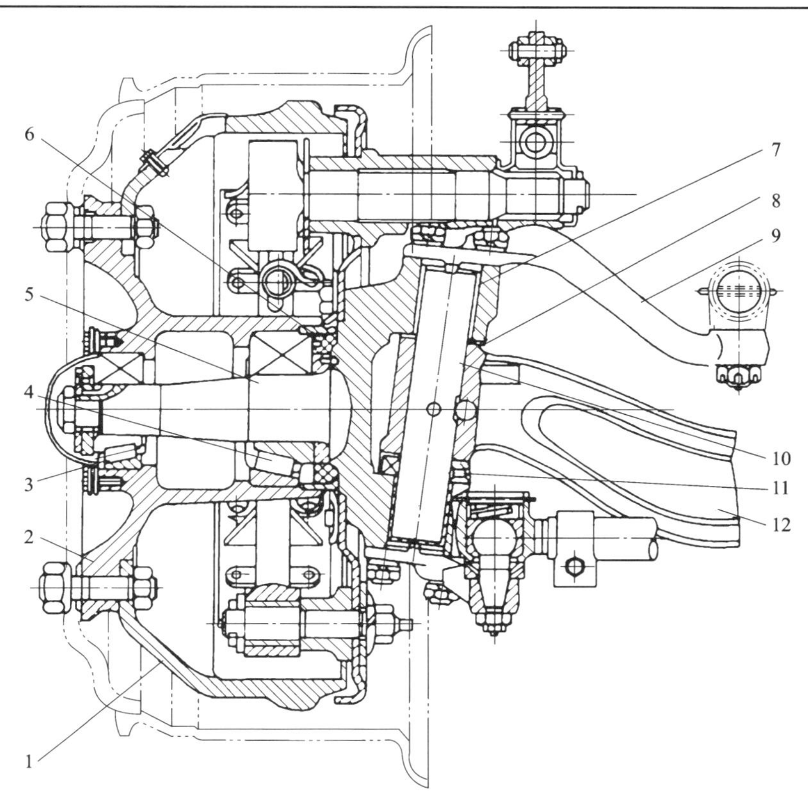

图 14—1—1 东风 EQ1090E 型汽车转向桥

1—制动鼓 2—轮毂 3、4—轮毂轴承 5—转向节 6—油封 7—衬套 8—调整垫片 9—转向节臂 10—主销 11—滚子推力轴承 12—前轴

3．前轴转向节主销孔上、下端面磨损的检修

前轴转向节主销孔上、下端面的磨损不得超过 0.50 mm，否则应予以修磨平整，修磨后上、下端面间的距离不得小于基本尺寸 2 mm。若上、下端面的距离小于基本尺寸 2 mm 时，应堆焊后再修磨至标准尺寸。修磨后要求上、下端面对其轴心线的端面全跳动误差不得大于 0.12 mm。

4．前轴主销孔磨损的检修

前轴主销孔的磨损不得超过 0.12 mm。若磨损超过 0.12 mm 却没有出现椭圆和较深的沟槽时，可更换加粗的主销或对主销利用涂镀方法修理；否则，可按修理尺寸分级扩大销孔的办法修理，或镶套修复至标准尺寸。镶套一般采用钢质套，衬套厚度为 3 mm，衬套与承孔的配合公差：开缝式衬套为 −0.20 ～ −0.10 mm，整体式衬套为 −0.175 ～ −0.045 mm。

5．前轴弯、扭变形的检查与矫正

（1）前轴的技术标准。前轴的使用标准是：以任何一钢板弹簧座为基准，前轴两主销孔轴心线及两钢板弹簧定位中心线（或定位孔对称点），均应位于前轴的同一纵剖面上，其位置误差应不大于 2 mm；在沿前轴横剖面方向，两销孔轴心线间扭角应不大于 30′。

(2) 前轴弯、扭变形的检查。检查前轴弯、扭变形前，应首先检查作为定位基准的两个主销孔和钢板座平面及中心孔是否完好，是否有裂纹和椭圆，待修整完好后，方可作为检查的基准。

1）用前轴检验仪检查。如图 14—1—2 所示，前轴检验仪主要由刻度板 A、E，刻度盘 B、C、D、F 组成。它是以前轴两个主销孔及钢板座平面和中心孔作为定位基准，检查前轴的各向弯曲和扭曲程度。刻度板 A 用于检查主销孔中心线的内倾角和主销孔至钢板弹簧座一段前轴在垂直平面内的直线度。刻度盘 B 用于检查主销座孔至钢板弹簧座一段前轴的扭曲变形。刻度盘 C 用于检查主销座孔至钢板弹簧座一段前轴在水平面内的弯曲变形。刻度盘 D 用于检查两钢板弹簧座平面之间的前轴扭曲变形的角度。刻度板 E 用于检查两钢板弹簧座平面之间的前轴在垂直平面内的弯曲变形。刻度盘 F 用于检查两钢板弹簧座平面之间的前轴在水平面内的弯曲变形。此外，还可以利用刻度盘 C、F 检查两主销孔与两钢板座中心是否在同一直线上。该检验仪使用简便、精度高，但不能与矫正同时进行。因此，在矫正过程中需将仪器在前轴上反复拆卸多次，边矫正、边检查，直至矫正完好为止。

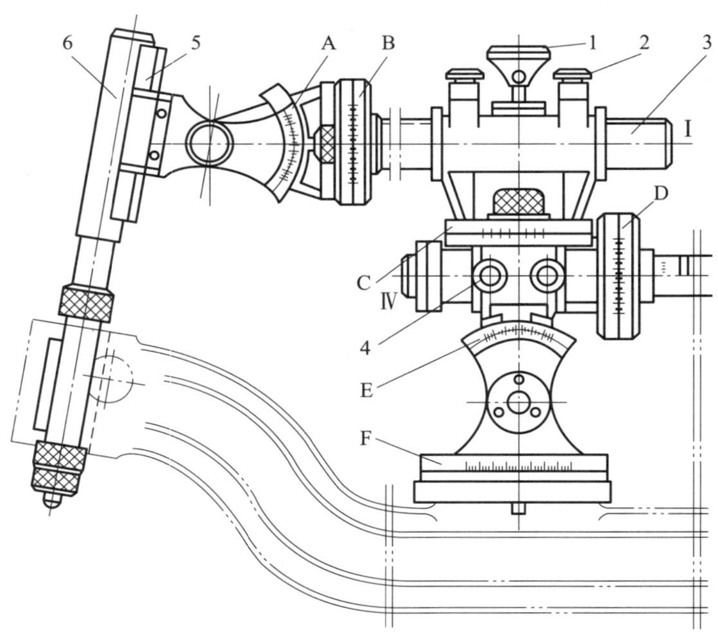

图 14—1—2　用前轴检验仪检查前轴

1—手轮　2、4—紧定螺钉　3—齿条轴　5—V 形铁　6—定位心轴

A、E—刻度板　B、C、D、F—刻度盘

2）用简单检验仪检查。简单检验仪如图 14—1—3 所示，由于制造简单和加工方便，修理单位可以自制。

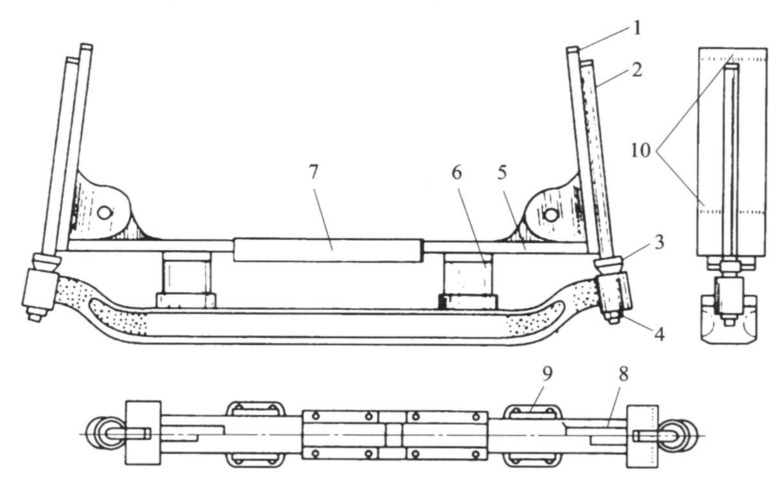

图 14—1—3　用简单检验仪检查前轴

1—活动角尺板　2—试棒　3—扩张片锥体螺母　4—锥体固定螺母　5—导板　6—垫块

7—前轴　8—主销孔内倾角度刻线　9—垫板上刻线　10—活动角尺板刻线

检查时，将前轴放置牢固，将两试棒 2 插入主销孔内，使其上端平面向内。在前轴的两钢板座上各放一垫块 6，垫块下面的凸钉嵌入钢板座孔中，注意两垫块边缘上的刻线 9 在同一边。将检验器放在垫块 6 上，导板 5 边缘应与垫块上的刻线 9 重合，然后根据前轴的长度调整导板的长度至活动角尺板 1 紧贴两试棒 2，拧紧固定螺母。此时主销孔内倾角刻线 8 即指示内倾角的变化。若小于或大于规定值，则表明前轴已经向上或向下弯曲。最后做上标记，予以矫正。

3）用拉线方法检验。如图 14—1—4 所示，在前轴两主销孔的上平面拉一根细线，用钢直尺分别测量两钢板座平面至线之间的距离，应符合原设计数据。如不相等，则表明两端已有上下弯曲（前轴在垂直平面内发生了弯曲，两者的差反映了两端弯曲的不等值）。为了确定哪一端弯曲，可与新件比较。

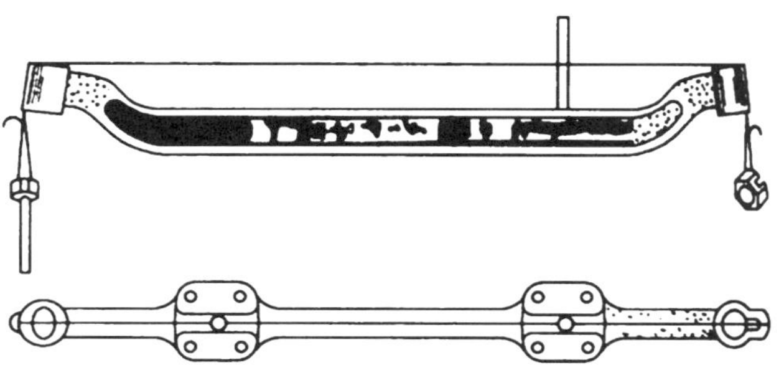

图 14—1—4　用拉线方法检查前轴变形

根据拉线是否通过两钢板座中心孔的中心，即可知道前轴两端有无前、后弯曲。用钢直尺检查钢板座前边四个螺栓孔的边缘是否在同一直线上，以确定前轴有无扭曲。

(3) 前轴弯、扭变形的矫正。前轴通过检验发现弯、扭变形后，必须予以矫正。矫正一般采用冷压法。如冷压矫正困难，允许局部加热矫正，加热温度要控制在 500 ~ 600℃（呈暗红色）。若加热温度过高，将使前轴退火，导致前轴的硬度、抗弯强度等力学性能降低。

1）用液压矫正器矫正。前轴变形液压矫正器的结构如图 14—1—5 所示。它是用于矫正前轴纵向、横向弯、扭变形的综合设备。

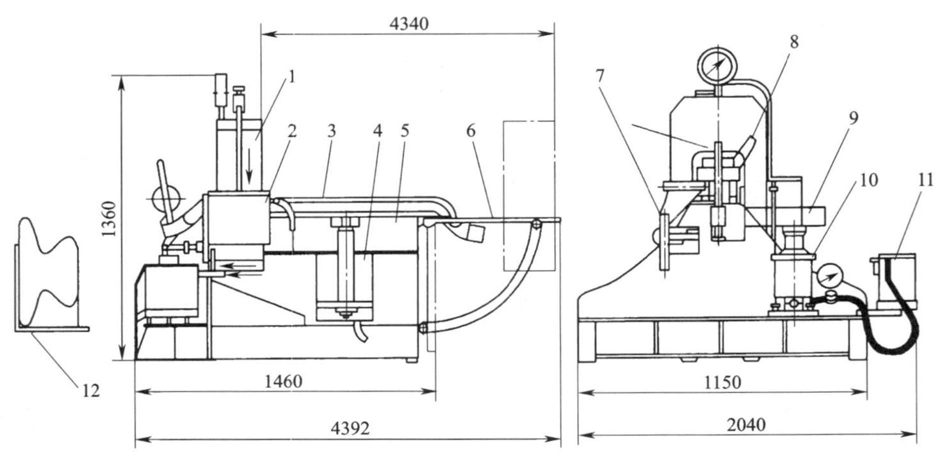

图 14—1—5　前轴变形液压矫正器

1—液压压头　2—动力泵　3—前轴　4—气压举升器　5—液压压头　6—架子
7—测量仪具　8—垫块　9—矫扭杆　10—支顶　11—动力泵　12—L 形垫块

①纵向弯曲的矫正。中部弯曲时，将前轴放在机架上，以钢板座平面为基准，用垫块贴平，将液压压头移至中间部位，接通油路向前轴施加压力进行矫正。端部弯曲时，先将液压压头移至钢板座平面处，接通油路压紧前轴；然后移动液压支顶，对准前轴的拳部，接通油路施加顶力进行矫正。

②横向弯曲的矫正。前轴横向弯曲可借助 L 形垫块将前轴侧放在机体上进行矫正。

③扭曲的矫正。前轴放置与弯曲矫正相同。若中部扭曲，将液压压头移至后钢板座平面处，接通油路施力夹紧，然后用矫扭杆连接前轴销孔，移动液压支顶，施力于矫扭杆予以矫正。

2）局部加温用撬棒矫正。局部加温用撬棒矫正方法比较简单，但加热温度不易掌握，矫正后仍易变形。如图 14—1—6 所示，矫正时将前轴夹牢，用一根较长的撬棒插入主销孔中，扳动撬棒即可进行矫正。

二、前悬架的检修

1. 前悬架的结构

尽管现代汽车悬架结构形式不尽相同，但是，它们大多由弹性元件、阻尼元件、导向元件和横向稳定装置等构成，如图 14—1—7 所示。这些元件共同承担着传递车轮与车架之间各种力的任务，分别起着缓冲、减振、导向和传递力及力矩的作用。

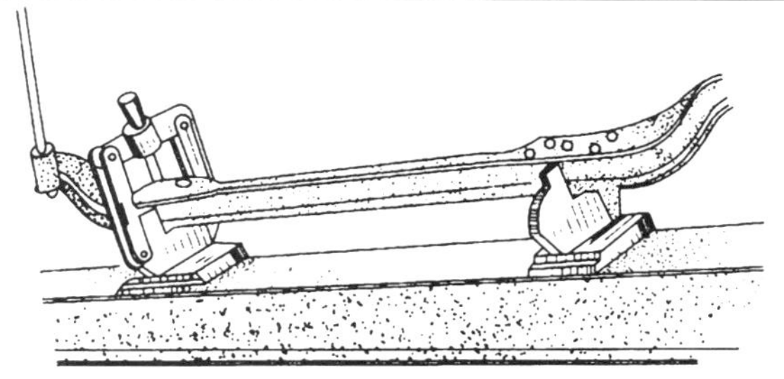

图 14—1—6　前轴局部加温用撬棒矫正

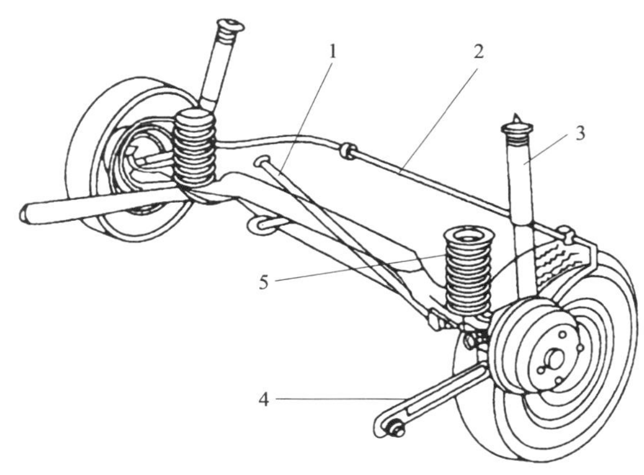

图 14—1—7　汽车悬架

1—横向推力杆　2—横向稳定器　3—减振器　4—纵向推力杆　5—弹性元件

如图 14—1—8 所示，前悬架系统主要由支撑杆支架防尘盖、前支撑杆上固定螺母、前支撑杆总成、下臂轴套（G）固定螺栓、转向横拉杆、转向节总成、下臂、前稳定杆连杆、副架、下臂轴套（G）前稳定杆、前支撑杆下固定螺栓等组成。

悬架的弹性元件使车架（或车身）与车桥（或车轮）之间实现弹性连接，它是行驶系中除弹性充气轮胎之外的另一个主要弹性环节，两者共同承担缓和地面冲击的任务。

弹性的悬架系统受到冲击会使车身产生垂直振动，乘员对振动的耐受力取决于振动强度的大小，振动越剧烈，耐受时间越短。因此，为有效地降低振动强度，悬架还应具有能起减振作用的阻尼装置，通过阻尼装置让汽车的振动得以迅速衰减。减振器便是悬架系统中的阻尼元件。

按弹性元件不同，悬架又可分为螺旋弹簧悬架、钢板弹簧悬架、扭杆弹簧悬架和气体弹簧悬架等。按悬架系统参数是否可实现自调节，悬架也可分为被动悬架、半主动悬架和主动悬架（自适应悬架）等形式。此外，按悬架所处车桥类型不同，悬架又可分为转向桥悬架、驱动桥悬架和随动桥悬架等。

2．前悬架支撑杆的检修

前悬架支撑杆的结构如图 14—1—9 所示，主要由前支撑杆上固定螺母、支架防尘盖、前支撑杆自锁螺母、支撑杆支架、弹簧上座、支撑杆防尘盖、橡胶缓冲块、前螺旋弹簧、弹簧下衬垫、连杆（减振器）、前支撑杆总成、弹簧下座等组成。

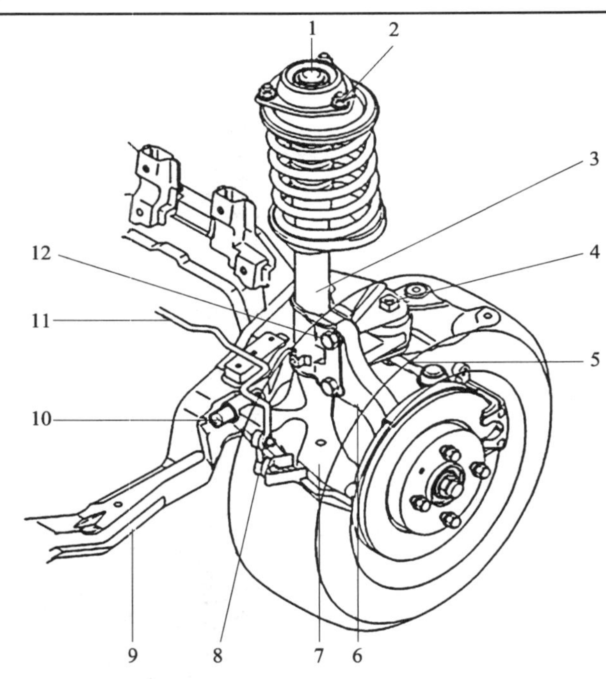

图 14—1—8　前悬架系统的结构

1—支撑杆支架防尘盖　2—前支撑杆上固定螺母　3—前支撑杆总成　4—下臂轴套（G）固定螺栓　5—转向横拉杆
6—转向节总成　7—下臂　8—前稳定杆连杆　9—副架　10—下臂轴套（G）　11—前稳定杆　12—前支撑杆下固定螺栓

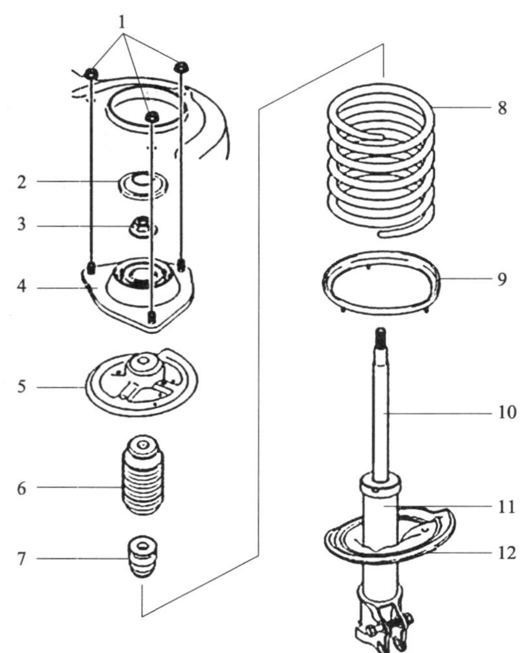

图 14—1—9　前悬架支撑杆总成的结构

1—前支撑杆上固定螺母　2—支架防尘盖　3—前支撑杆自锁螺母　4—支撑杆支架　5—弹簧上座　6—支撑杆防尘盖
7—橡胶缓冲块　8—前螺旋弹簧　9—弹簧下衬垫　10—连杆（减振器）　11—前支撑杆总成　12—弹簧下座

(1) 拆卸左前轮，如图 14—1—10 所示。

提示：为防止旋松轮胎螺母时车轮旋转，车轮不顶起。

车轮螺母的拧松顺序为：

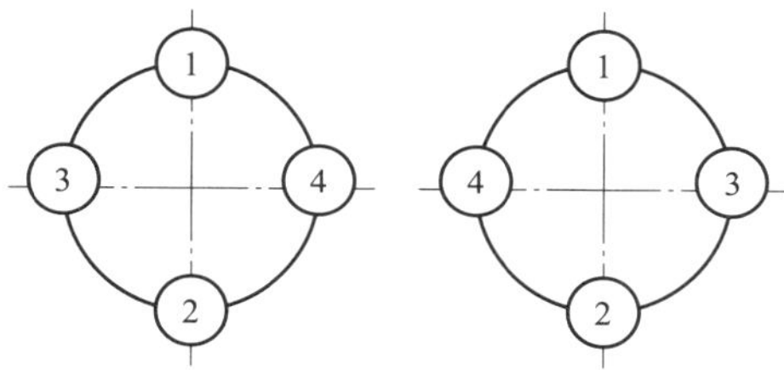

图 14—1—10　拆卸左前轮

(2) 从前支撑杆总成上拆卸制动软管的固定卡子（两只）。

(3) 从前支撑杆总成上拆卸制动软管，如图 14—1—11 所示。

提示：不要给部件施力过大。

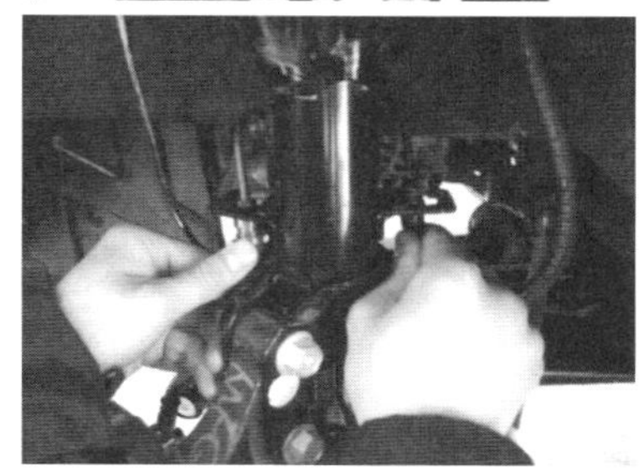

图 14—1—11　拆卸制动软管

(4) 车辆配备防抱死制动系统，从转向节上拆卸轮速传感器，如图 14—1—12 所示。

图 14—1—12　拆卸轮速传感器

（5）拧下前支撑杆上部固定螺母（三只），如图 14—1—13 所示。

提示：拧紧力矩为 45 ～ 60 N • m。

图 14—1—13　拧下前支撑杆上部固定螺母

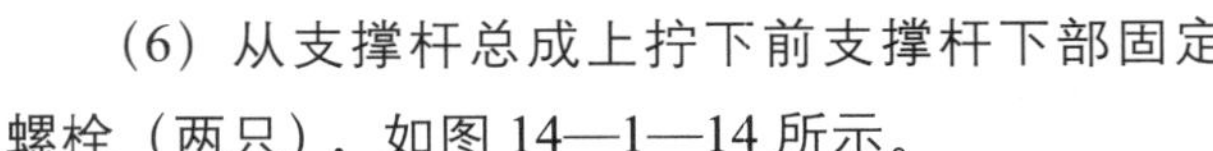

（6）从支撑杆总成上拧下前支撑杆下部固定螺栓（两只），如图 14—1—14 所示。

提示：拧紧力矩为 130 ～ 150 N • m。

图 14—1—14　拧下支撑杆下部固定螺栓

（7）拆卸支撑杆总成，如图 14—1—15 所示。

图 14—1—15　拆卸支撑杆总成

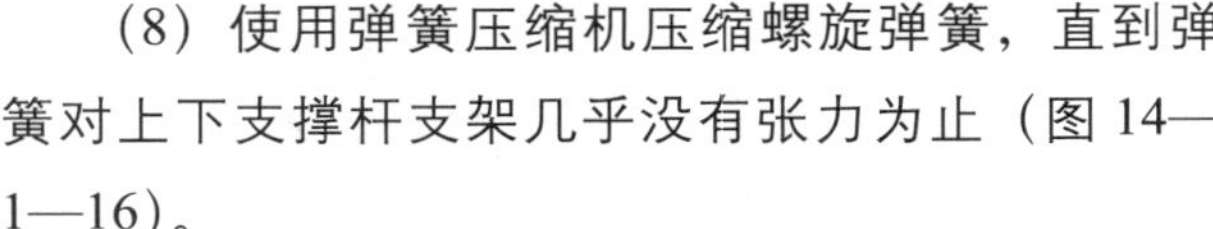

（8）使用弹簧压缩机压缩螺旋弹簧，直到弹簧对上下支撑杆支架几乎没有张力为止（图 14—1—16）。

提示：检查弹簧压缩机的状态；在压缩时，务必要注意安全。

图 14—1—16　使用弹簧压缩机压缩螺旋弹簧

(9) 用一字形旋具拆卸防尘盖（图 14—1—17），用抹布擦去支架内的旧润滑脂。拧下前支撑杆的自锁螺母。

提示：拧紧力矩为 50 ~ 70 N • m。

(10) 从支撑杆总成上拆卸弹簧座，松开弹簧压缩机，取下螺旋弹簧；从支撑杆总成上拆卸支撑杆防尘盖，取下支撑杆总成。

(11) 检修（图 14—1—18）

1）检查支撑杆支架轴承是否磨损或损坏。

2）检查橡胶部件是否损坏或变质。

3）压缩和伸长连杆，并检查工作期间是否有阻力或异常噪声。

提示：以上 1 ~ 3 项中有任意一项不符合要求，应更换前支撑杆支架总成。

图 14—1—17 用一字形旋具拆卸防尘盖

图 14—1—18 支撑杆的检修

课题二 前轮定位的检查与调整

教学目标：

1．能进行前轮前束的检查与调整。

2．掌握主销内倾角、后倾角和前轮外倾角的检查方法。

3．掌握前轮最大转向角的检查方法。

训练器材：

整车、前束尺（或钢卷尺）、粉笔、转向角检查器、专用工具、常用工具等。

操作步骤和技术要求	图解

一、前轮前束的检查与调整

1．检查与调整的前提条件

(1) 轮胎气压必须正常。

(2) 主销与衬套的配合间隙正常。整体式前桥的检查方法如图 14—2—1 所示。

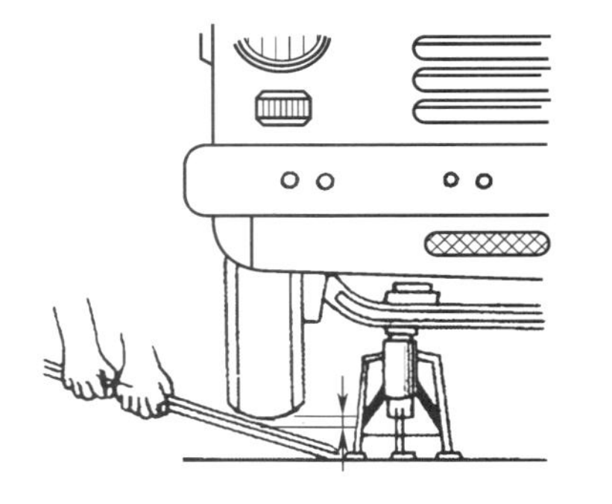

图 14—2—1 主销与衬套配合间隙的检查

(3) 前轮毂轴承的预紧度正常。非独立悬架的检查方法如图 14—2—2 所示。

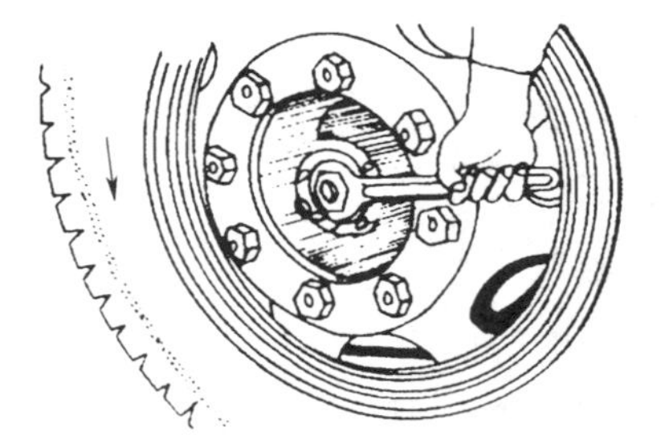

图 14—2—2　前轮毂轴承预紧度的检查

(4) 各个连杆件的球头销应无松旷现象，检查方法如图 14—2—3 所示。

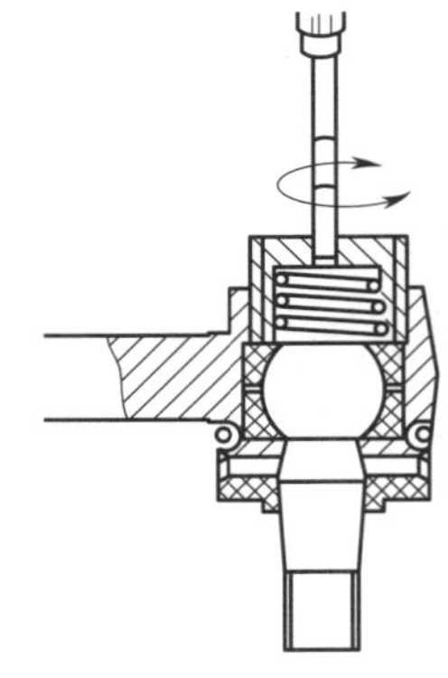

图 14—2—3　转向系球头销紧度的检查

(5) 前轮轮毂无摆动和偏摆。

(6) 独立悬架的悬挂螺旋弹簧无断裂或过度松弛现象。

2．前轮前束的检查

各种车型前轮前束的检查方法相同，一般使用前束尺检查（无前束尺可用钢卷尺代替，但测量时应将尺拉直）。

(1) 将汽车停放在平坦处且应在直线行驶位置，用粉笔在两前轮轮胎面中间相对于转向节轴颈中心高度处各作一记号。

(2) 使前束尺指针尖端指在记号上，如图 14—2—4 所示。

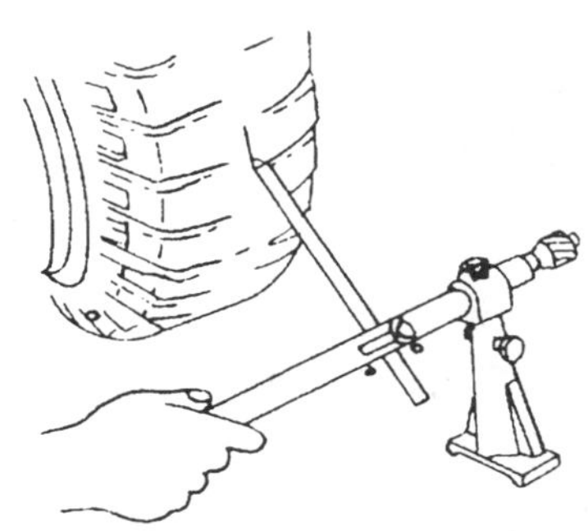

图 14—2—4　对正记号

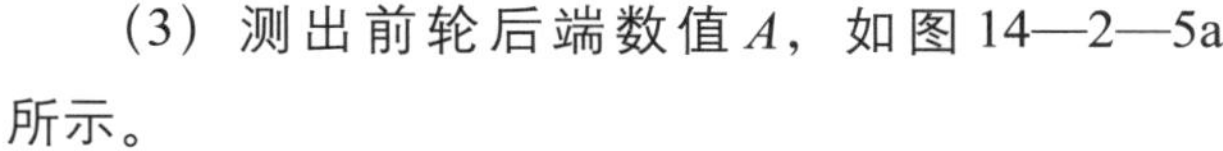

(3) 测出前轮后端数值 A，如图 14—2—5a 所示。

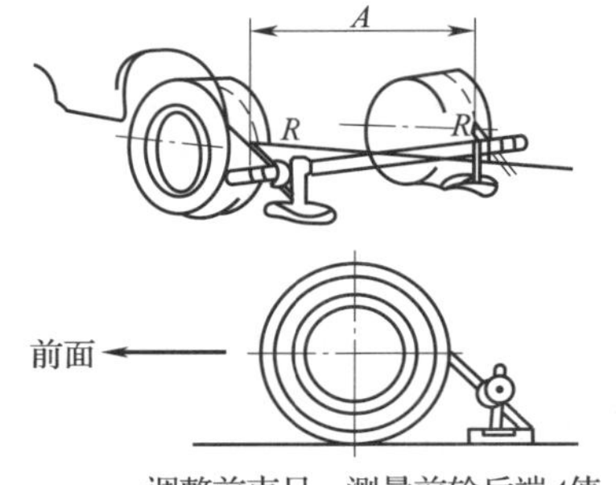

调整前束尺，测量前轮后端A值

a）

（4）将车向前推，使记号处在相对于转向轴颈中心高度处（即使轮胎转动 180°），如图 14—2—5b 所示。

（5）测出前轮前端数值 B，如图 14—2—5c 所示。A、B 即为所测的前轮前束值，该值必须符合要求（表 14—2—1），否则应进行调整。

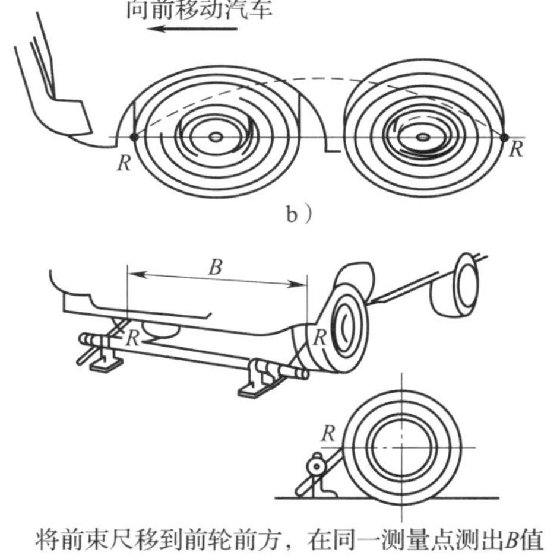

图 14—2—5　前轮前束的测量

3．前轮前束的调整

前轮前束通过改变横拉杆的有效长度进行调整。将横杆拉伸长则前束值增大，反之前束值变小，整体式前桥的调整如图 14—2—6 所示。调整好后必须将横拉杆两头的锁紧螺钉（或倒置的卡箍）锁紧。

桑塔纳轿车的转向横拉杆为左右两根，因此调整方法不同，需用光学测试仪和专用工具 3057 对前束进行调整，调整步骤如下：

（1）转向器旋转至中间位置，使汽车保持直线行驶方向。

（2）拆下中间轴盖上的螺栓。

（3）将带有挂钩的专用工具 3075 放置在左横拉杆的紧固螺母上。

（4）将专用螺钉和作为衬垫的专用件固定到标有“C”记号的转向器孔中。

（5）把总前束值对分，分别在左、右横拉杆上进行调整。

（6）固定横拉杆。

（7）拆下专用工具 3075。

（8）用 20 N・m 的力矩拧紧盖上的螺栓。

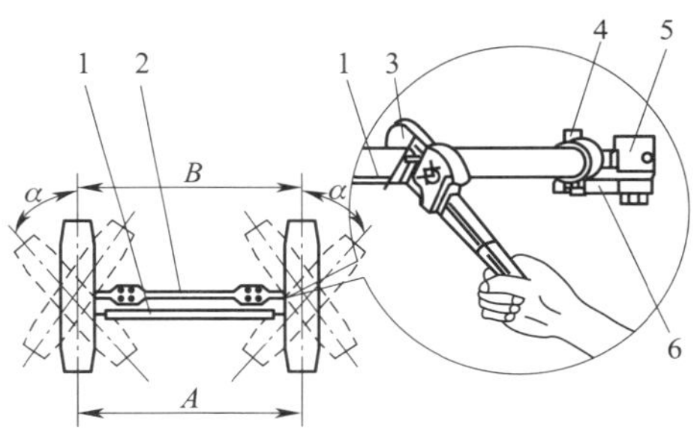

图 14—2—6　前轮前束的调整

1—横拉杆　2—前轴　3—管子钳　4—紧固螺母　5—球头　6—夹紧装置

二、主销内倾角、后倾角和前轮外倾角的检查与调整

前轮定位最好使用光学轴承测量仪，也可用前轮定位检测仪，检查方法如图 14—2—7 所示。两前轮主销内倾角、后倾角，两前轮外倾角的值应该相等，并符合所测车型的设计要求（表 14—2—1），否则应进行修理。非独立悬架前桥三个定位中的前轮外倾角可以进行调整，操作方法如下

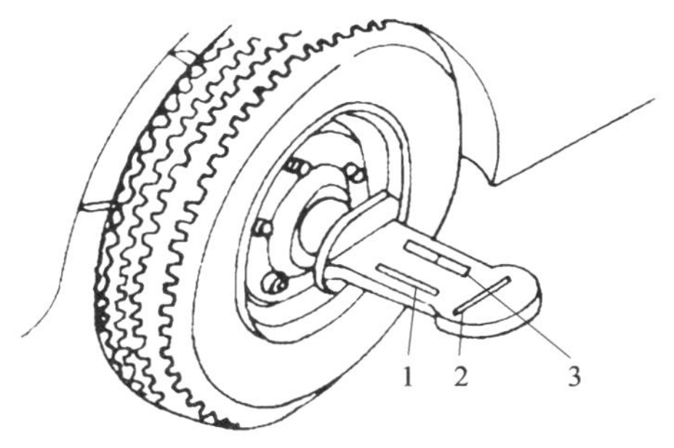

图 14—2—7　前轮定位的检查

1—标尺　2—主销内倾标尺　3—主销后倾标尺

（以桑塔纳轿车为例）：

1．松开下摆臂球头销接头上的紧固螺母。

2．把外倾调整杆（SST40–200）插入摆臂长孔中，如图 14—2—8 所示。

3．横向移动球销接头，直到外倾角值达到标准为止。

4．调整杆的安装位置：右侧，从前面插入调整杆；左侧，从后面插入调整杆。

5．拧紧螺母，重新检查外倾角的值，若有变动应再次调整，直到符合标准为止。

6．检查并调整前束值。

注意：先检查、调整主销后倾角，然后调整前轮外倾角，最后调整前轮前束。因为主销后倾角和前轮外倾角的变动会引起前束的改变，而前束的改变不影响主销后倾角和前轮外倾角的值。

表 14—2—1 前轮前束与转向角

项目 / 车型	最大转向角	
	左轮（向左打）	右轮（向右打）
CA1091	38°	38°
EQ1090E	37.5°	37.5°
奥迪	39.5°	39.5°
夏利	35°	35°
桑塔纳	38°	38°

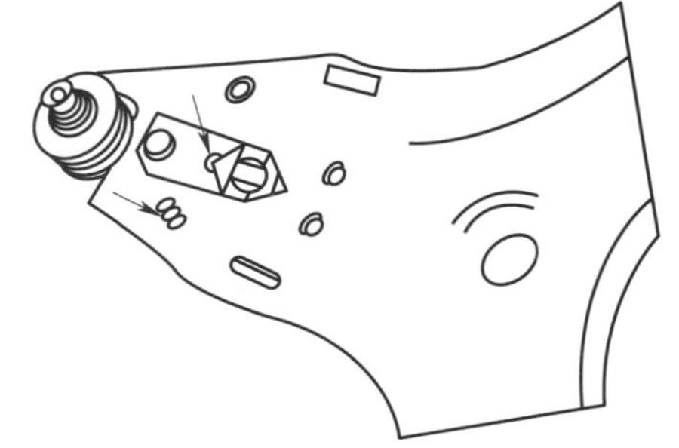

图 14—2—8 外倾调整杆的安装位置

三、前轮最大转向角的检查与调整

转向角的检查与调整应在前轮前束调整正常后进行。

1．前轮最大转向角的检查

（1）转向角检查器检查法。用支顶顶起前轮，并使前轮处于直线行驶位置，将转盘放入车轮下，调整指针指向零，然后将车轮压在转盘上，转动转向盘，使前轮向外转到极限位置，转盘上指针所指示的刻度，就是该车轮的最大转向角。

（2）简单检查法。将前轮顶起，使前轮处于直线行驶位置，在前轮下放置一块木板，板上放一张白纸，用木尺紧靠轮胎边缘，用铅笔在纸上画一条与车轮中心线平行的直线，然后向左（或向右）转动转向盘至极限位置，再画出第二条线（图 14—2—9），用量角器测量这两条线的夹角，即前轮最大转向角。

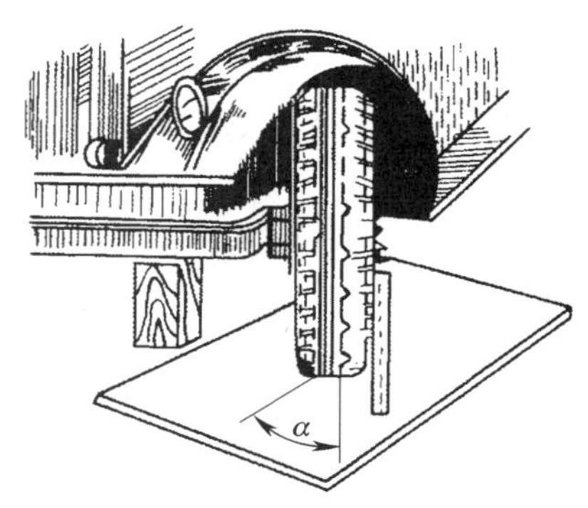

图 14—2—9 前轮最大转向角的检查

2．前轮最大转向角的调整

当转向角不符合要求时，应通过变更转向角限位螺栓的长度进行调整，调整完毕，必须将锁紧螺母旋紧。

课题三　转向器检修

教学目标：

1．熟悉转向器拆卸和装合的步骤。

2．能进行转向器检查和调整。

训练器材：

轿车动力转向器总成、铜棒、专用工具、常用工具等。

操作步骤和技术要求及图示

一、转向器的分解

1．为了在安装后便于调整，须在横拉杆螺纹上作横拉杆锁紧螺母位置的标记，如图14—3—1所示。

2．松开横拉杆接头锁紧螺母，拆下横拉杆接头。

3．拆下防尘罩夹和钢丝，如图14—3—2所示。

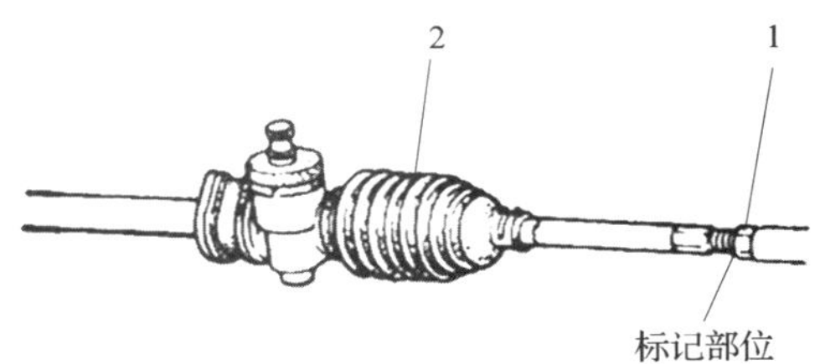

图14—3—1　标记位置

1—锁紧螺母　2—防尘罩

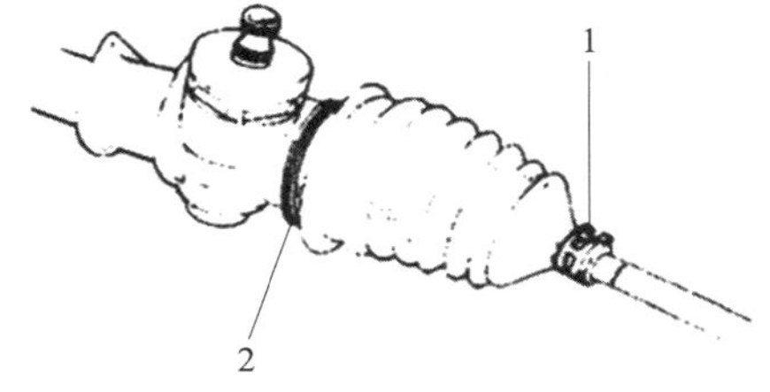

图14—3—2　拆下防尘盖

1—防尘罩夹　2—钢丝

4．从横拉杆上取下防尘罩。

5．扳直横拉杆锁紧垫圈的弯曲部分，然后从齿条上拆下转向拉杆，如图14—3—3所示。

6．按图14—3—4所示顺序拆卸零件。

7．卸下转向器衬垫。

8．用专用工具拆下齿轮轴承塞，如图14—3—5所示。

9．用塑料锤轻敲图14—3—6所示部位，使齿轮总成与壳体分离。

10．取出齿轮总成，如图14—3—7所示。

11．拆下防尘罩夹和钢丝。

12．朝横拉杆接头侧取下防尘罩。

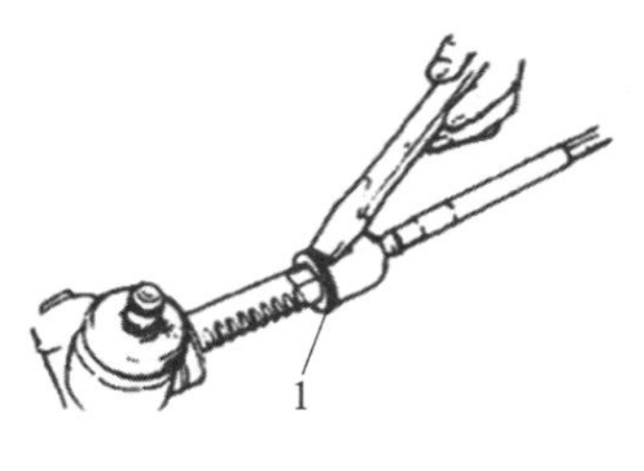

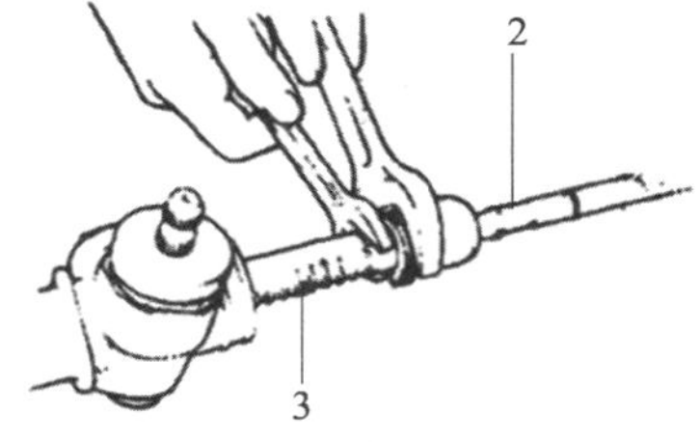

图 14—3—3　拆卸转向拉杆

1—锁紧垫圈　2—横拉杆　3—转向齿条

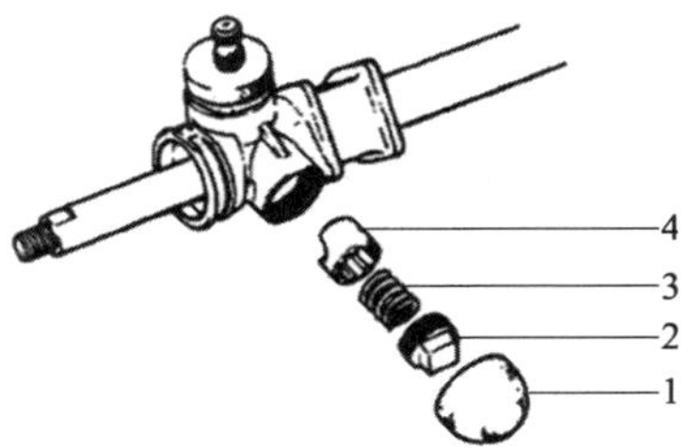

图 14—3—4　拆卸零件

1—防尘罩　2—调整螺塞　3—弹簧　4—转向齿条支承

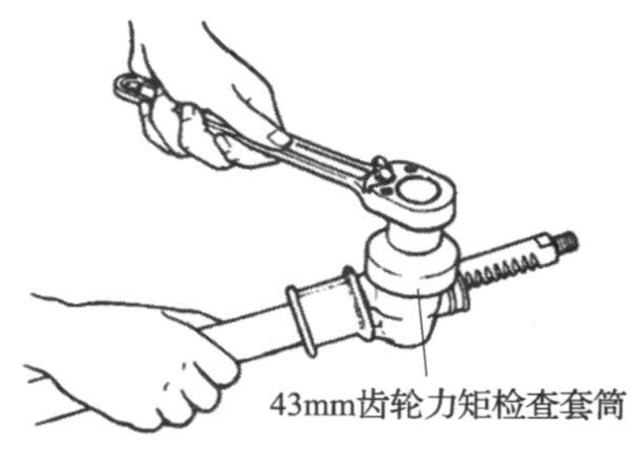

图 14—3—5　拆卸齿轮轴承塞

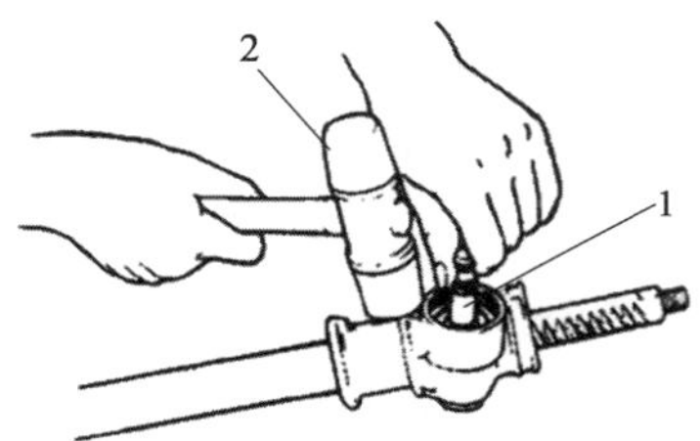

图 14—3—6　敲击位置

1—齿轮　2—塑料锤

13．扳直横拉杆锁紧垫圈的弯曲部分，从转向齿条左、右两侧拆下横拉杆。

14．左、右横拉杆作相应的标记，如图 14—3—8 所示。

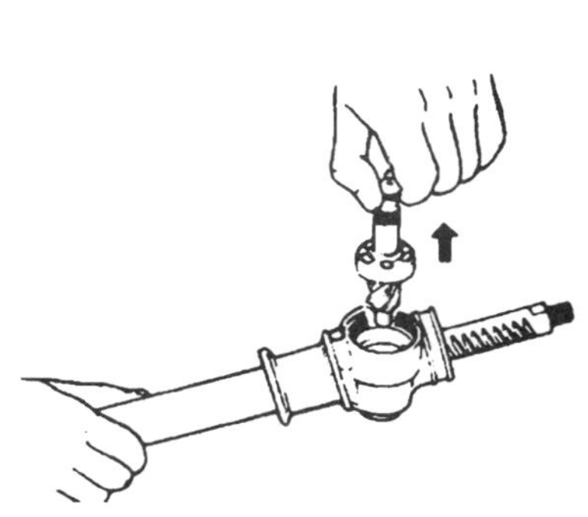

图 14—3—7　取出齿轮总成

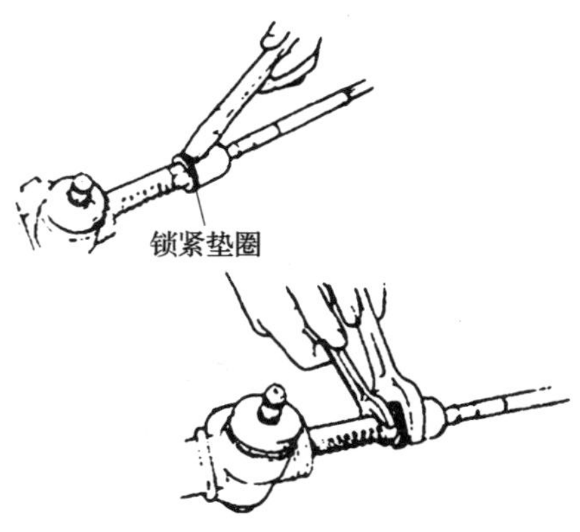

图 14—3—8　左、右横拉杆作标记

15．从转向器壳体中拆下齿条，拆卸方向如 14—3—9 所示。

16．用专用工具从转向器壳体中取出齿轮轴承，如图 14—3—10 所示。

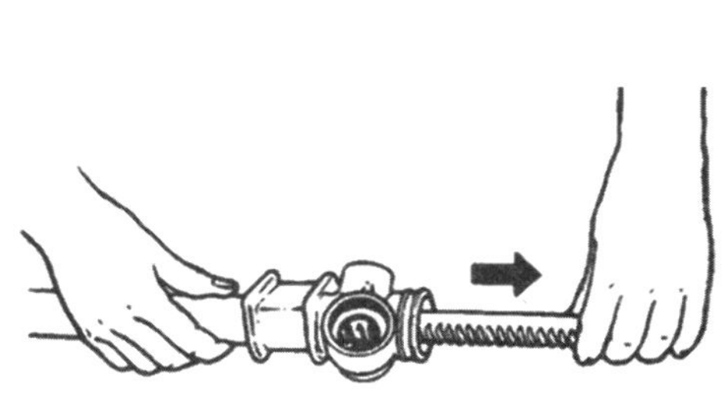

图 14—3—9 齿条拆卸方向

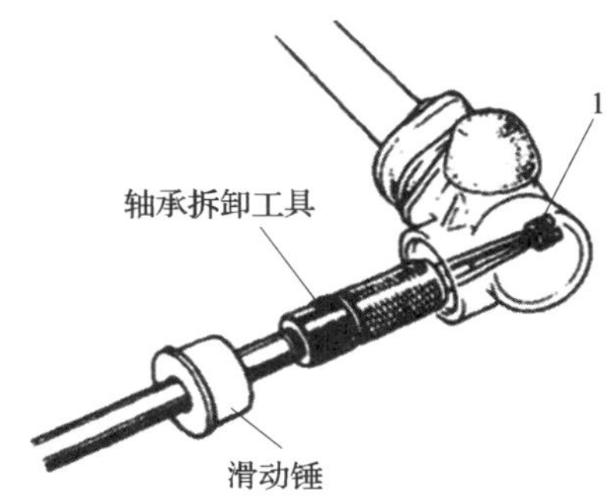

图 14—3—10 拆下齿轮轴承

二、转向器的检查

1．齿条的检查

(1) 检查齿条齿面是否损坏及磨损。

(2) 检查油封接触面是否损坏。

(3) 检查齿条是否弯曲或扭曲。

(4) 检查油封环是否损坏及磨损。

(5) 检查油封是否损坏及磨损。

2．小齿轮阀的检查

(1) 检查齿轮齿面是否损坏及磨损。

(2) 检查油封接触面是否损坏。

(3) 检查油封环是否损坏或磨损。

(4) 检查油封是否损坏或磨损。

3．轴承的检查

(1) 转动轴承检查是否卡住或有异常响声。

(2) 检查间隙是否过大。

(3) 检查滚针轴承是否损坏。

4．其他零件的检查

(1) 检查齿条缸壳内部是否损坏。

(2) 检查防尘套是否损坏、老化或有裂纹。

三、转向器的装配

1．在齿条油封的整个表面涂抹润滑油。

2．在齿条壳内的指定位置上安装备用垫圈和油封。

3．在整个齿条轴套油封表面涂抹润滑油。

4．在齿条轴套内安装油封。

5．在齿条齿上涂抹润滑油。

6．将齿轮轴承敲入转向器壳体内。

7．将齿条插入转向器壳体内。

注意：转向齿条衬套内表面涂有专门涂层。由于此涂层极易损伤，故在插入齿条时要十分小心，不得损伤此涂层。

8．将齿轮总成装入壳体内。

9．按 80 ～ 110 N • m 的拧紧力矩拧紧齿轮轴承塞。

10．装转向器衬垫。

11．装入零件，如图 14—3—11 所示。

12．将调整螺塞完全拧紧后，回转 0° ～ 90°，再检查齿轮的转动力矩（0.8 ～ 1.3 N • m），并检查齿条运动是否平稳。

13．将横拉杆锁紧垫圈和横拉杆装到齿条上，将锁紧垫圈的平直部位“A”对准齿条上的“A”部位，如图 14—3—12 所示。

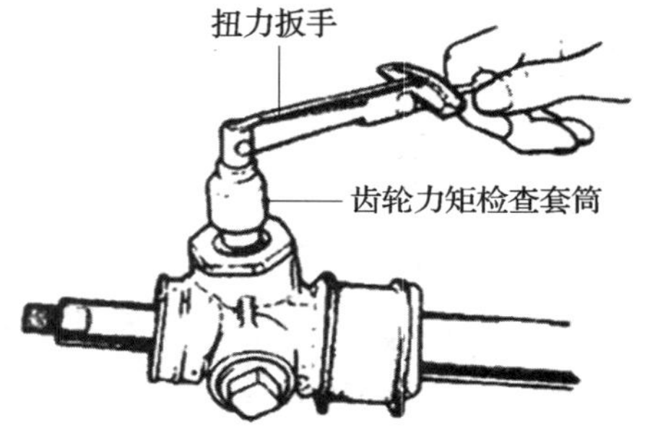

图 14—3—11　装入零件

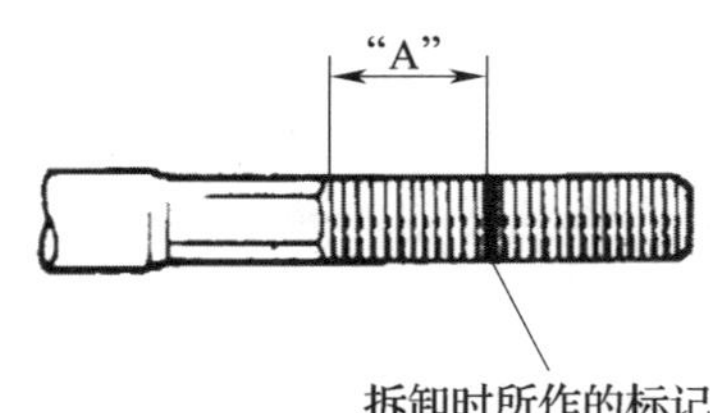

图 14—3—12　齿条上的标记

14．按 70 ～ 100 N • m 的拧紧力矩将齿条拧入横拉杆球螺母内。

15．将锁紧垫圈扳弯，使它靠在横拉杆铣扁处。

16．将防尘罩正确定位在转向器和横拉杆的沟槽内，并用防尘罩夹和钢丝紧固（应使用新钢丝绕两圈，然后将两端扭紧；扭紧的钢丝端头应朝圆周方向弯好）。检查防尘罩是否有扭曲和压痕。

17．将横拉杆接头及锁紧螺母装到横拉杆上，将锁紧螺母拧到拆卸时所作标记的位置处。

课题四　动力转向系检修

教学目标：

1．熟悉动力转向系的结构。

2．能进行动力转向系拆装和检修。

训练器材：

轿车动力转向系统总成、铜棒、专用工具、常用工具等。

操作步骤和技术要求及图示

一、动力转向系统

动力转向系统主要由动力转向装置、转向操纵机构和转向传动机构三部分组成，如图 14—4—1 所示。动力转向装置是在机械转向装置的基础上加设了一套转向加力装置而形成的。动力转向装置包括动力转向器、动力转向油泵、储油罐、油液软管和管路等。

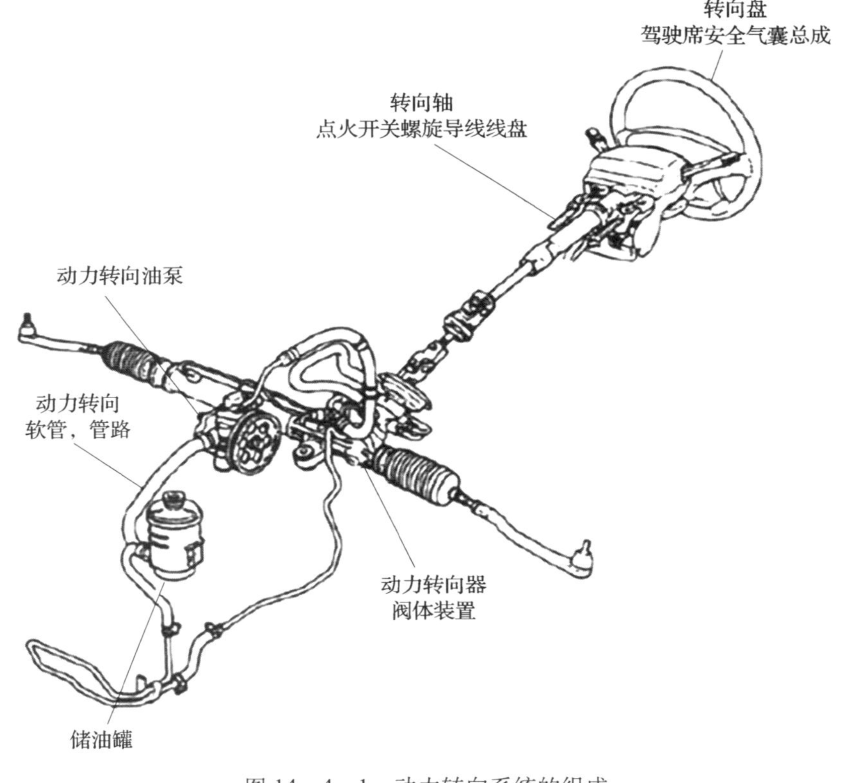

图 14—4—1　动力转向系统的组成

注意：

◆ 由于该动力转向系统中安装有安全气囊（SRS）的主要部件，故在维修前必须参阅维修手册安全气囊系统中提到的有关注意事项和操作步骤，以免造成危险。

◆ 从报废车辆上卸下完整安全气囊总成，或在运输、仓储、维修时发现安全气囊失效或损坏时，应将安全气囊引爆。

◆ 在拆下转向器之前，应首先拆下驾驶席侧安全气囊总成和转向盘。

◆ 在安装完转向器后，应检查车轮定位，必要时应进行调整。

二、动力转向器的结构

动力转向器为转阀整体式，主要由齿轮齿条式转向器、转向动力缸和旋转式转向控制阀三部分组成。动力转向器的分解结构如图 14—4—2 所示。

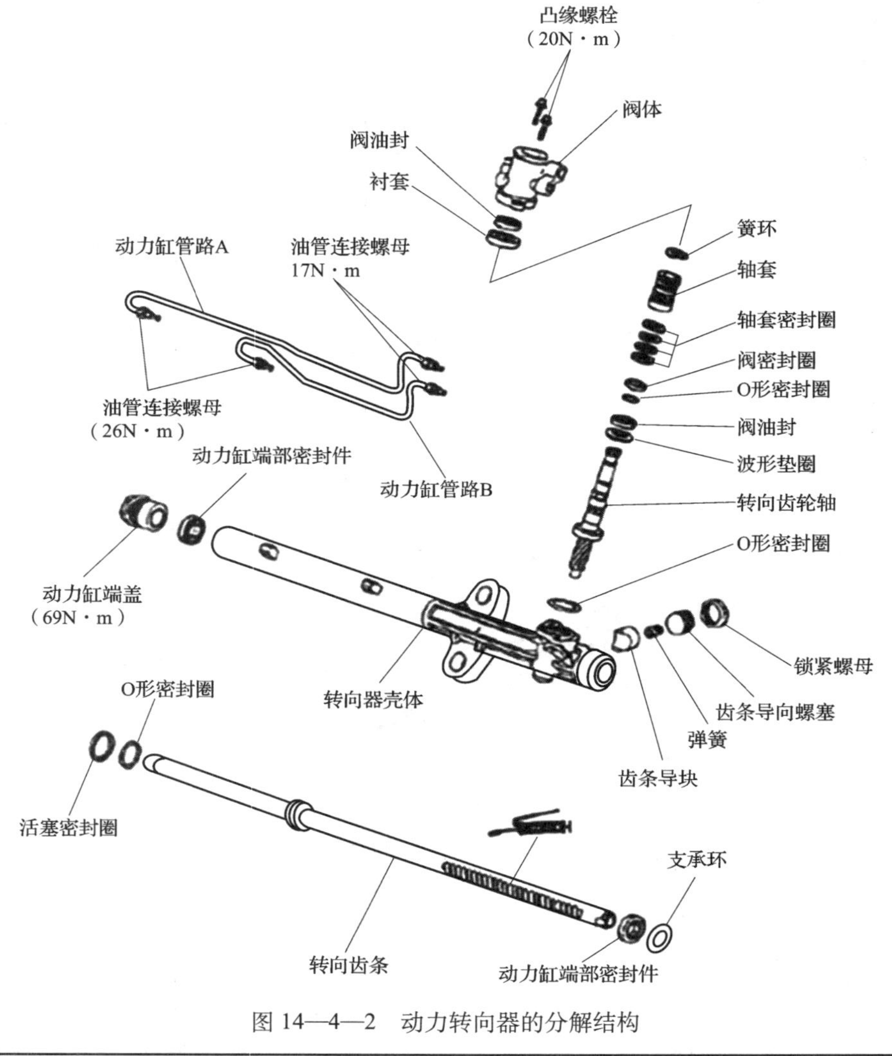

图 14—4—2 动力转向器的分解结构

三、动力转向器的拆卸

1．排放动力转向油。

2．举升车辆，拆下两前轮。

3．拆下驾驶席侧安全气囊总成。

4．先拆下转向盘，再拆下转向轴万向节盖（图 14—4—3）。

注意：*必须先拆下转向盘，后拆卸转向轴万向节盖，否则将会损坏 SRS 螺旋导线线盘。*

5．拆下转向轴万向节螺栓，将万向节叉向转向轴方向移动，然后拆下转向轴万向节。

6．从球头销防护套螺母上拆下开口销并拆下该螺母，然后用专用工具（球头销拆卸器）拆开横拉杆球头与转向节（图 14—4—4）。

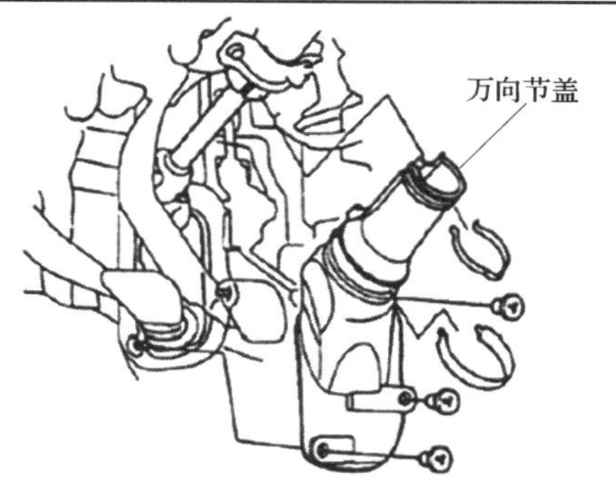

图 14—4—3　拆下转向轴万向节盖

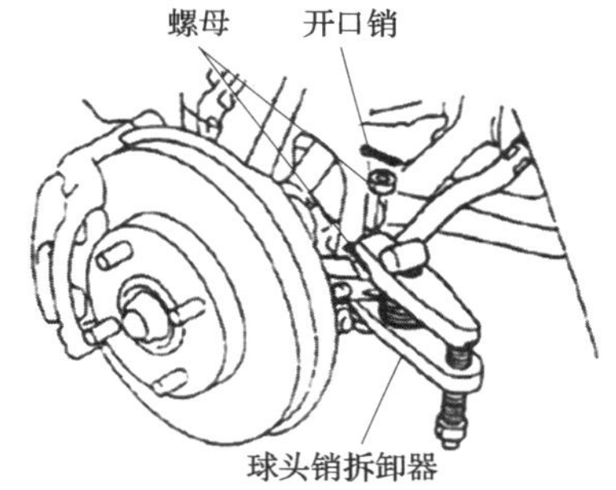

图 14—4—4　拆开横拉杆球头与转向节

7．如图 14—4—5 所示，分别拧出 14 mm 和 17 mm 油管连接螺母，依次拆下油泵出油软管和回油管路，然后用胶带封闭软管和管路的管口。

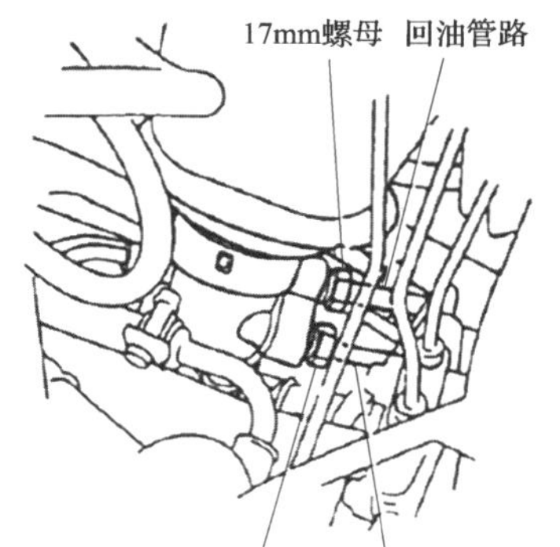

图 14—4—5　拧出油管连接螺母

8．握住右横拉杆并向右拉动齿条，然后拆下左、右横拉杆端接头和锁紧螺母（图 14—4—6）。

9．拆下三效催化转化器和变速器换挡拉索。

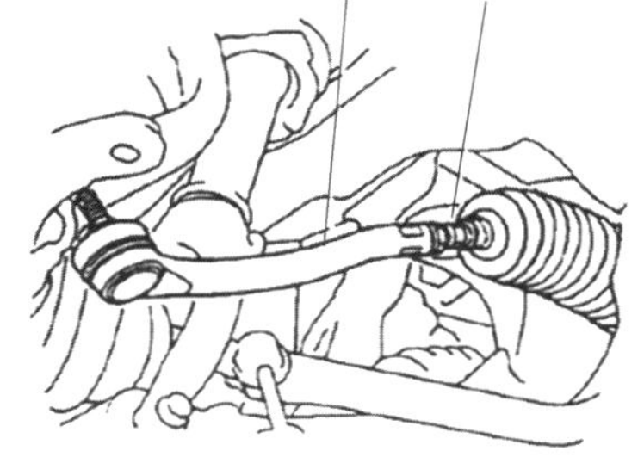

图 14—4—6　拆下左、右横拉杆端接头和锁紧螺母

10．如图 14—4—7 所示，拆下转向器加强板和固定支架。

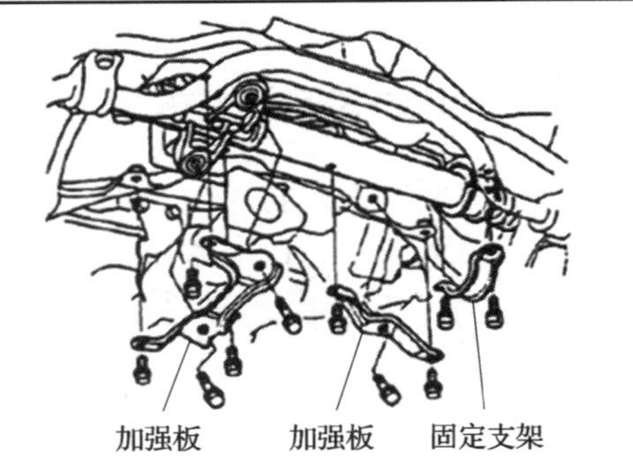

图 14—4—7　拆下转向器加强板和固定支架

11．如图 14—4—8 所示，向下拉动动力转向器，使转向齿轮轴脱离其隔板，然后从转向控制阀顶部拆下转向齿轮轴的橡胶保护圈。

12．将动力转向器右移，使其左端离开后横梁，并将其左端置于后横梁下方，然后朝左下方向拆下动力转向器。

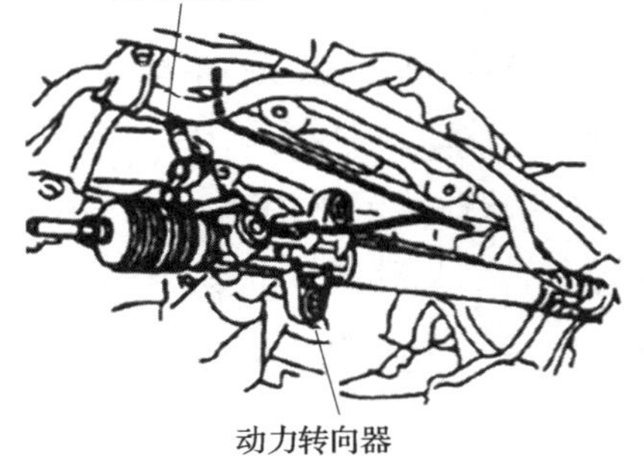

图 14—4—8　转向齿轮轴和动力转向器

四、动力转向器的分解

1．如图 14—4—9 所示，拆下防护套箍带和横拉杆卡环，再从转向器端部拆下防护套。

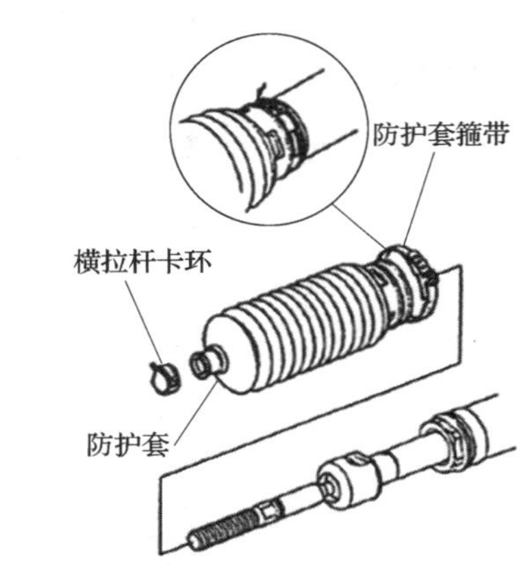

图 14—4—9　拆下防护套

2．如图 14—4—10 所示，用两把扳手拆下转向齿条端连接件，然后拆下锁紧垫圈和限位垫圈。

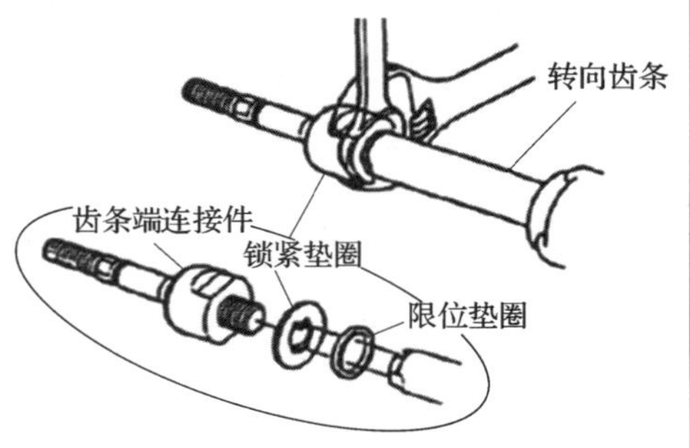

图 14—4—10　拆下锁紧垫圈和限位垫圈

3．如图 14—4—11 所示，拧出齿条导向螺塞的锁紧螺母，依次拆下齿条导向螺塞、弹簧和齿条导块。

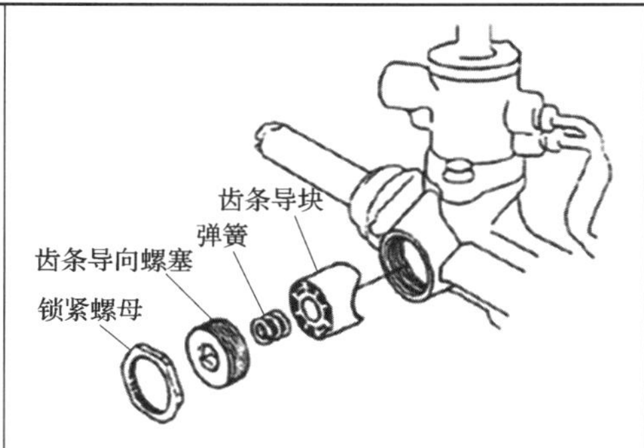

图 14—4—11　拆下齿条导向螺塞、弹簧和齿条导块

4．如图 14—4—12 所示，拆下动力缸管路 A 和 B。

5．慢慢地左右移动转向齿条，使动力转向油从动力缸接头处排出。

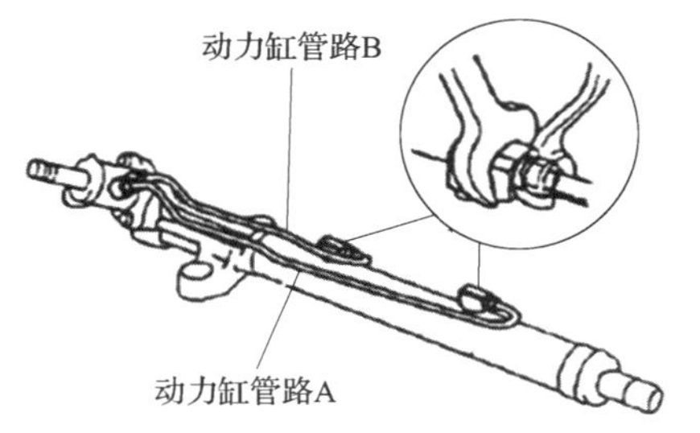

图 14—4—12　拆下动力缸管路 A 和 B

6．如图 14—4—13 所示，拆下转向控制阀的固定螺栓，拆下转向控制阀总成。

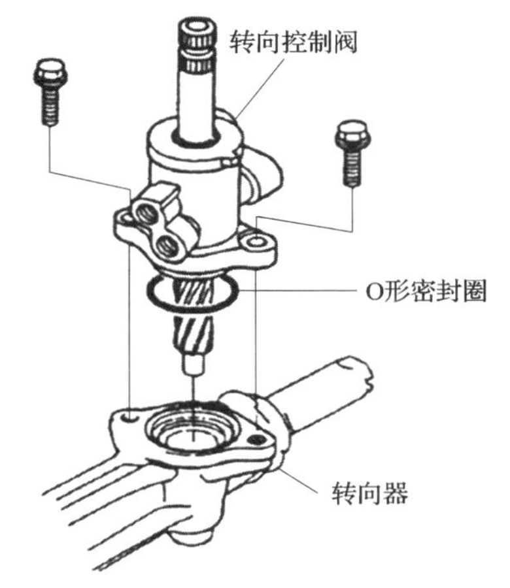

图 14—4—13　拆下转向控制阀总成

7．如图 14—4—14 所示，动力缸标示点处钻出一直径为 3 mm，深度为 2.5 ~ 3.0 mm 的小孔。

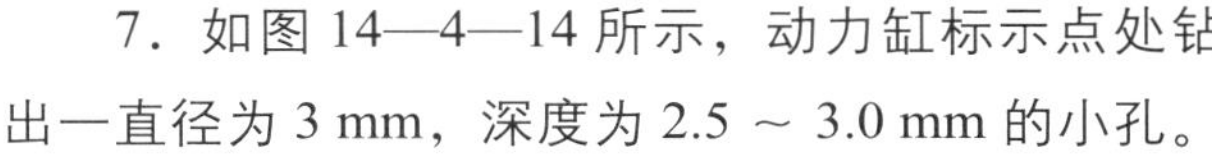

注意：切勿让金属屑进入动力缸内；并且在拆下动力缸端盖后，去除小孔周围的毛刺。

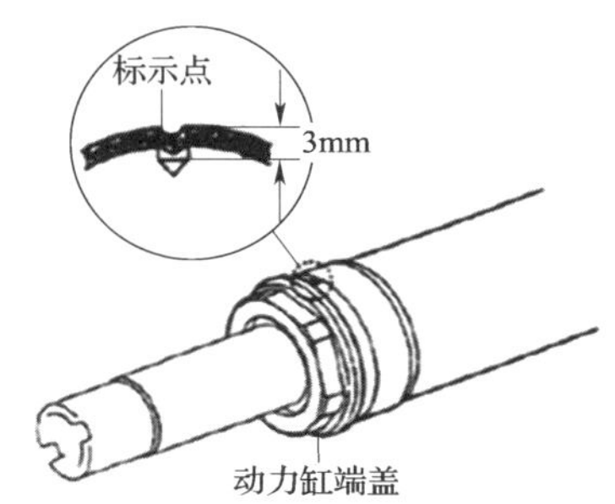

图 14—4—14　在动力缸标示点处钻出小孔

8．按图 14—4—15 所示方法在转向器上安装一拆卸器支架，然后将拆卸器支架夹在钳口垫有软垫的台虎钳上，并拆下动力缸端盖。

注意：切勿将动力缸壳体或转向器壳体夹在台虎钳上。

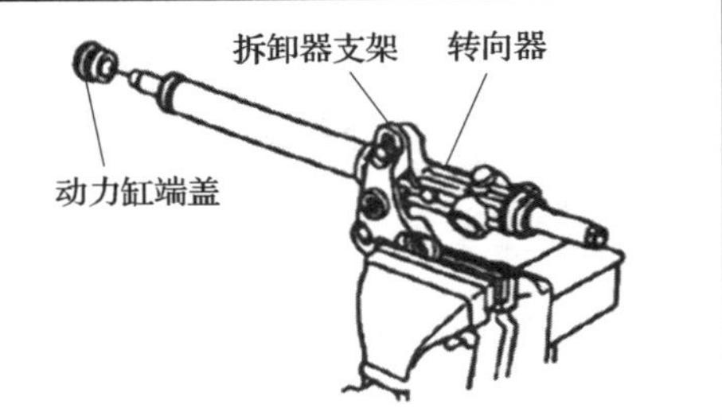

图 14—4—15　在转向器上安装一拆卸器支架

9．按图 14—4—16 所示方法将转向器安装到轴承隔板上（转向器左侧向上），再将一大小合适的套筒扳手垫在转向齿条上，然后利用压力机压出动力缸端部密封件和转向齿条。

注意：要谨防转向齿条压出时掉落损坏。

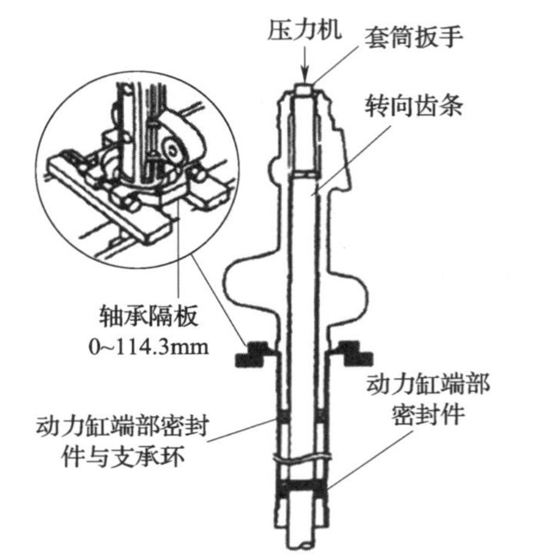

图 14—4—16　将转向器安装到轴承隔板上

10．如图 14—4—17 所示，从转向器左侧将长 60.96 cm、直径为 9.52 mm 的拆卸杆和专用工具（动力缸端部密封件拆卸器接头）小心地装入动力缸内，并确认专用工具的小端已可靠地进入支承环与密封件的内孔。

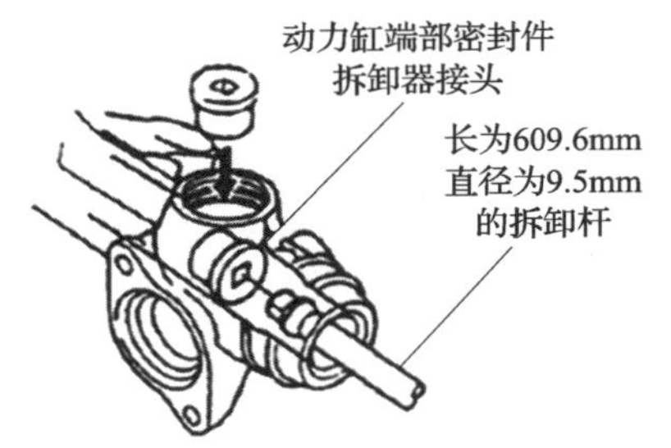

图 14—4—17　将拆卸器接头装入动力缸

11．将转向器安装到轴承隔板上，使用压力机压出动力缸端部密封件与支承环，如图 14—4—18 所示。

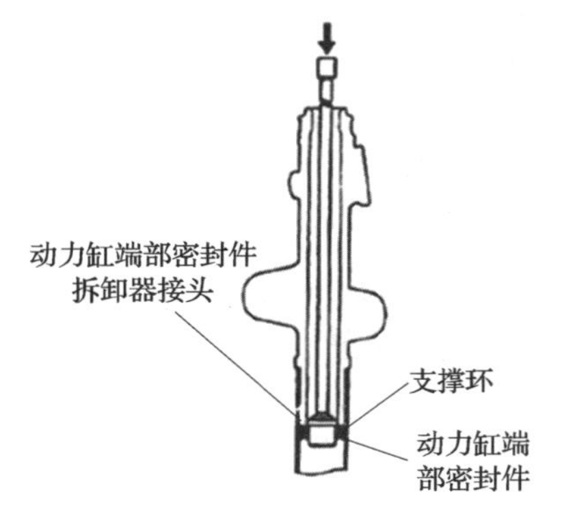

图 14—4—18　压出密封件与支承环

12．在转向齿轮轴花键上包扎尼龙胶带，利用压力机压出转向齿轮轴，如图14—4—19所示。	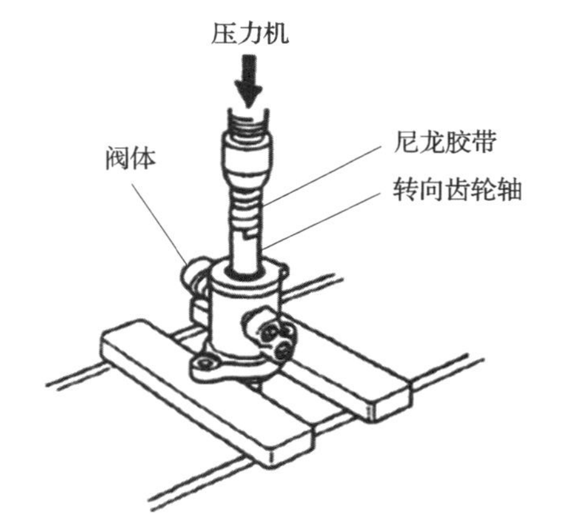 图14—4—19　压出转向齿轮轴
13．如图14—4—20所示，从转向齿轮轴上拆下卡环和阀芯。	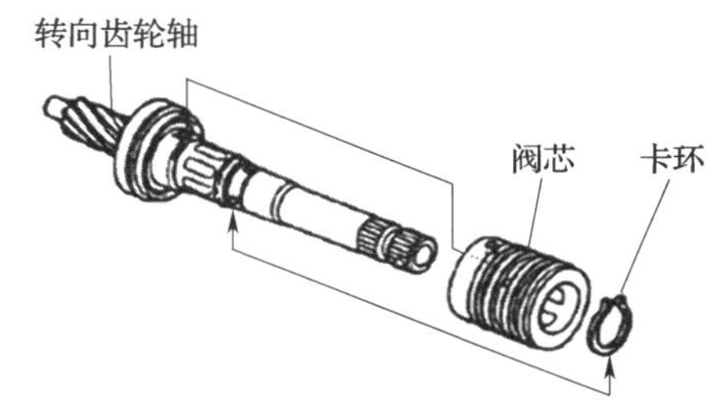 图14—4—20　拆下卡环与阀芯转向齿轮轴
14．如图14—4—21所示，用刀具切断阀芯上的四个密封圈并将其从阀芯上拆下。 **注意**：使用刀具时，切勿伤及阀芯。	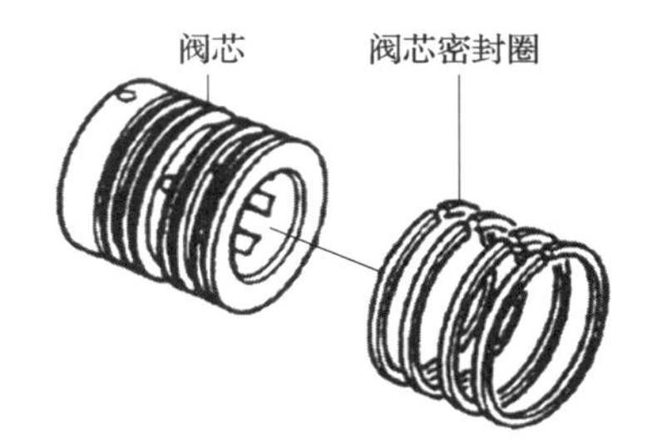 图14—4—21　拆下阀芯上的四个密封圈
15．如图14—4—22所示，用刀具在转向齿轮轴上的狭槽部位切断O形圈和密封圈，然后将它们小心地拆下。	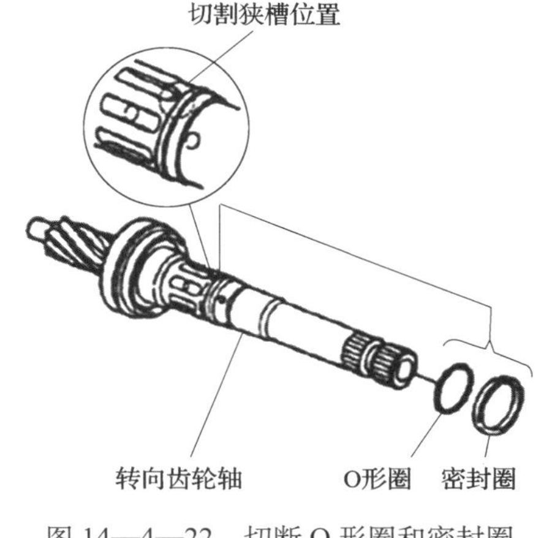 图14—4—22　切断O形圈和密封圈

16．如图 14—4—23 所示，从转向齿轮轴上拆下油封和波形垫圈。

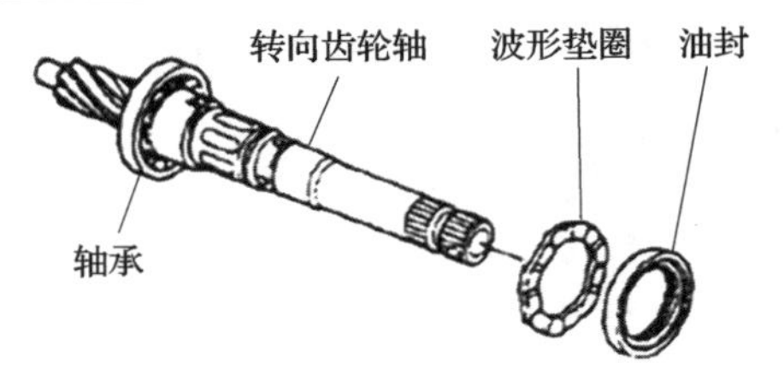

图 14—4—23　拆下油封和波形垫圈

17．如图 14—4—24 所示，使用压力机和专用工具（导套），将阀体油封和衬套从阀体中压出。

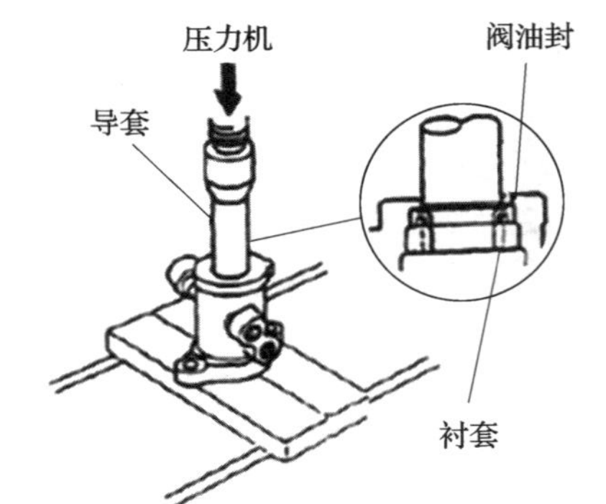

图 14—4—24　将阀体油封和衬套从阀体中压出

四、动力转向器的检查

1．检查动力缸端盖的橡胶限位器是否老化或损坏。如已老化或损坏，则应更换动力缸端盖。

2．用手指检查转向控制阀阀体内（密封圈接触面）是否有沟痕。若有沟痕，则应更换控制阀阀体。

3．如图 14—4—25 所示，检查阀芯沟槽边缘有无磨损或毛刺等不良现象。若有，则应更换转向齿轮轴与阀芯组件。

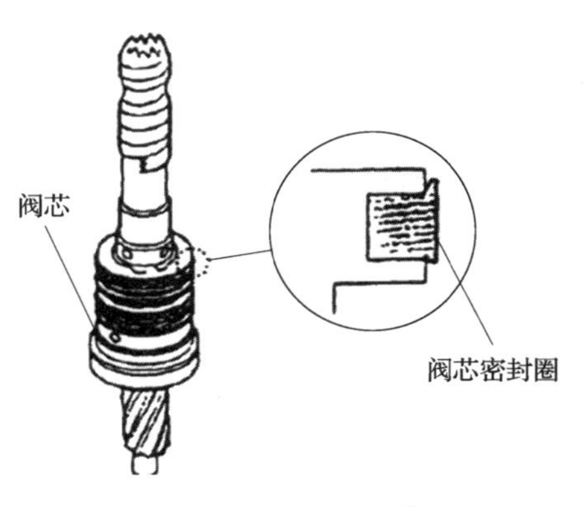

图 14—4—25　阀芯

4．检查转向齿轮轴轴承是否转动自如，并视情予以更换。检查该轴承是否有较大的径向或轴向间隙。如间隙过大，则在更换轴承时，必须同时更换转向齿轮轴与阀芯组件。

第十五单元　行驶系检修

课题一　轮 胎 拆 装

教学目标：

1．会正确使用轮胎拆装机。

2．能进行轮胎拆装操作。

训练器材：

轮胎拆装机、轮胎、撬棒、轮胎充气机、空气压缩机等。

操作步骤和技术要求及图示

轮胎拆装机是一种实现将汽车轮胎从轮毂上拆下、安装和充气功能的设备。轮胎拆装机目前主要有半自动侧摆臂式、半自动右倒臂式、全自动轮胎拆装机等。图 15—1—1 所示为普通轮胎拆装机，主要由压板、操纵踏板、工作盘、拆装器、手柄、定位锁、机体等组成。

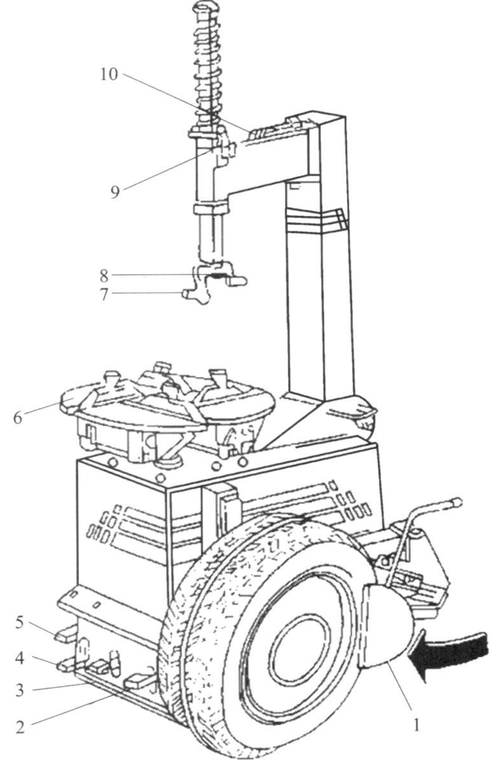

图 15—1—1　普通轮胎拆装机

1—压板　2、3、4、5—操纵踏板　6—工作盘　7、8—拆装器　9—手柄　10—定位锁

<table>
<tr><th>操作步骤和技术要求</th><th>图示</th></tr>
<tr><td>

一、准备工作

1．拆卸前在轮胎气门嘴处作出标记（图 15—1—2），以便重新安装轮胎时，能够处于与原来相同的位置，从而保证车轮平衡。

2．放尽轮胎中的余气。可以用轮胎压力表放气，也可以直接拧松气门芯放气。

3．清除车轮上的杂物和平衡块，以免发生危险。

二、轮胎拆卸

1．将轮胎垂直放在分离铲与机座橡胶垫之间，把分离铲移向轮胎，踩下分离铲踏板，分离铲在气体压力作用下使轮胎松动（图 15—1—3）。

注意：轮胎要垂直放置，防止分离铲损伤轮辋。转动轮胎反复挤压，直至松脱。

2．将车轮轮辋的凸面向上，放在工作盘上，稍加按压，使之放平并操纵踏板使轮圈夹紧（图 15—1—4）。

3．在轮辋边缘涂少许润滑剂或肥皂水（图 15—1—5）。

</td><td>

图 15—1—2　拆装标记

图 15—1—3　用铲松脱轮胎

图 15—1—4　装夹轮胎

图 15—1—5　涂少许润滑剂

</td></tr>
</table>

4．将拆装器放在合适的位置上，压下并锁紧升降杆，使拆装器与轮辋边缘之间形成约 3 mm 的间隙（图 15—1—6）。

图 15—1—6 锁紧升降杆

5．以拆装器一端作为支点，用杠杆撬起外胎边缘，使之搭在拆装器另一端上（图 15—1—7）。

图 15—1—7 撬起外胎边缘

6．操纵踏板，使工作盘转动，带动轮胎旋转，直至轮胎上边缘完分拆出。

7．用上述方法再将外胎另一侧边缘拆出（图 15—1—8）。

图 15—1—8 拆外胎下边缘

8．取下外胎和轮辋。

操作提示：

◆ 轮胎的拆卸应在轮胎拆装机上进行，严禁手工直接拆卸轮胎，以免损坏胎圈和轮辋。

◆ 不许对轮辋进行敲击和使劲用撬棒撬动，以防止其变形和破坏气密性。

◆ 对于维修的轮胎，拆卸前在轮胎气门嘴处作出标记，以便重新安装轮胎时，能够处于与原来相同的位置，从而保证车轮平衡。

三、轮胎的安装

轮胎的安装应在轮胎拆装机上进行，装复时应注意轮胎上的标记（图 15—1—9），有红点标记的一侧朝外。对于修复的轮胎还应对准拆卸时所作的标记，保持原样装复。

图 15—1—9 红点标记朝外

1．擦干净轮辋上的胎圈座。

2．将轮辋固定在工作盘上，并用润滑剂润滑胎圈外表面（图 15—1—10）。

图 15—1—10　固定轮辋

3．将轮胎套在轮辋上，并使它的左侧和近身侧装入轮辋中部的凹槽处（图 15—1—11）。

图 15—1—11　将轮胎套在轮辋上

4．调节拆装器升降杆于适当位置，锁定升降杆，使右侧未套入轮辋凹槽的一段轮胎边缘置于拆装器上。

5．用手压住轮胎，启动工作台，装入一侧轮胎边缘（图 15—1—12）。

图 15—1—12　压住轮胎启动工作台

6．用上述方法，装轮胎的另一侧边缘，使轮胎均匀地安装在轮辋上。装完后，给轮胎充气至规定气压值。

7．充气完成后，需进行动平衡检验。

课题二 轮胎动平衡

教学目标：

1．能正确操作轮胎平衡机。

2．能进行轮胎动平衡。

训练器材：

轮胎、轮胎动平衡机、平衡块、常用工具等。

操作步骤和技术要求	图示

目前轮胎平衡机有很多类型，主要分为卧式动平衡机和立式动平衡机。卧式动平衡机是指被平衡转子轴线处于水平状态的一类动平衡机。立式动平衡机是指被平衡转子轴线处于铅垂状态的一类动平衡机。图 15—2—1 所示为普通立式轮胎动平衡机，主要由操作面板、平衡块槽、锁紧锥套、挂柄测量尺、测量卡尺、车轮锁紧扳手、平衡轴、轮罩和主机等组成。

图 15—2—1 普通立式轮胎动平衡机

一、操作前准备

1．清除被测车轮上的泥土、石子和旧平衡块。

2．检查轮胎气压，若有必要充至规定值。

3．检查轮毂和轮胎有无变形，如有需要及时更换。

二、装夹车轮

1．将轮胎套装在动平衡机主轴上，根据轮辋中心孔的大小选择锥体，装上轴心定位锥套，如图 15—2—2 所示。

图 15—2—2 装轴心定位锥套

提示：轮胎凹面朝里。

2．用轮胎锁紧扳手将车轮固定在主轴上并锁紧，如图 15—2—3 所示。

图 15—2—3 轮胎锁紧扳手

三、平衡操作

1．打开动平衡机侧面的电源开关。

2．选择平衡模式，一般选择默认的模式。

3．用测量标尺测出动平衡机离车轮轮辋的距离 A（单位：in），如图 15—2—4 所示轮辋距离 A=8.5 in。

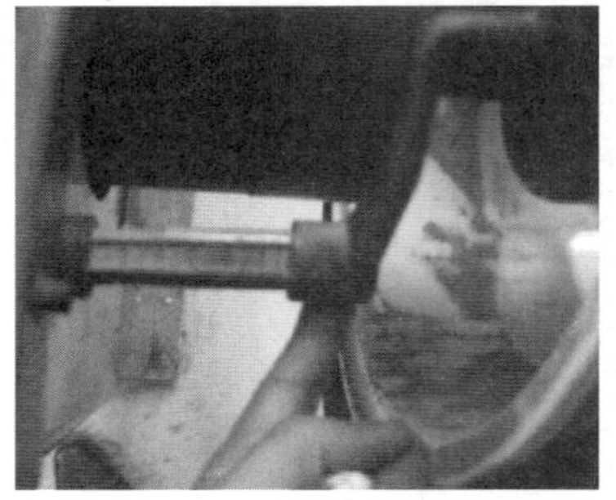

图 15—2—4　测量轮辋距离

4．用测量卡钳测量轮辋宽度 L（单位：in），如图 15—2—5 所示轮辋宽度 L=6.5 in。

5．找到轮辋上标记的名义直径“d”，一般根据轮胎的规格型号确定。例如：175/70R 15 77H 规格的轮胎，其轮辋直径 d=15 in。

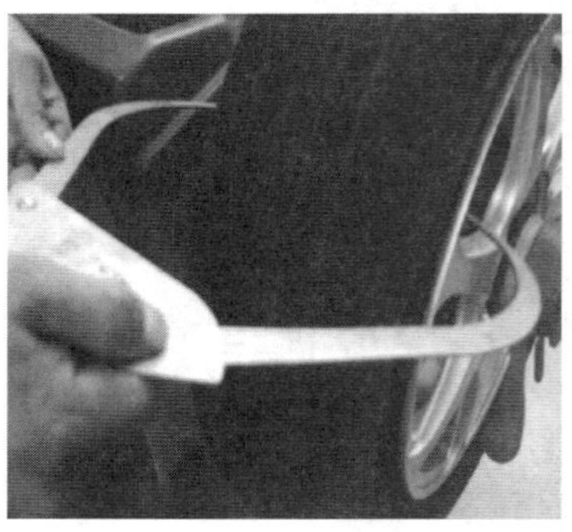

图 15—2—5　测量轮辋宽度

6．在平衡机控制面板依次输入以上数据：轮辋距离 A、轮辋宽度 L 和轮辋直径 d。

7．盖下防护罩。

8．按下启动按钮，轮胎开始转动，7 s 后动平衡机自动制动停止。

9．抬起防护罩，观察显示仪上显示数值（图 15—2—6），测得轮胎两侧的不平衡值分别为 157 g 和 192 g。

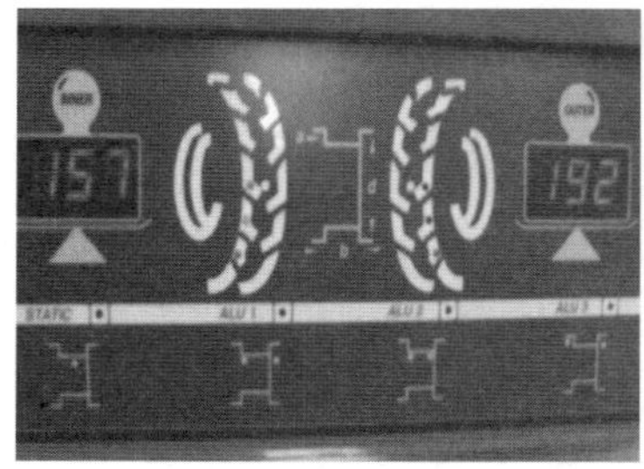

图 15—2—6　测得的不平衡值

10．贴平衡块操作

（1）用手转动轮胎，当显示仪上左侧红灯全部亮时停止转动，在轮辋内左侧正上方贴上相应的平衡块。

（2）用手转动轮胎，当显示仪上右侧红灯全部亮时停止转动，在轮辋内右侧正上方贴上相应的平衡块（图 15—2—7）。

图 15—2—7　贴平衡块

11．贴好平衡块后放下防护罩，按下启动按钮，再次测量，显示仪两边显示数值的误差在规定范围内（误差值在 5 g 以内），车轮即达到动平衡要求。

12．轮胎动平衡操作完毕后，松开车轮锁紧扳手，拆除锥套，取下轮胎，切断电源，擦拭平衡机设备。

第十六单元　制动系检修

课题一　制动踏板高度和自由行程的检查与调整

教学目标：

能熟练检测制动踏板自由行程，并加以调整。

训练器材：

轿车、制动踏板总成、钢直尺、常用工具。

操作步骤和技术要求	图示
一、制动踏板高度的检查与调整 1．检查各连接杆件是否松旷。 2．将钢直尺支撑在驾驶室地板上，检查制动踏板与地板之间的距离。 3．制动踏板高度不符合标准，分离制动灯开关连接器，拧松螺母，把制动灯开关移到不与制动踏板臂接触的位置。 4．如图 16—1—1 所示，用钳子转动操纵杆调整踏板的高度，直到获得正确的制动踏板高度。 5．如图 16—1—2 所示，转动制动灯开关直到与制动踏板止动块接触后，继续转动制动灯开关 1/2 ～ 1 圈，然后拧紧锁紧螺母。 6．连接制动灯开关连接器。 7．检查制动灯。在踏板放松的状态下，制动灯应不亮。 **二、制动踏板自由行程的检查与调整** 1．在发动机停止状态下踏制动踏板 2 ～ 3 次，放空真空助力器的真空。	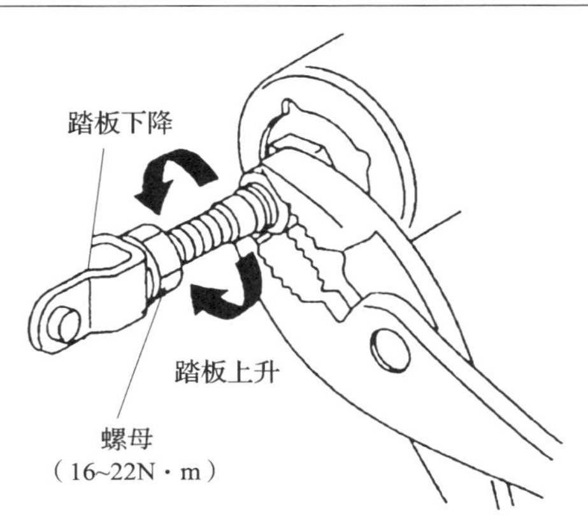 图 16—1—1　制动踏板高度的调整 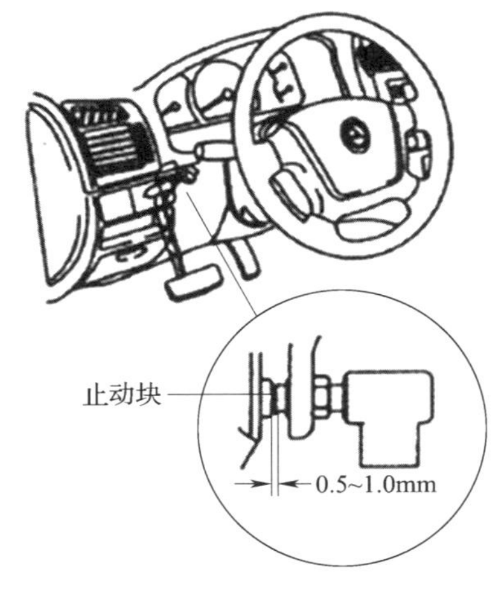 图 16—1—2　制动开关间隙的调整

2．如图 16—1—3 所示，用手向下推动制动踏板至刚好遇到阻力时，检查其移动量是否在标准值范围内。标准值：3 ~ 8 mm。 3．如果间隙小于标准值，检查制动灯开关外壳与制动踏板之间的间隙是否在标准值范围内。如果此间隙超过标准值，说明 U 形夹销与制动踏板臂之间的间隙超过规定。检查间隙是否过大，并按需更换故障零件。 4．起动发动机，以 120 kg 的力踩下制动踏板，检查制动总泵、制动管路和各连接部位是否漏油。	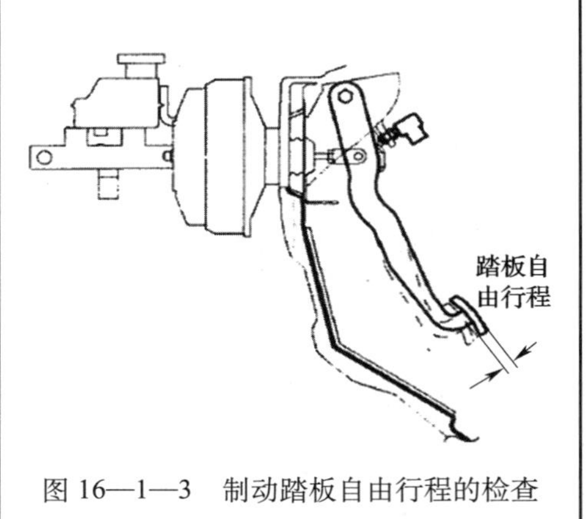 图 16—1—3　制动踏板自由行程的检查

课题二　制动主缸检修

教学目标：

1．掌握制动主缸的分解与检查方法。

2．能进行制动主缸拆检。

训练器材：

整车、制动主缸总成、常用工具等。

操作步骤和技术要求	图示
一、制动主缸的分解与检查 1．拆卸储液罐盖并将制动液排放至适当的容器内。 2．拆卸制动液位传感器。 3．在拧下固定螺栓后，从总泵上拆卸储液罐，如图 16—2—1 所示。	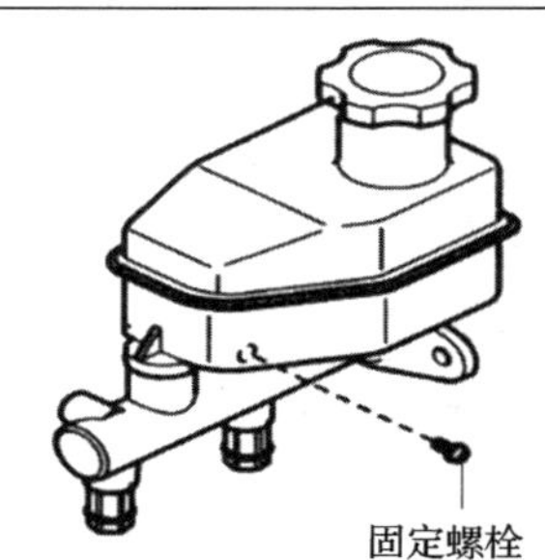 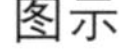 图 16—2—1　拆卸储液罐螺栓
4．拆卸比例阀（传统制动系统），如图 16—2—2 所示。	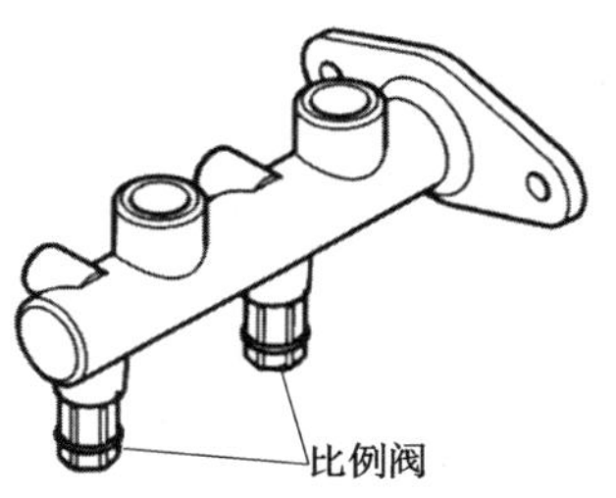 图 16—2—2　拆卸比例阀

5．使用卡簧钳拆卸挡圈，如图 16—2—3 所示。

图 16—2—3 拆卸主缸活塞销挡圈

6．在使用旋具完全推动主活塞的情况下拆卸销，然后拆卸主活塞总成，如图 16—2—4 所示。

7．在使用旋具完全推动副活塞的情况下拆卸销，然后拆卸副活塞总成。

8．检查主缸内壁是否生锈、有划痕。

9．检查制动总泵的损坏及磨损情况，必要时清洗或更换。

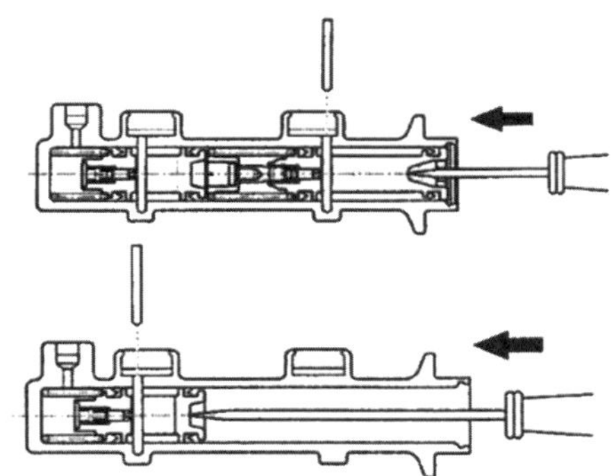
图 16—2—4 拆卸主活塞总成

二、制动主缸的装配

1．在油缸组件和密封垫圈的所有橡胶件上涂抹制动液。

2．按正确方向安装弹簧和活塞，如图 16—2—5 所示。

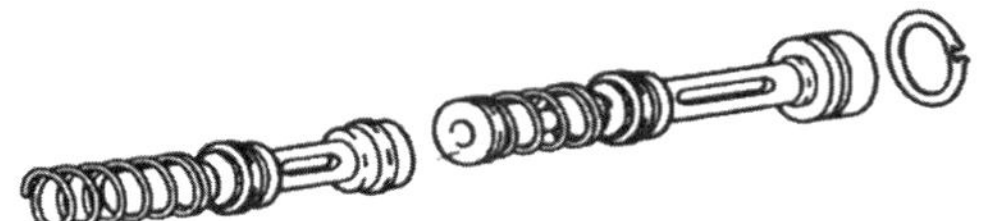
图 16—2—5 安装弹簧和活塞

3．用旋具按下活塞并安装分泵销，如图 16—2—6 所示。

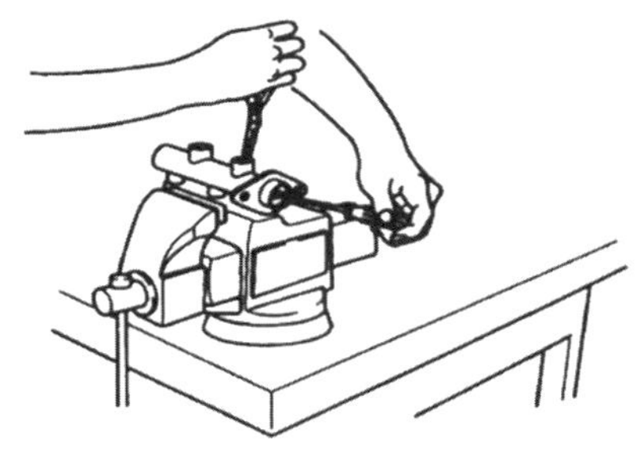
图 16—2—6 安装分泵销

4．用旋具按下活塞并安装挡圈，如图 16—2—7 所示。

5．安装比例阀。

6．安装两个密封垫圈。

7．在制动泵上安装储液罐。

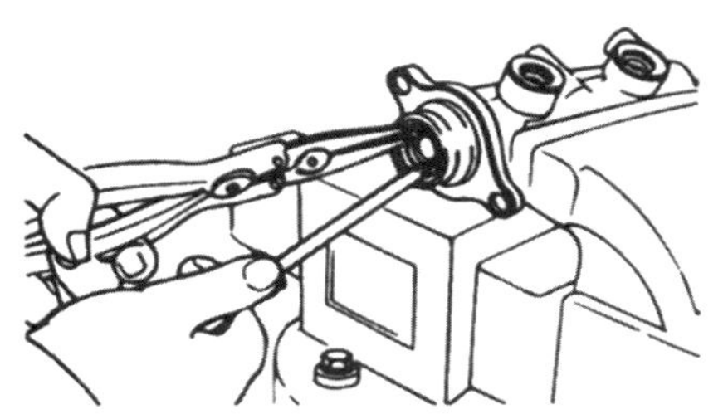
图 16—2—7 安装挡圈

课题三　真空助力器检修

教学目标：

1．掌握真空助力器的检查方法。

2．能进行真空助力器拆修。

训练器材：

整车、真空助力器、驻车总泵、真空表、常用工具等。

操作步骤和技术要求	图示 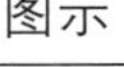

一、真空助力器的检查

1．真空助力器工作状况的检查

（1）起动发动机运转 1 ~ 2 min 后停止运转，踩制动踏板数次。若第一次可完全踩下，但接下来踩时每次制动踏板高度都逐步上升，这样说明制动助力器工作正常；如果踏板高度无变化，说明制动助力器损坏（图 16—3—1）。

（2）在发动机停止运转的状态下踩制动踏板数次，然后踩住制动踏板并起动发动机。如果制动踏板略微向下移动，说明制动助力器工作正常；如果无变化，说明制动助力器损坏（图 16—3—2）。

（3）发动机运转状态下，踩制动踏板并停止发动机，保持制动踏板踩下状态 30 s。若此期间制动踏板高度无变化，说明制动助力器工作良好；若制动踏板向上移动，说明制动助力器损坏（图 16—3—3）。

若上述三种测试都通过了，说明助力器性能良好；若上述三种测试中有一种没有通过，要检查单向阀、真空软管和助力器是否有故障。

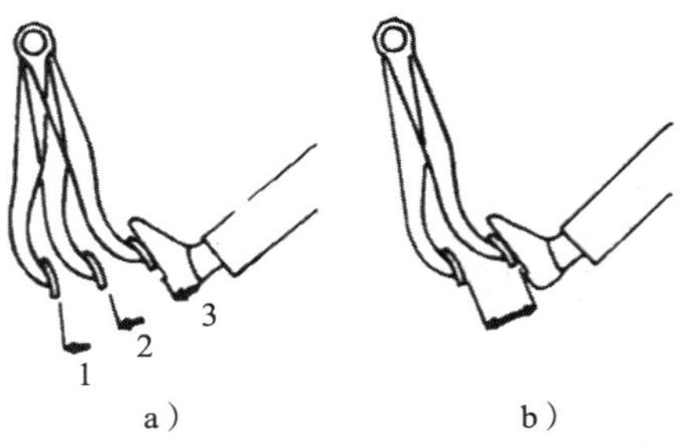

图 16—3—1　发动机停止运转后检查

a）好　b）不好

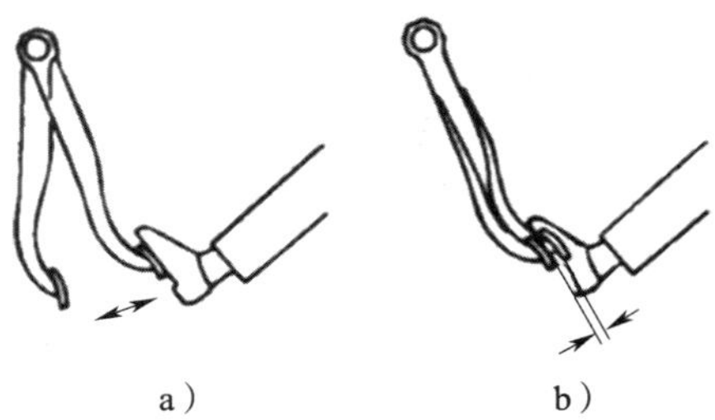

图 16—3—2　踩住踏板起动发动机检查

a）发动机停止时　b）发动机运转时

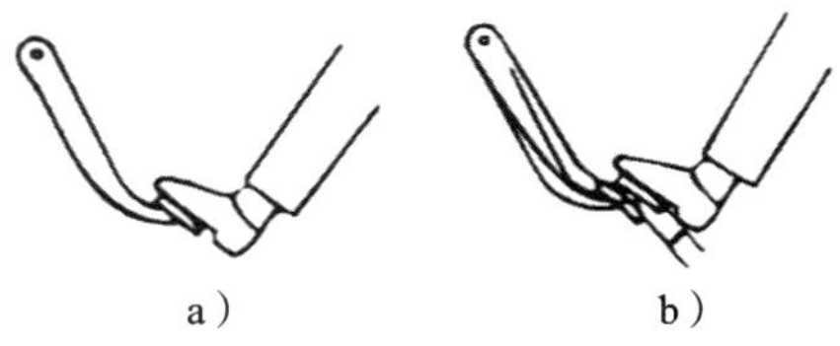

图 16—3—3　踩踏板停止发动机检查

a）好　b）不好

2．真空软管和单向阀的检查

(1) 如图 16—3—4 所示，分离助力器上的制动助力器真空软管（内装单向阀）。

(2) 起动发动机并使发动机怠速运转，这样可获得真空。如果不能获得真空，则说明单向阀工作不良，应更换制动助力器真空软管和单向阀并重新测试。

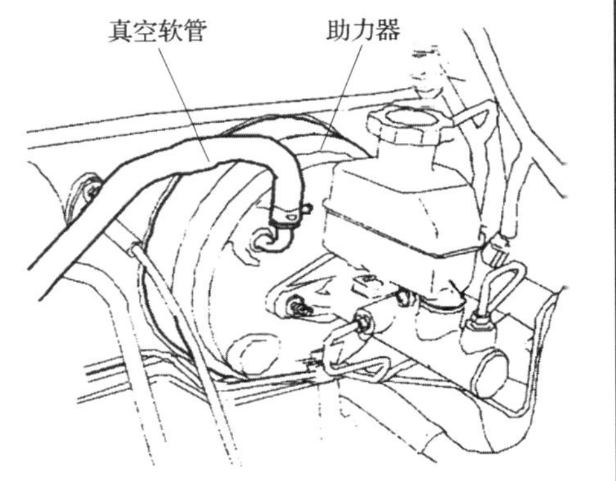

图 16—3—4　真空软管和单向阀

二、真空助力器的拆卸

1．拆卸总泵（图 16—3—5）。

2．从制动助力器上分离真空软管。

3．拆卸扣销、销和垫圈。

4．拧下四个助力器固定螺母。

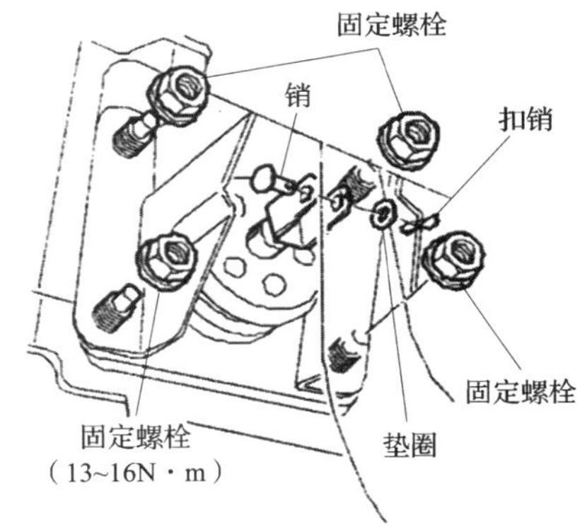

图 16—3—5　拆卸总泵

5．如图 16—3—6 所示，从发动机室拆下制动助力器。

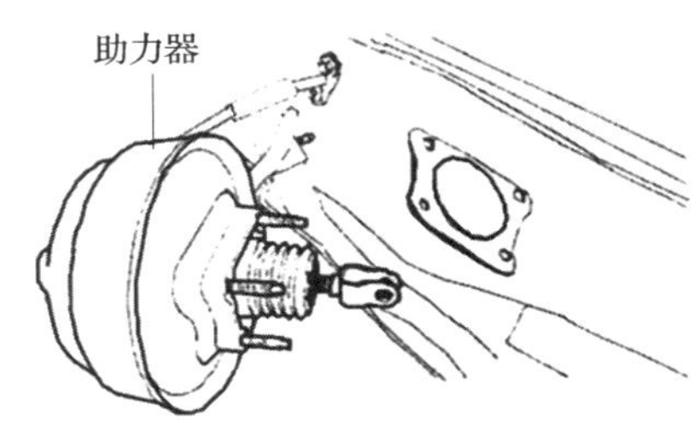

图 16—3—6　拆下制动助力器

三、真空助力器的安装

1．调整助力器推杆长度，然后在助力器总成上安装密封件（图 16—3—7）。

标准长度：(115±0.5) mm。

2．插入助力器并拧紧固定螺母，如图 16—3—5 所示。

3．用销连接助力器推杆和制动踏板，并在销上安装扣销。

注意：安装扣销时，必须使用新品。

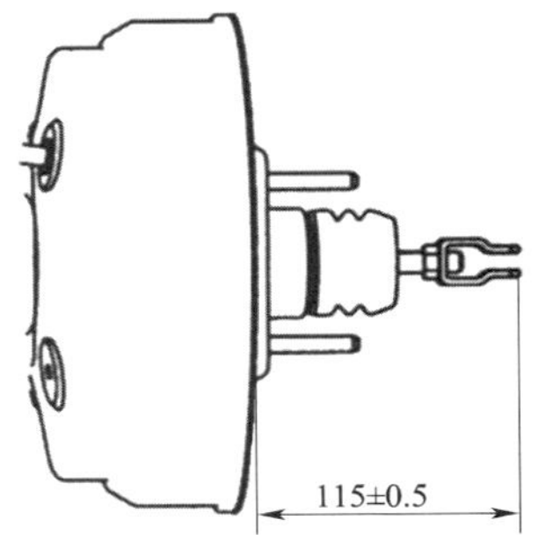

图 16—3—7　助力器推杆长度

4．调整推杆的长度

（1）在总泵上插入密封垫。

（2）如图 16—3—8 所示，在密封垫上放置 SST 工具，并拧紧调整螺栓直到螺栓接触到总泵推杆孔底部。

（3）用真空泵提供 500 mmHg 的真空（图 16—3—9）。

（4）插入 SST 工具，并把它安装在助力器上。

（5）检查调整螺栓端部与助力器推杆之间的间隙是否在 0 ~ 0.1 mm 范围内。如果不在标准范围内，松开推杆的锁紧螺母，转动推杆作相应调整（图 16—3—10）。

标准间隙：0 ~ 0.1 mm。

5．安装制动总泵。

6．把真空软管连接到制动助力器上。

7．向制动油储液罐中添加制动油，给系统放气。

8．检查是否漏油。

9．检查并调整制动踏板高度到适当位置。

10．安装结束后，在连接销和制动踏板接触部件上涂润滑脂。

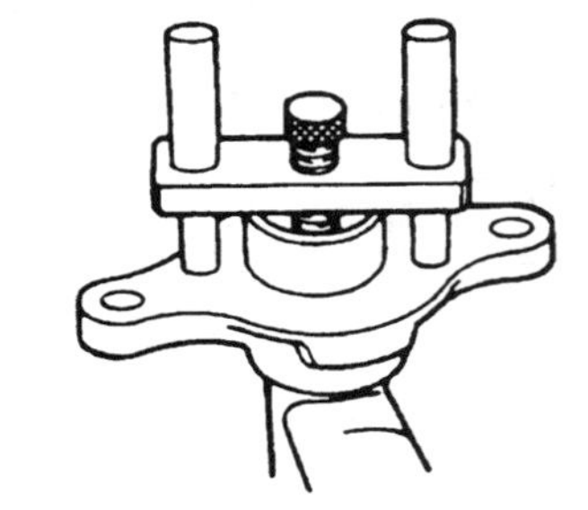

图 16—3—8　放置 SST 工具

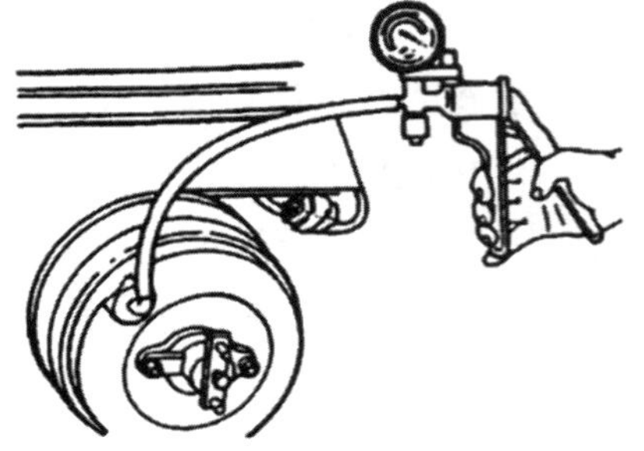

图 16—3—9　抽真空

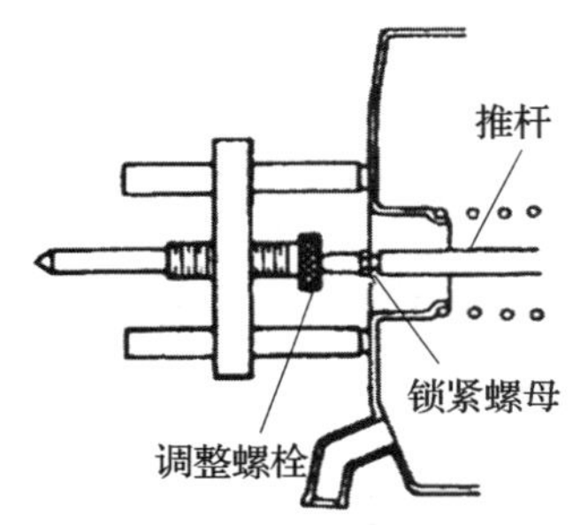

图 16—3—10　推杆间隙调整

课题四　盘式制动器检修

教学目标：

1．熟悉盘式制动器的拆装过程。

2．掌握盘式制动器的检修方法。

训练器材：

轿车、制动片、游标卡尺、扭力扳手、车轮支架、抹布、维修手册、常用工具等。

操作步骤和技术要求	图示
一、盘式制动器 盘式制动器是由制动片夹紧制动盘产生制动力。固定在轮毂上并同车轮一起旋转的制动盘与制动片，在制动系统液压或机械力的作用下产生摩擦作用，使汽车减速或停车。钳盘式制动器可分为定钳盘式和浮钳盘式两类。 **1．定钳盘式制动器** 定钳盘式制动器的结构如图 16—4—1 所示。制动钳固定安装在车桥上，既不能旋转也不能轴向移动，内部的两个活塞分别位于制动盘的两侧。制动时，制动油液由制动主缸经进油口进入钳体中两个相通的液压腔中，两活塞在液压作用下移向制动盘，将两侧的制动块压向与车轮固定连接的制动盘，产生制动力。 **2．浮钳盘式制动器** 浮钳盘式制动器的结构如图 16—4—2 所示。制动钳通过导向销与车桥相连，可以相对于制动盘轴向移动。制动钳只在制动盘的内侧设置油缸，而外侧的制动块则附装在钳体上。 **二、技术要求及注意事项** 1．制动片检查或更换周期的规定：检查周期为 7 500 km，更换周期为 40 000 ～ 50 000 km。 2．前轮制动片标准厚度值为 14 mm，磨损极限为 2.5 mm（注：包含底板厚度值）。 3．车轮螺栓拧紧力矩为 110 N • m，制动钳螺栓拧紧力矩为 70 N • m。 4．安装时，禁止将油液、油脂和水等黏附到制动片上。 5．不同车型的技术要求可能不同，请查阅相应的维修手册。	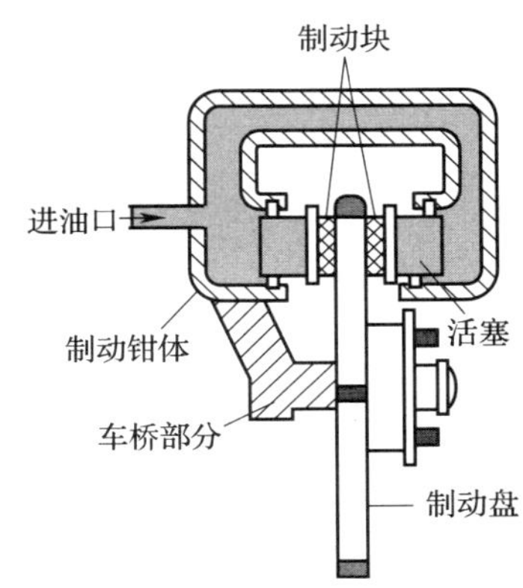 图 16—4—1　定钳盘式制动器 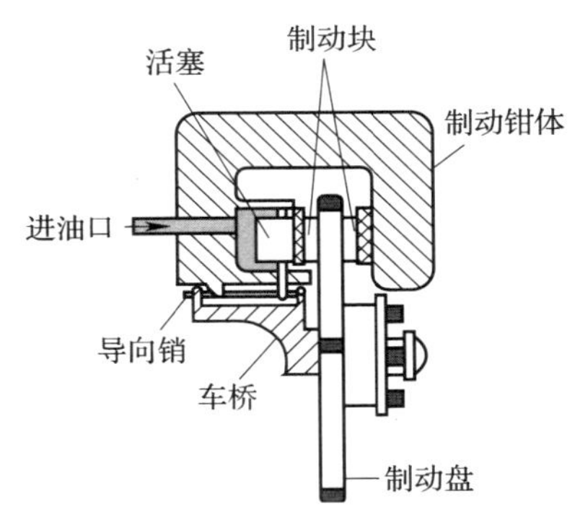 图 16—4—2　浮钳盘式制动器

三、盘式制动器的检修

1. 制动片的检查

制动器垫块衬片磨损的检查如图 16—4—3 所示。当过度磨损时，应用新件更换（垫块厚度是衬片厚度与制动器垫块本体厚度的和）。决不能用砂纸抛光制动器垫块衬片，否则砂纸上的硬颗粒会渗入衬片内，可能会损坏制动盘。当制动器衬片需要更换时，应使用新件。

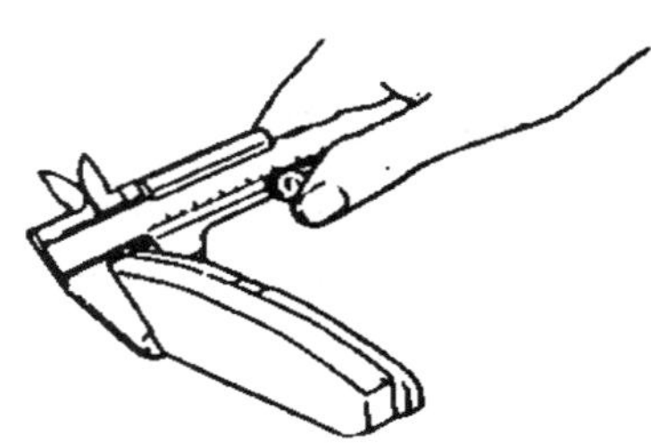

图 16—4—3　测量制动器垫块的厚度

2. 分泵滑销 / 卡钳销螺栓的检查

检查滑销是否能平滑移动，如图 16—4—4 所示。如发现有损坏，应修理或更换。给滑销和卡钳销螺栓外表面涂抹橡胶润滑脂，橡胶润滑脂的黏度在 −40℃条件下基本不受影响。

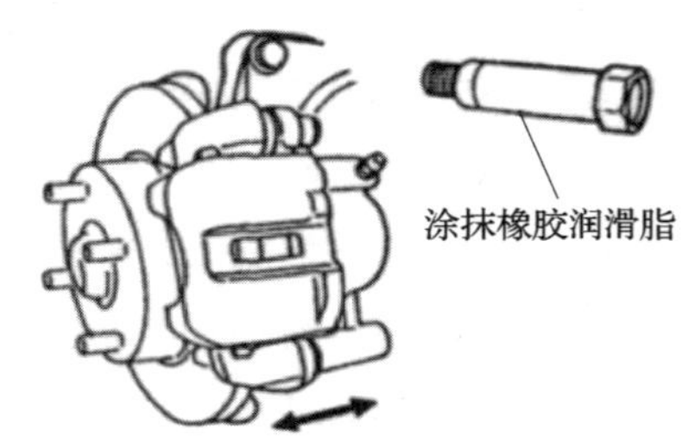

图 16—4—4　检查滑销是否能平滑移动

3. 防尘罩和衬套的检查

检查防尘罩和衬套是否有裂纹和损坏（图 16—4—5），如有损坏，应更换。

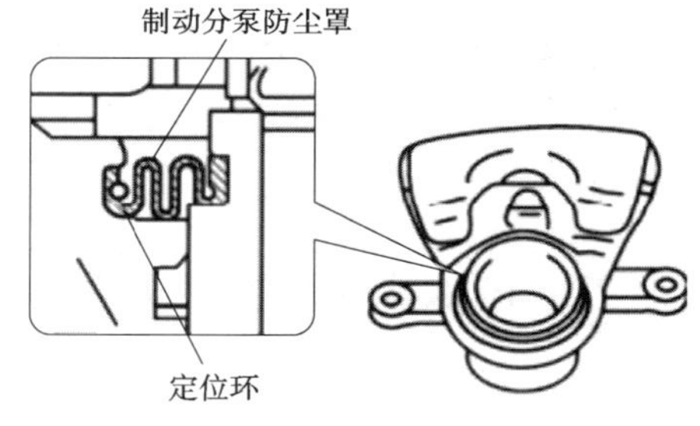

图 16—4—5　检查防尘罩

4. 制动盘的检查

（1）检查制动盘表面与磨损件的擦痕。定期检查或更换时，应注意制动盘表面有擦痕是正常的，制动盘并没有损坏，除非擦痕十分严重。但是当制动盘表面上的擦痕过深时，应更换制动盘。如只有一侧有擦痕，应抛光修理此侧。制动盘厚度的检查如图 16—4—6 所示。

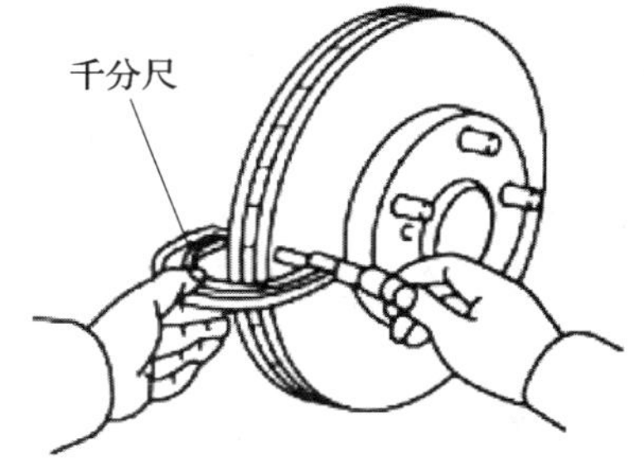

图 16—4—6　检查制动盘的厚度

（2）用车轮螺母把制动盘对着轮毂固牢，然后安装百分表测量制动盘的端面圆跳动，如图 16—4—7 所示。制动盘端面圆跳动偏差极限是 0.10 mm。测量前，应检查前车轮轴承是否有松动。

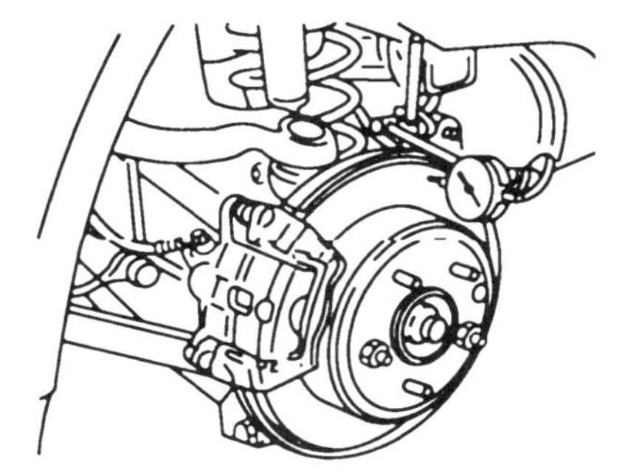

图 16—4—7　测量制动盘的端面圆跳动

四、检查和更换盘式制动器的制动片

1．检修准备

（1）清洁工位，清点工具和量具，保持场地、设备、工具和量具干净、整齐及性能良好。

（2）安装好车轮挡块，使用空挡和驻车制动。

（3）安装好前栅格布和翼子板布及护套。

2．拆卸左前车轮，排出制动液。

3．拆下前制动轮缸

（1）从制动轮缸上拆下接头螺栓和垫圈，拆卸软管，如图 16—4—8 所示。

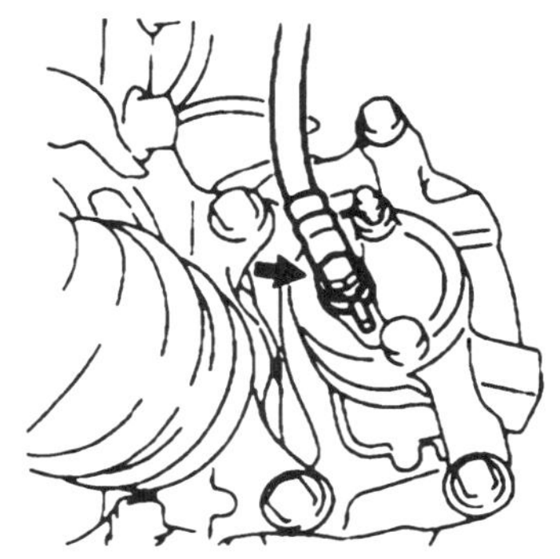

图 16—4—8　拆卸制动轮缸软管

（2）固定制动轮缸滑动销后，拆下紧固螺栓，如图 16—4—9 所示。

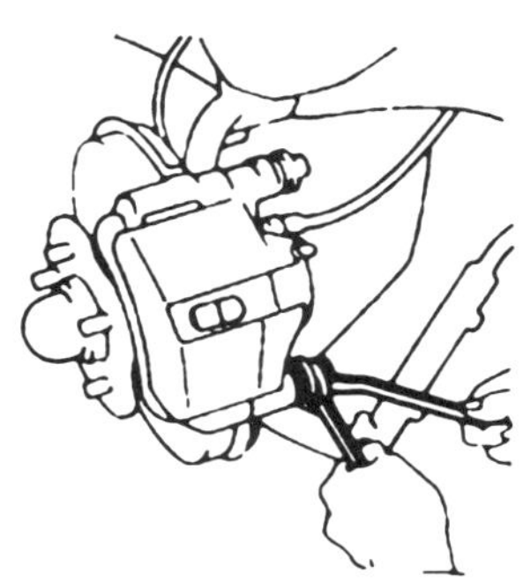

图 16—4—9　拆下制动钳紧固螺栓

4．拆下两块带消音垫片的制动片，如图 16—4—10 所示。

图 16—4—10　拆下制动片

5．拆卸制动轮缸的滑动销。

6．检查制动片厚度。用钢直尺或游标卡尺测量制动片厚度，如图 16—4—11 所示。如果接近或达到极限值，应更换新件。标准厚度为 14 mm，最小厚度为 2.5 mm。

图 16—4—11　测量制动片的厚度

7．检查制动磨损指示器钢片。钢片应有足够的弹性，无变形、破裂或磨损，并清除锈蚀、脏物等。

8．检查制动盘厚度。用干净棉纱将前轮制动盘的摩擦表面擦拭干净，用千分尺测量制动盘厚度，标准厚度为 20 mm，最小厚度为 18 mm。

9．拆下制动盘。

注意：*在制动盘和轮毂上作记号。*

10．安装制动盘。注意选择制动盘摆动量最下的位置进行安装，检查制动盘摆动量。

（1）临时紧固制动盘，紧固力矩为 103 N • m。

（2）使用干净棉纱将前轮制动盘摩擦表面擦拭干净。

（3）将磁性表座吸附在转向节的适当位置，用百分表测量制动盘端面跳动量（桑塔纳 2000GSi 型轿车前轮制动器制动盘端面跳动量不得大于 0.06 mm），如果制动盘端面跳动量已接近或超过允许值，应更换。

提示：*安装盘式制动器应注意，在安装前应用与主缸储液器内相同的液体把每个元件清洗干净，决不能用其他液体或稀释剂；在把活塞和活塞密封件安装到泵上以前，应在活塞和活塞密封件上涂抹制动液。在重新组装好制动管后，应进行排气操作。*

11．按拆卸相反顺序装配左、右前轮及制动器。

五、卡钳总成的维修

1．在分解制动卡钳之前，用制动液清洁卡钳四周，从卡钳上拆下液压塞罩定位环和防尘罩（用平片式工具小心撬脱，不能损坏防尘罩），如图 16—4—12 所示。

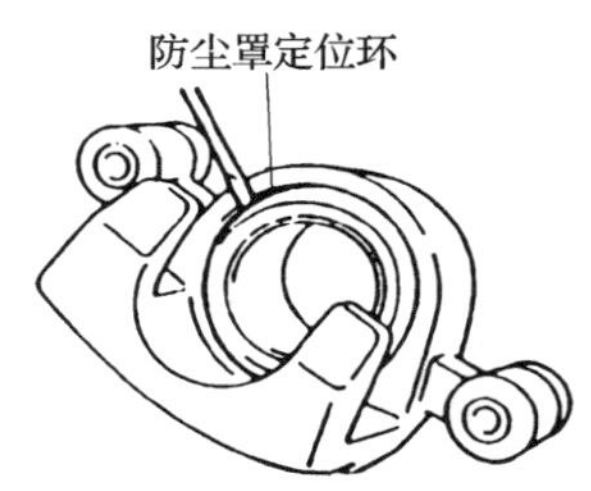

图 16—4—12　拆下液压塞罩定位环和防尘罩

2．通过装配软管的螺栓孔将压缩空气注入泵内。在空气压力的作用下，活塞能从泵内被推出，如图 16—4—13 所示。不能施加太大压力的压缩空气，否则会导致活塞与泵脱离。应用中等压力的压缩空气，缓缓吹入拉出活塞。使用压缩空气时，不能把手指放在活塞前面。

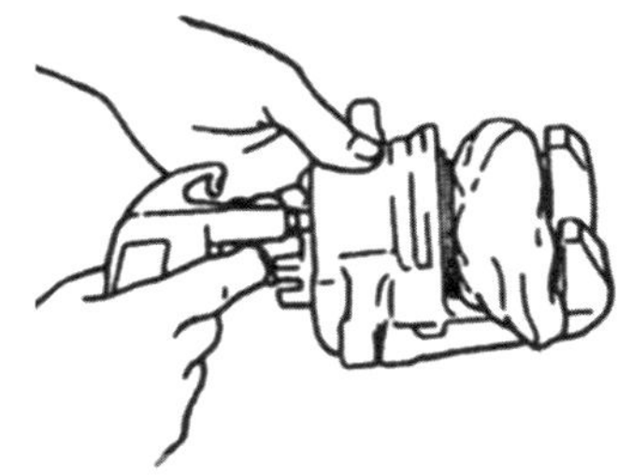

图 16—4—13　拆卸制动活塞

3．使用薄刀片工具拆下活塞密封件(图 16—4—14)，注意不能损坏泵内壁(镗孔内侧)。

图 16—4—14　拆下活塞密封件

4．检查分泵防尘罩是否有裂纹和损坏（图 16—4—15)，如有损坏，应及时更换。

图 16—4—15　检查分泵防尘罩

5．检查活塞密封圈。制动垫块衬片若过度磨损或磨损不均，都可能造成活塞回位不平滑，在这种情况下，应更换橡胶密封圈，如图 16—4—16 所示。

6．活塞密封件的安装。活塞密封件用于密封活塞及泵，并用于调节摩擦块和制动盘之间的间隙，每次大修时应更换新件。安装时应把活塞密封件装入泵槽内，注意不能扭曲。

图 16—4—16　检查活塞橡胶密封圈

7．活塞及防尘罩的安装

(1) 在把活塞插入泵内之前，把防尘罩安装到活塞上，如图 16—4—17 所示。

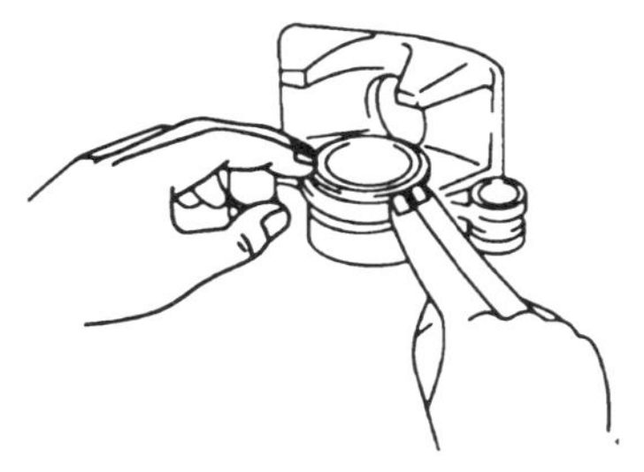

图 16—4—17　安装活塞防尘罩

（2）用手指将防尘罩按入泵槽内，如图 16—4—18 所示。

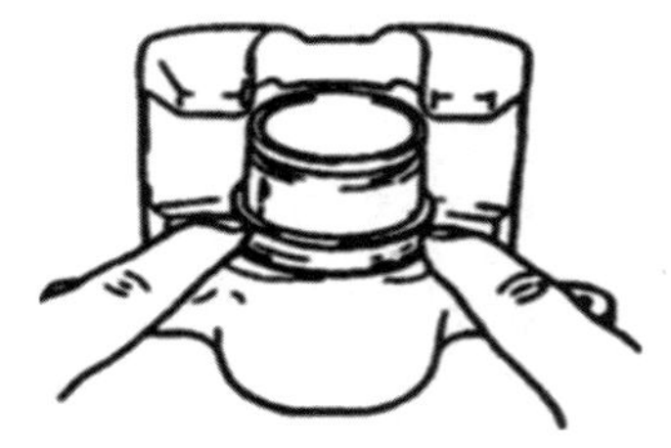

图 16—4—18　安装防尘罩到泵槽

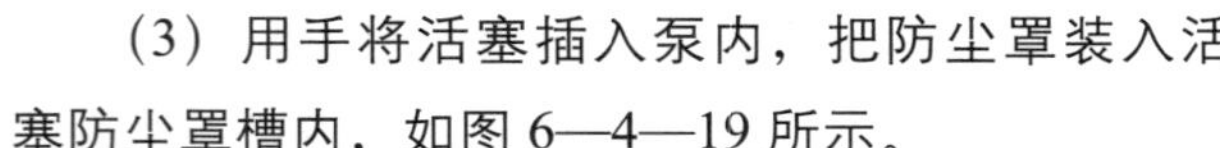

（3）用手将活塞插入泵内，把防尘罩装入活塞防尘罩槽内，如图 6—4—19 所示。

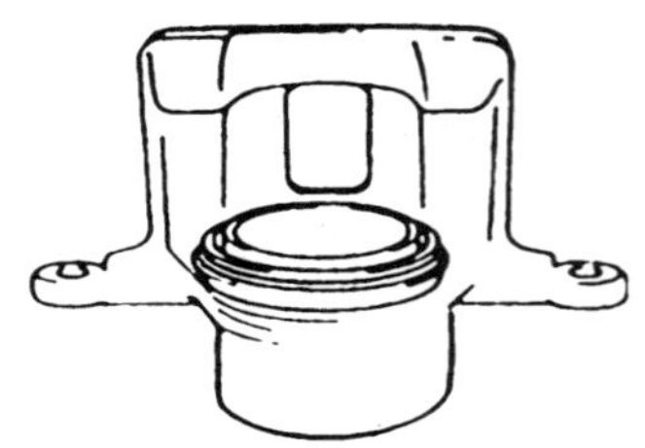

图 16—4—19　安装活塞

（4）为保证防尘罩被恰当地装入泵槽内，应把活塞从泵内拉出少许，但不能全部拉出，如图 16—4—20 所示。注意防尘罩的 *B* 面应与泵 *A* 面在同一高度。

（5）用手把活塞插入泵内，安装防尘罩定位环，并固牢。

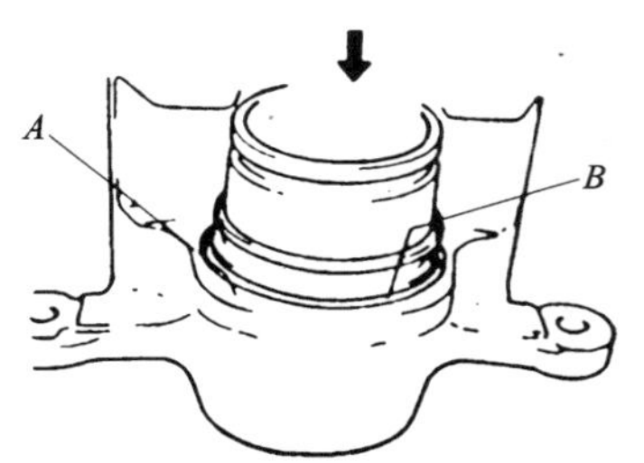

图 16—4—20　检查防尘罩的安装位置

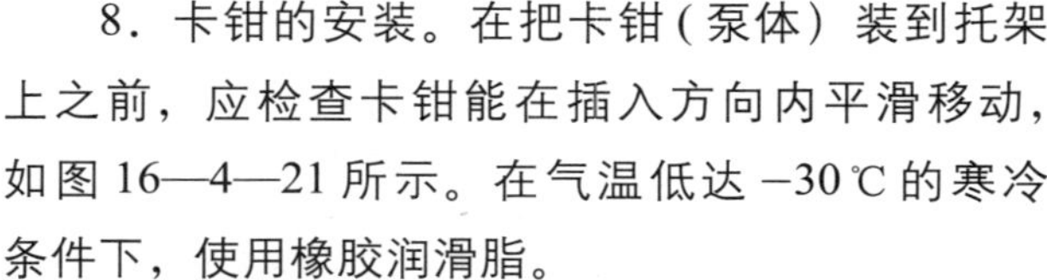

8．卡钳的安装。在把卡钳（泵体）装到托架上之前，应检查卡钳能在插入方向内平滑移动，如图 16—4—21 所示。在气温低达 −30℃的寒冷条件下，使用橡胶润滑脂。

9．卡钳总成的安装

（1）把卡钳和软管连接起来。

（2）给卡钳销螺栓和滑动销涂抹润滑脂，然后把卡钳装到卡钳托架上。

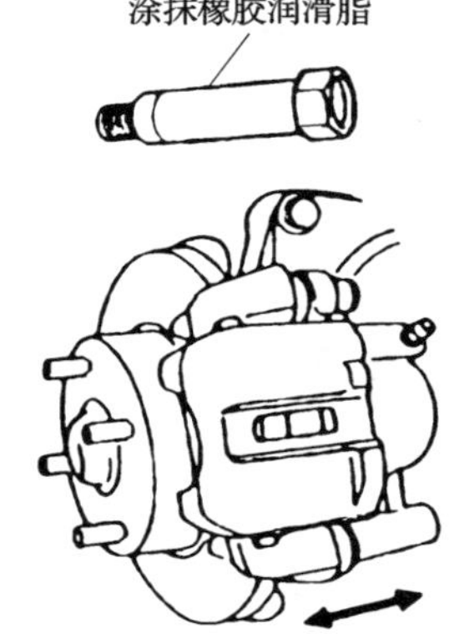

图 16—4—21　安装卡钳

2．制动器的检查

（1）检查制动摩擦片的厚度。如图 16—5—4 所示，利用制动底板上的观察孔检查制动摩擦片的厚度和拖滞情况。摩擦片厚度为 5.0 mm，磨损极限为 2.5 mm（不包括底板）。

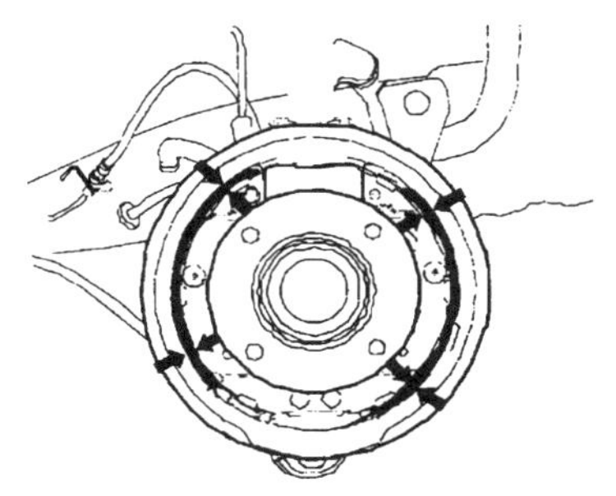

图 16—5—4　检查制动摩擦片

（2）后制动鼓的检查

如图 16—5—5 所示，利用大的游标卡尺测量制动鼓内径，制动鼓内径标准值为 200 mm，磨损极限为 201 mm。摩擦表面径向圆跳动标准值为 0.05 mm，车轮端面圆跳动标准值为 0.20 mm。若超过规定标准时，应更换新件。

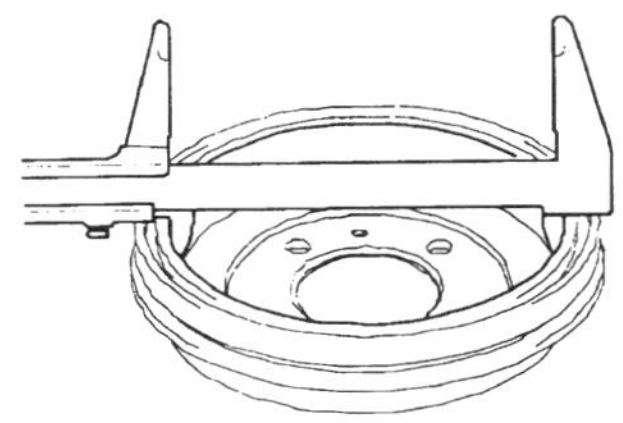

图 16—5—5　测量制动鼓内径

四、制动蹄的安装

1．装上回位弹簧，并将制动蹄与压力杆（推杆）连接好，如图 16—5—6 所示。

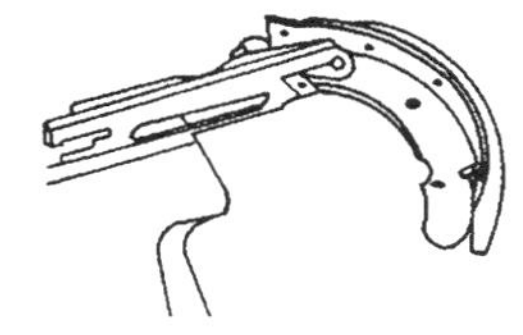

图 16—5—6　连接制动蹄与压力杆

2．装上楔形件，凸块朝向制动器底板。

3．将带有传动臂的制动蹄装在压杆上。

4．装入上回位弹簧（最大允许长度为 130 mm），在制动臂上套上驻车制动钢索，把制动蹄装在车轮制动分泵活塞的外槽上。

5．装入下回位弹簧，并把制动蹄提起，装到下面的支座上，装上楔形件的拉力弹簧（最大允许长度为 113 mm）。

五、制动鼓的安装

使制动蹄回位，装上制动鼓及后轮轴承，调整好轴承预紧度，用力踩制动踏板一次，使后制动蹄能正确就位。

课题六　驻车制动器检修

<table>
<tr><td colspan="2">

教学目标：

1．掌握驻车制动装置的检查方法。

2．能进行驻车制动装置拆装和调整。

训练器材：

整车、驻车制动装置、塞尺、游标卡尺、常用工具等。

</td></tr>
<tr><td>操作步骤和技术要求</td><td>图示</td></tr>
<tr><td>

一、驻车制动装置的检查

1．如图 16—6—1 所示，用 196 N 的力拉驻车制动杆，充分提供驻车制动，应在规定的卡塔声次数内锁止驻车制动杆。

驻车制动杆锁紧卡塔声：配备后盘式制动器的车辆 8 ～ 9 声，配备后鼓式制动器的车辆 8 声。

2．如果驻车制动杆卡塔声超出规定值，应调整驻车制动装置。

二、驻车制动调整

1．固定前车轮，升高车辆后部，确认车辆被安全支撑。

2．确定后制动钳上的驻车制动臂接触制动钳销，如图 16—6—2 所示。

3．向上拉驻车制动杆（图 16—6—3），听到一个卡塔声时停止。

4．拆卸控制台。

</td><td>

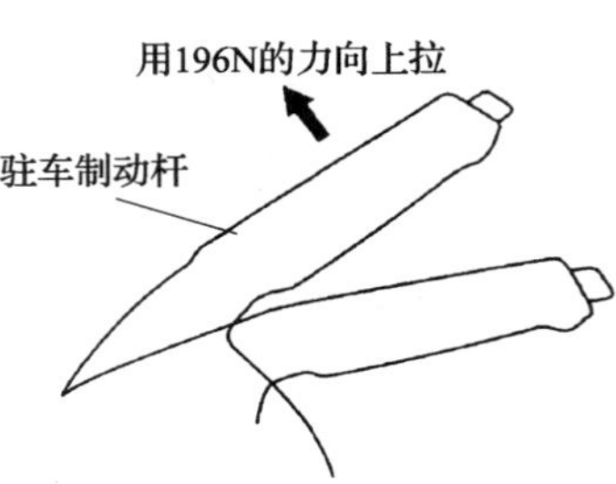

图 16—6—1　拉驻车制动杆

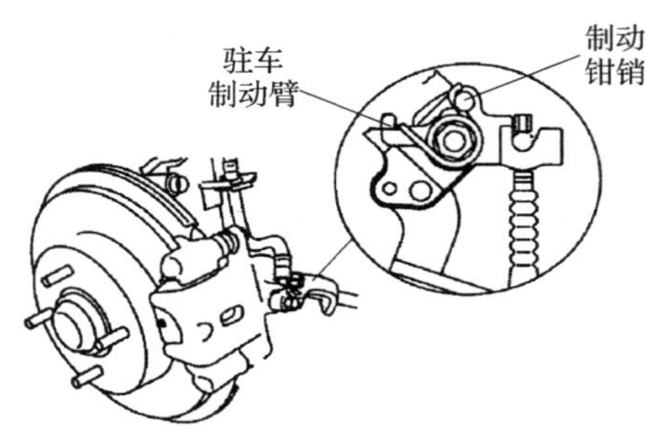

图 16—6—2　驻车制动臂

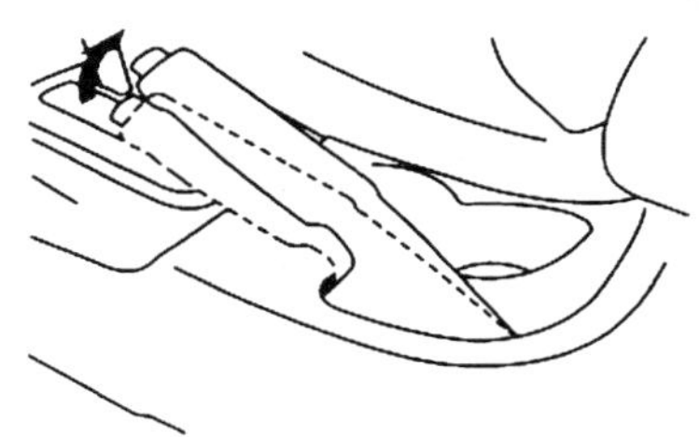
图 16—6—3　上拉驻车制动杆

</td></tr>
</table>

5．转动后轮时，拧紧调整螺母直到驻车制动稍微托滞为止，如图 16—6—4 所示。

6．完全释放驻车制动杆，在转动后轮时检查驻车制动是否不拖滞，必要时重新调整。

7．确认充分向上拉驻车制动杆时提供充足的驻车制动。

8．重新安装控制台。

三、驻车制动拆卸（鼓式制动器）

1．拆卸控制台。

2．松开调整螺母和驻车制动拉索，如图 16—6—4 所示。

3．分离驻车制动开关的连接器，如图 16—6—5 所示。

4．拆卸驻车制动总成，如图 16—6—6 所示。

5．拆卸车轮和轮胎。

6．拆卸制动鼓和制动蹄。

7．从制动蹄上拆卸驻车制动钢索。

8．从驻车制动拉索上拆卸驻车制动拉索挡圈，如图 16—6—7 所示。

9．从底板上拆卸驻车制动拉索。

10．拆卸驻车制动拉索夹，拆卸驻车制动拉索。

四、驻车制动安装

1．确认驻车制动拉索的识别标记漆位置，并在左、右侧的适当位置安装。

2．按拆卸的相反顺序安装拆卸的部件。

3．在扇形棘轮板或棘轮爪的每个滑动部位上涂抹润滑脂。

4．安装驻车制动拉索调整器后，调整驻车制动杆行程。

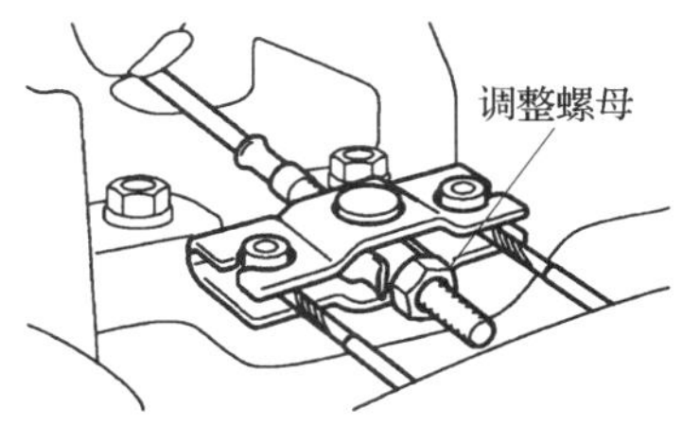

图 16—6—4 调整螺母

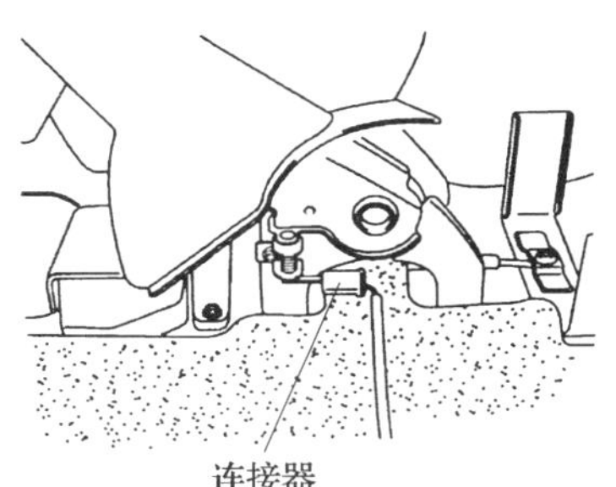

图 16—6—5 驻车制动开关的连接器

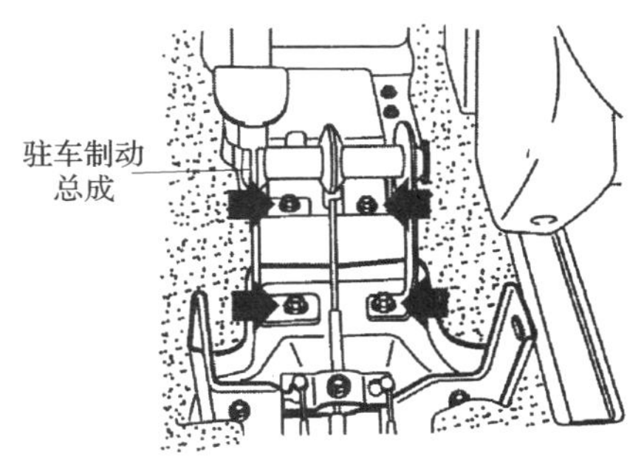

图 16—6—6 驻车制动总成

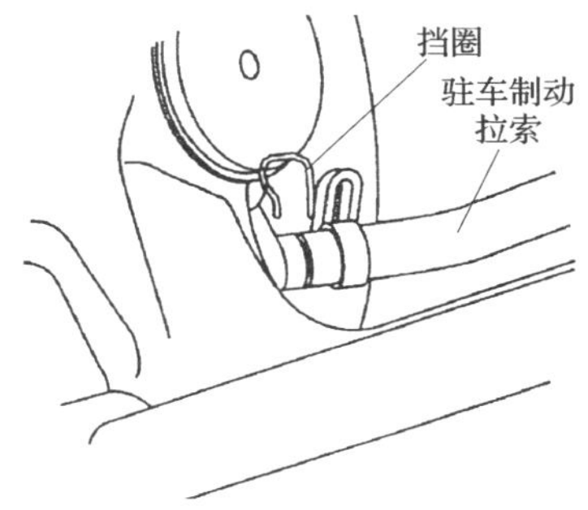

图 16—6—7 驻车制动拉索挡圈

课题七　ABS 系统检修

教学目标：

1．知道 ABS 系统警告灯控制条件。

2．能给 ABS 制动系统放气。

3．能检修 ABS 系统不工作故障。

训练器材：

整车、ABS 系统、解码器、常用工具等。

操作步骤和技术要求及图示

一、警告灯控制（图 16—7—1）

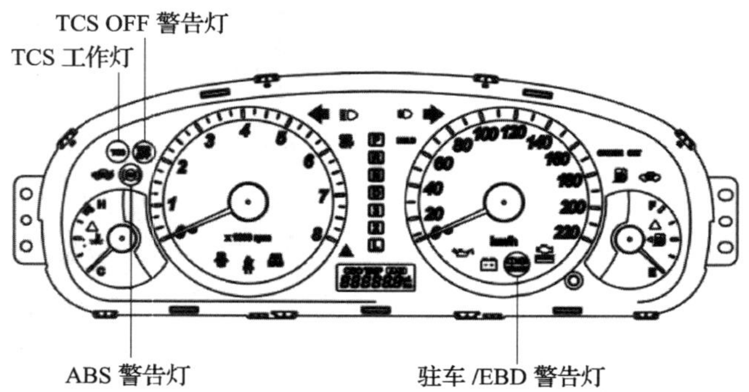

图 16—7—1　仪表警告灯

1．ABS 警告灯模块

ABS 警告灯模块指示 ABS 的工作状态。ABS 警告灯在下列条件下点亮：

（1）在点火开关置“ON”（3 s）后初始化阶段中。

（2）由于发生故障，停用 ABS 功能时。

（3）尽管提供点火开关电源，ECU 系统仍暂时中止时。

（4）诊断模式期间。

（5）当分离 ECU 连接器时。

2．EBD 警告灯模块

EBD 警告灯模块指示 EBD 的工作状态。不管 EBD 是否发生故障，当驻车开关置“ON”时 EBD 警告灯处于点亮状态。EBD 警告灯在下列条件下点亮：

（1）点火开关置“ON”（3 s）后初始化阶段中。

(2) 尽管提供点火开关电源，ECU 系统仍暂时中止时。

(3) 驻车制动开关在“ON”位置或制动油液位低时。

(4) 由于发生故障，EBD 功能受到抑制时。

3．TCS 警告灯模块

TCS 警告灯指示 TCS 的工作状态。TCS 警告灯在下列条件下点亮：

(1) 点火开关置“ON”(3 s) 后初始化阶段中。

(2) 由于发生故障，TCS 功能被抑制时。

(3) 打开“TCS OFF”开关时。

TCS 工作时，TCS 工作灯亮。

二、给 ABS 制动系统放气

ABS 系统放气应按下面程序进行。为确保排尽空气，应向 ABS 单元、制动管路和总泵添加制动油。

1．拆卸储液灌盖，向制动油储液灌添加制动油（图 16—7—2）。

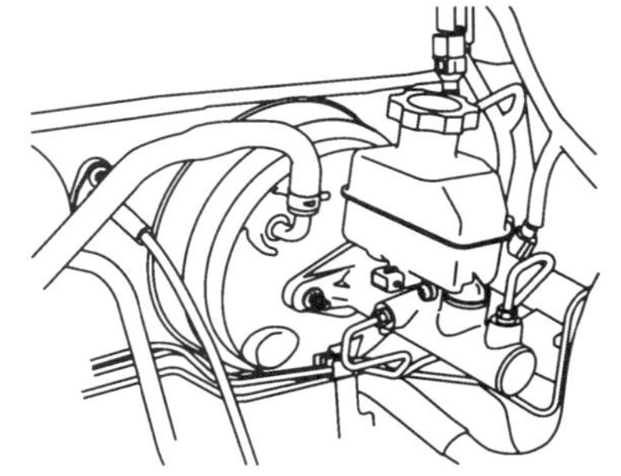

图 16—7—2　添加制动油

注意：

◆ 如果制动油溅到车身漆面上，应立即清洗。

◆ 放气时，不要踩制动踏板。

◆ 推荐制动油：DOT3 或 DOT4。

2．把放气用的塑料管连接在制动分泵的放气管塞上，管的另一端半插入塑料瓶内（图 16—7—3）。

3．把汽车解码器连接到仪表板下方的自诊断连接器上（图 16—7—4）。

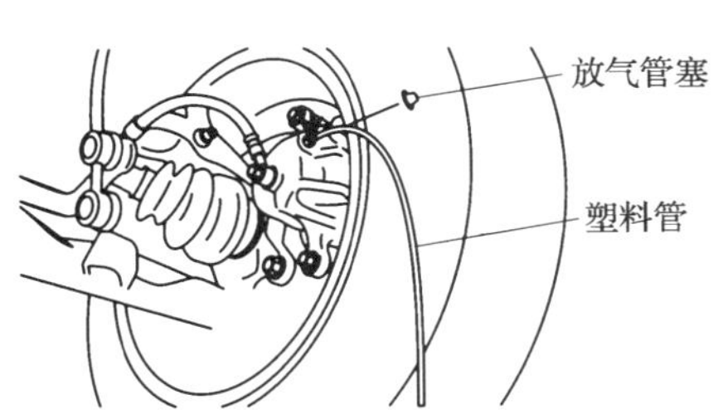

图 16—7—3　放气管塞

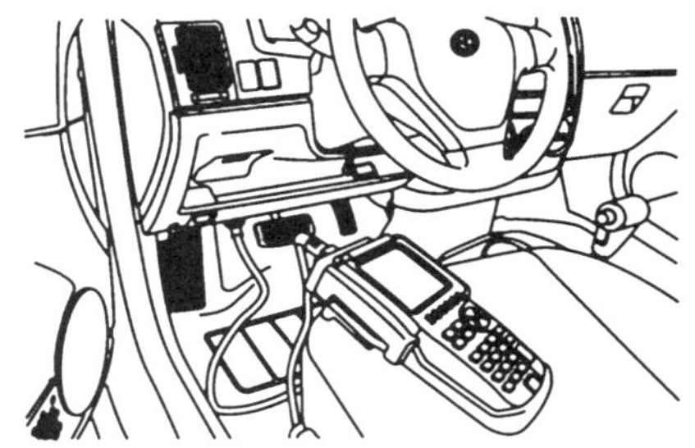

图 16—7—4　连接解码器

4．根据汽车解码器屏上的操作指示进行选择和操作。

(1) 选择诊断车辆（图 16—7—5）。

(2) 选择车辆名称。

(3) 选择防抱死制动系统（图 16—7—6）。

0. 初始屏

01. KIA 车辆诊断
02. 工具箱
03. CARB OBD-II 诊断
04. 飞行记录检查
05. 系统设置

图 16—7—5　选择诊断车辆

KIA 车辆诊断
车型：

01. 发动机控制
02. 自动变速器
03. 防抱死制动系统
04. SRS-安全气囊
05. 钥匙防盗系统
06. 代码储存

图 16—7—6　选择防抱死制动系统

（4）选择放气模式（图 16—7—7）。

（5）按下“YES”键操作电动泵和电磁阀（图 16—7—8）。

KIA 车辆诊断
车型：
系统：防抱死制动系统

01. 故障代码
02. 当前数据
03. 双显示器
04. 飞行记录
05. 驱动测试
06. SIMU-SCAN
07. ECU ROM ID
08. HCU 放气模式

图 16—7—7　选择放气模式

ABS 放气模式
ABS 放气状态
01. 电磁阀状态　关闭
02. 电动泵状态　OFF

您想开始吗？
（按下[YES]键）

图 16—7—8　按下“YES”键操作

（6）放气前等待 60 s。否则，可能会损坏电动机（图 16—7—9）。

5．踩下制动踏板数次，松开放气螺钉，直到流出的油内没有气泡。重新拧紧放气螺钉（图 16—7—10）。

ABS 放气模式
ABS 放气状态
01. 电磁阀状态　打开
02. 电动泵状态　ON
时间：自动计时（1—60 秒）

图 16—7—9　放气 60 s 等待

〈最后放气〉

1．一定要给常规部件放气。
2．完成上述程序后，如果制动踏板冲程仍不正常，重复执行所有程序若干次，并再次检查制动踏板冲程。
3．按下[ENTER]键，返回第一个放气模式。

图 16—7—10　返回提示

6．重复步骤 5，直到每个车轮的油内无气泡。车轮放气的顺序从离制动总泵最远的开始，依次为右后轮、左后轮、右前轮、左前轮，如图 16—7—11 所示。

7．拧紧放气螺钉。放气螺钉规定拧紧力矩：7 ~ 13 N • m 。

三、检修 ABS 故障码

故障检修流程假定引起故障的原因仍然存在，而且 ABS 指示灯仍亮；当 ABS 警告灯不亮时，遵循此程序会导致误诊断。

1. 询问顾客发生故障时的情况，并尽量重现相同情景，以便查出故障。当 ABS 警告灯亮时，如原始诊断期间、ABS 控制期间、ABS 控制后、车速特定时，分析故障原因。

2. 路试期间，ABS 警告灯不亮时，可根据 DTC 进行故障检修。在开始检修前，检查连接器是否松动、端子接触是否不良等。

3. 连接解码器

（1）将点火开关置“OFF”。

（2）在驾驶席侧仪表板下部的 16P 诊断接口（图 16—7—12）上连接解码器。

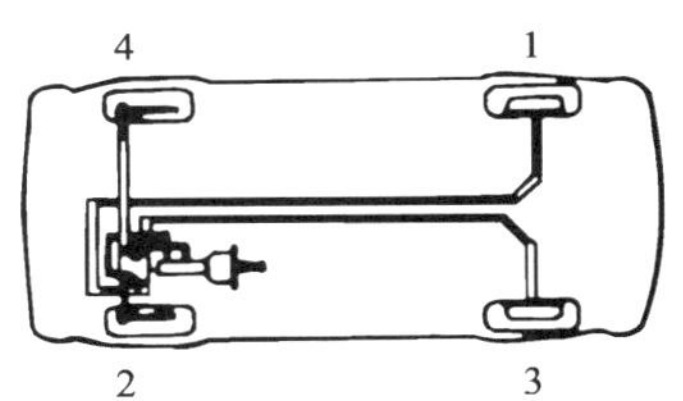

图 16—7—11　车轮放气顺序

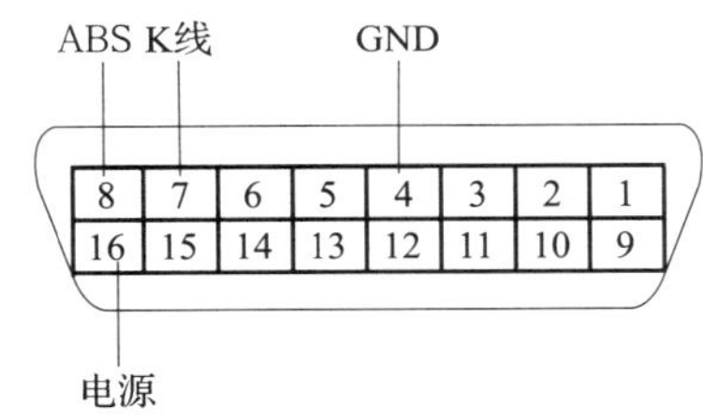

图 16—7—12　16P 诊断接口

4. 将点火开关置“ON”。

5. 用解码器检查故障代码。

6. 维修或排除故障后，用解码器的清除键清除储存的故障代码。

7. 从 16P 自诊断连接器上分离解码器。

8. 故障检修后，清除 DTC 并进行路试，确认 ABS 警告灯不亮。

四、ABS 不工作故障检修

造成 ABS 不工作的可能原因有：电源电路故障、轮速传感器电路故障、液压油路泄漏、HECU 故障。

1. 检查 DTC，确认输出正常代码

（1）在自诊断连接器上连接解码器。将点火开关置“ON”。

（2）确认输出正常代码。

2．检查电源电路

(1) 从 ABS 控制模块上分离连接器。

(2) 将点火开关置“ON”，测量 ABS 控制模块线束侧连接器端子 4 与车身搭铁之间的电压（图 16—7—13）。

规定值：10 ～ 14 V。

3．检查搭铁电路

(1) 从 ABS 控制模块上分离连接器。

(2) 检查 ABS 控制模块线束侧连接器端子 8、24 与搭铁点之间的导通性（图 16—7—14）。

4．检查制动灯开关电路

(1) 检查踩下制动踏板时制动灯是否亮，释放制动踏板时制动灯是否熄灭。

(2) 测量踩下制动踏板时 ABS 控制模块线束侧连接器端子 18 与车身搭铁之间的电压（图 16—7—15）。

规定值：10 ～ 14 V。

5．检查轮速传感器（图 16—7—16）

(1) 分离轮速传感器连接器。

(2) 测量轮速传感器连接器端子 1 与 2 之间的电阻。

规定值：1 275 ～ 1 495 Ω。

(3) 测量轮速传感器连接器端子 1 和 2 与车身搭铁之间的电阻。

规定值：1 MΩ 以上。

6．检查轮速传感器的安装状况

(1) 直观检查相应的轮速传感器和转子的安装状况（图 16—7—17）。

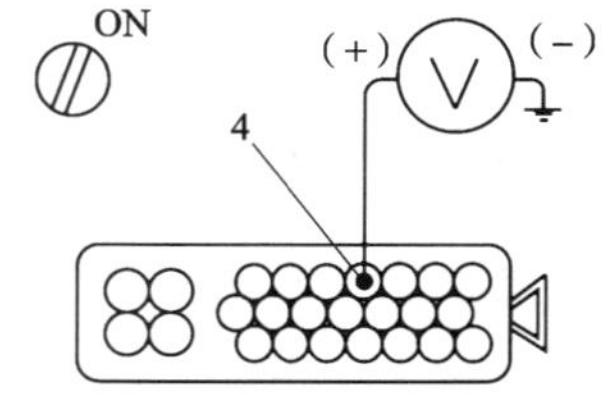

图 16—7—13　测量端子 4 的电压

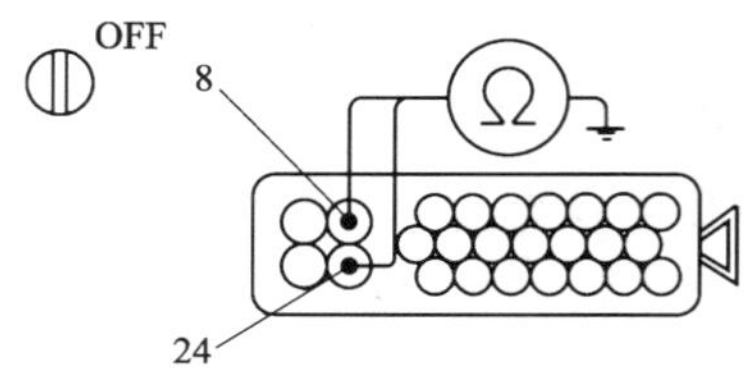

图 16—7—14　测量端子 8、24 与搭铁之间的导通性

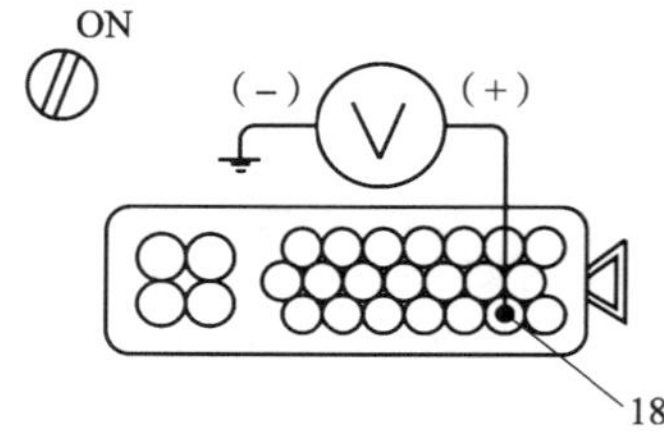

图 16—7—15　测量端子 18 的电压

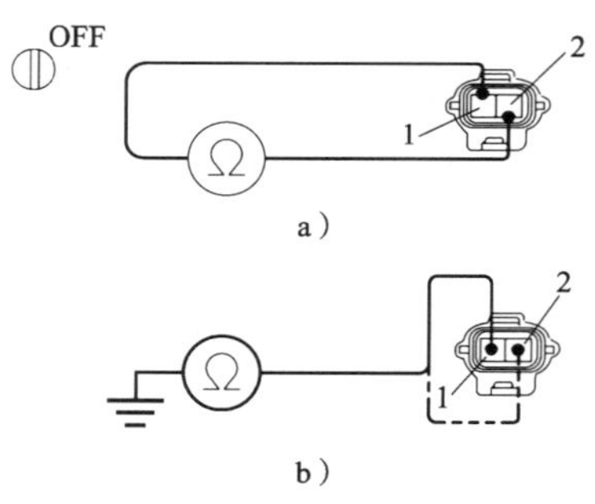

图 16—7—16　测量轮速传感器电阻值

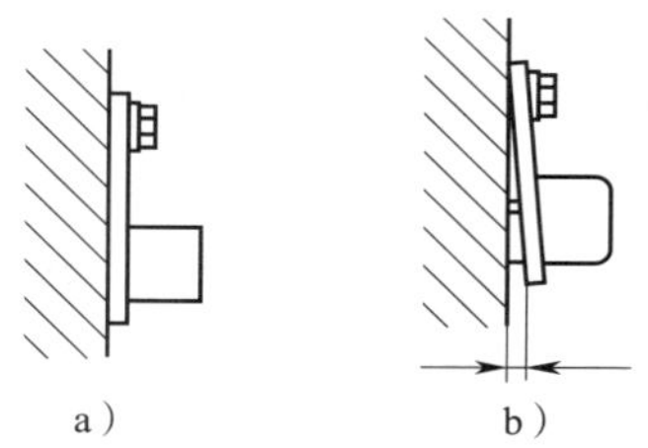

图 16—7—17　检查轮速传感器安装状况

a）良好　b）不良

<table>
<tr>
<td>

(2) 适当拧紧固定螺栓，传感器与前转向节或后桥支架之间不应有间隙。

7．检查传感器转子和传感器触点（图16—7—18）

(1) 拆卸前传动轴和后桥轮毂。

(2) 检查传感器转子细花键，确认没有划痕、缺齿或异物。

(3) 拆卸前、后轮速传感器。

(4) 检查并确认传感器触点上没有划痕或异物。

8．检查轮速传感器和信号轮之间的间隙。

规定值：0.2 ～ 1.3 mm。

</td>
<td>

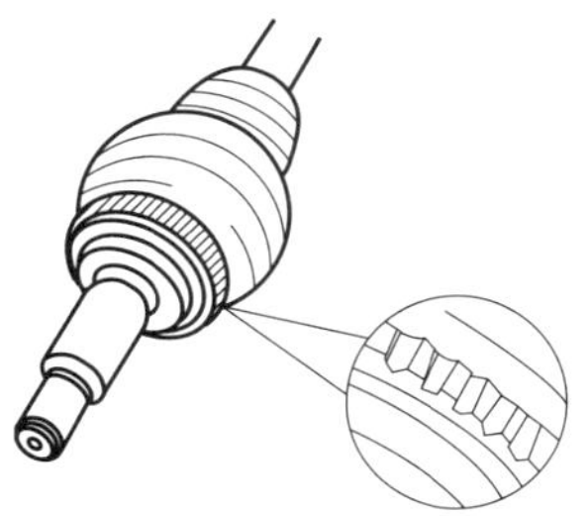

图 16—7—18　检查触点

</td>
</tr>
</table>